本科教学督导工作的创新与实践

马兰青　刘京国　郑冬梅　主编

中国农业出版社
农村设物出版社
北　京

图书在版编目（CIP）数据

本科教学督导工作的创新与实践 / 马兰青，刘京国，郑冬梅主编 .—北京：中国农业出版社，2022.12
ISBN 978-7-109-30325-6

Ⅰ.①本… Ⅱ.①马… ②刘… ③郑… Ⅲ.①高等学校-教育视导 Ⅳ.①G647

中国国家版本馆 CIP 数据核字（2023）第 006240 号

中国农业出版社出版
地址：北京市朝阳区麦子店街 18 号楼
邮编：100125
责任编辑：姚 佳　　文字编辑：王佳欣
版式设计：杨 婧　　责任校对：吴丽婷
印刷：中农印务有限公司
版次：2022 年 12 月第 1 版
印次：2022 年 12 月北京第 1 次印刷
发行：新华书店北京发行所
开本：787mm×1092mm 1/16
印张：12
字数：285 千字
定价：88.00 元

本论文集由北京高等教育“本科教学改革创新项目”——“都市特色应用型农林人才实践能力提升体系的构建与实施”（重大）、教育部新农科建设项目——“基于课程教学全过程和现代信息技术的教师教学质量评价系统的重构与实践”和北京市数字教育研究课题——“教学管理信息化建设的研究与实践”资助。

编 委 会 名 单

序言

2002年，北京农学院本科教学督导组在时任主管教学副院长王伟教授的领导下正式成立，距今已满二十年。二十载春秋，韶华匆匆；二十载耕耘，硕果累累。本科教学督导组深入教学一线，参与本科教学和教学改革全过程，在创新督导工作理念和工作机制、推动学校重大教育教学改革、提升本科人才培养质量等方面做出了杰出贡献。

学校本科教学督导组的发展历程可大致划分为初始阶段（2002年）、发展阶段（2003—2013年）和成熟阶段（2014年至今）。自2014年起，本科教学督导组进入重点建设时期，沈文华教授担任学校第七至九届督导组组长，他充分发挥督导组的集体智慧和力量，加强校际工作交流，为学校本科教学质量保障体系的发展、完善与不断创新做出了卓越贡献。艾启俊教授连续三届担任督导组副组长，工作中勤勤恳恳、兢兢业业、任劳任怨；李晓玲、李江、张子安、孙祎振、何欣、于同泉、白荣凤、金瑞锋、柴丽娜等校级资深督导，深入教研室与课堂指导学校和院系的教学工作，为中青年教师的教学技法提升费尽心思。特别是来自华北电力大学的孙晓洁教授，连续15年担任督导，给学校带来一流大学先进的教学督导经验。以沈文华教授为组长的近三届校本科教学督导组在助力教师践行“学生中心、产出导向、持续改进”的OBE理念、强化人才培养目标与培养效果的达成度、创新教学评价方法、提升教师教学能力、提高学校人才培养质量方面发挥了重要作用。

我来校工作时间虽不长，但因主管学校本科教学，与督导组的老教授们在工作中接触良多，常被先生们满腔热血、心系北农的工作热情和“老骥伏枥，志在千里”的豪情所感动。在学校本科教学督导组成立20周年之际，学校总结近九年教学督导工作的经验和校院两级质量保障体系的建设情况，出版一部教学督导文集意义重大、影响深远。希望我们的教学督导们能一如既往地继续支持与指导学校教育教学工作，在教风、学风、考风建设上积极建言献策，出实招、办实事、求实效，全力提升本科人才培养质量、落实立德树人根本任务、推进学校事业在不断发展中做出更大贡献。也希望教务处及各教学单位能深入思考如何在今后的工作中传承、发扬本科教学督导精神，健全学校教学质量监控体系，进一步提升人才培养质量。

抽笔难尽意，短序道期许！

北京农学院副校长

2022年8月

目录

教务思考篇

学院实践篇

理论探索篇

新时代本科教学督导的新使命与新担当

沈文华[①]

摘要：面对世界“百年未有之大变局”，本科教学督导要站在历史的新起点，从立德树人和教育质量文化建设的高度，努力拓展教学督导的新格局、新视野，紧盯全球高等教育技术发展新趋势，关注中小学育人方式的转变，加强自身学习交流，完成督教、督学、督管的新使命和新担当。

关键词：教学督导；立德树人；质量文化；人工智能

21世纪20年代，世界面临“百年未有之大变局”，中美、中英、中欧、中澳、中日等国与国关系进入新阶段，国际政治经济体系进入加速演变和深刻调整期。新一轮科技革命和产业链调整正在重塑世界经济关系，新兴市场国家和发展中国家国际影响力不断增强。面对世界百年未有的时代大变局，机遇与严峻的挑战并存，我们要深刻认识国际格局演变与民族复兴、现代化强国建设目标的叠加性、艰巨性、长期性以及科技创新、强国需求对人才培养的急迫性。与此同时，新冠肺炎疫情肆虐持续两年多，线上学习、居家办公渐成常态，数字经济、人工智能、深度学习、混合式教学快速推动高校教育模式的变革。“立德树人”成为国内教育的首选项，“为谁培养人、培养什么人、怎样培养人”成为我国高等教育的首要问题。作为本科教学督导，站在历史的新起点，应有新的格局、新的视野、新的担当。

一、新时代的督导新格局

“格局”一词的基本解释、引证解释和哲学解释各有不同。查翻各种词典和解释，泛指对事物的认知范围。就个体而言，是指一个人的眼光、胸襟、胆识等心理要素，是一种看待世界和思考问题的思维模式和世界观；就群体而言，是指某一群体对事业发展的共同认知、对所从事工作的责任心和使命感。站在百年未有大变局的角度，本科教学督导应力求站得更高、看得更远。心中有格局，决定着遇事、处事、做事的发展方向，能看清全局，如同看清楚围棋或象棋棋盘的大势，也就能够掌控工作的主动权。

督导的新格局可以分成不同维度。从国际高等教育的维度，需要辨析全球和教育发达国家高教理念变化及其教育教学信息化技术发展的趋势；从国内高等教育的维度，需要关注政府（教育部）的引导重点、不同类型高校的冲刺方向；从基础教育的维度，需要关注

---

① 作者简介：沈文华，1952年1月出生，退休教授，北京农学院第七至第九届本科教学督导组组长，主要研究方向为高等教育、农经理论与政策、多元统计分析。

中小学教育的特点和近年教学要求、教法变化对未来入学大学生的影响。

站在新时代的高度和广度审视督导站位的新格局，更需要结合高校各自的办学特色、特点，从丰富和完善教育教学质量文化的高度，从培养什么样的人，怎样培养人的角度，从专业培养目标出发，明晰并衡量自身应承担的职责。

二、新时代的督导新视野

1. 紧盯全球高等教育技术发展新趋势

科学技术无国界，教育科学和技术的发展已成为新时代高等教育与创新教育的助推器和指示器。教学督导应关注并了解美国新媒体联盟每年发表的《地平线报告》。这是一份对未来教育技术普及应用进行持续滚动的研究报告。从2002年起，已连续进行了20年分析与预测，成为全球有影响力、有权威性的教育信息化分析报告。2022年4月发表的《2022年地平线报告》，揭示了未来几年教育技术在如下几方面值得关注的动向和发展趋势。

（1）新冠肺炎疫情条件在线教育及其技术将从临时“应急”转向“更可持续和基于证据的混合或在线教学模式”，并在人工智能（以下简称“AI”）和大数据等技术的支持下，持续推动教学实践的变革，这样一种转变，将持续影响今后的“教与学”。教师、学生和教育管理人员应进一步适应在线（混合）教学模式和管理模式，在此基础上培养新的教学能力、学习能力和管理能力。

（2）有若干项关键技术将对今后几年的高等教育教学产生重大影响。其中需要十分关注的是AI的发展，一是基于AI的大数据学习分析，将助推教学方法的诊断与改进；二是基于学生自主学习的AI作为学习工具的快速应用发展；三是混合式学习空间与远程学习将越来越成为主流的教学模式；四是基于国际知名企业越来越淡化学历、重视适合企业用人需要和学生求职需要、体现创新技术学习与能力体现的微认证的普及；五是基于线上线下混合式教学和远程教学的教师教学能力的培养与发展。

（3）为了提高混合或在线学习的有效性，满足学生在新型在线和混合式教学环境中的学习体验需求与学习技能培养，政府、社会和高等院校需要加大对数字资源、基础设施、课程开发、教学设计等方面的投入，并关注这些投入所取得的实际效果。要把对学习技术的关注从增加技术应用，转移到利用教育技术促进教育教学方式的变革。

2. 关注中小学育人方式的转变

近年，“为谁培养人、培养什么人、怎样培养人”成为义务教育和职业教育、高等教育普遍关心的头等大事。教育部在新近向全国中小学颁发的《义务教育课程标准（2022年版）》基本原则中指出，义务教育课程应遵循：坚持全面发展，育人为本；面向全体学生，因材施教；聚焦核心素养，面向未来；加强课程综合，注重关联；变革育人方式，突出实践。

上述基本原则中提出的“聚焦核心素养”，是指国家义务教育阶段的课程教学，要充分体现和落实中小学各主要学科授课中的育人价值体现，要帮助学生通过不同学科学习逐步形成正确的价值观念、必备的品格与关键的能力。中小学语文、数学、英语、物理、化学、历史、地理、生物、道德与法治等课程课纲，均以课标的形式提出了各学科的核心素养要求，这是与高校人才培养目标相衔接、将一以贯之的教育新要求。

3. 中小学的教法研究与课堂教学改革实践对高校教学改革带来的压力要有紧迫感

要“探索基于学科的课程综合化教学，开展研究型、项目化、合作式学习。精准分析学情，重视差异化教学和个别化指导”“积极探索基于情境、问题导向的互动式、启发式、探究式、体验式等课堂教学，注重加强课题研究、项目设计、研究性学习等跨学科综合性教学”，这些原本正在高校广泛探讨的新型教学模式，在中共中央、国务院的关注下，于2019年以指导意见的文件形式正式前移到全国九年制义务教育阶段。由全国几十所中小学特级教师和校长带头参与的全国教育信息技术研究重点课题《基于互动反馈信息和微课的精准教学研究》已从“十一五”“十二五”“十三五”持续了三个五年规划期，15年来，参与科研与教改的中小学基于“以精准问题为导向”的课程设计、“以生师课堂互动为手段”的教学过程，形成了丰硕的教学实践研究成果，为高校开展教改研究打下了值得关注和重视的新基础。

三、新时代的督导新担当

站在百年未有大变局的高度审视本科教学督导工作，应在传统“督”与“导”的工作中，更向前推进一步。

（1）站得高才能想得深、看得远。加快督导的学习、交流频率，经常参加在线学习和在线交流，不断更新教育教学观念，应成为督导工作的常态。督导应成为学习和参与交流的模范。只有远望世界，静观学校，上接中央，下看中学，协作联盟，才能获取源源不断的远见卓识和有效经验。AI科学和技术研发在全球范围内加快，AI成为新的教学方法、学习方法助推器的今天，教学督导不仅要了解和学习AI，更要关注AI在教育领域应用的理论和方法研究，才能很好地发现并传导这些新技术、新方法在教学中的推广应用。当高等教育紧抓“思政课程”落实“课程思政”举措时，伏下身子细细阅读2022年版“义务教育课程方案”和各门主要课程的标准，领会其精神实质，会对“细雨润物”和遵从科学本意的“科学人文素养”有更好的理解。

（2）“督教”“督学”“督管”三位一体是督导的新使命和新担当。传统的以督教为主的督导工作，是学校赋予督导的使命和责任，有比较成熟的制度约束和保证。基于21世纪20年代的新形势和新要求，随着对OBE理念的深入了解和充分认识，督导的工作重心，要从以“教”为中心转向以“学”为中心，从关注教师教什么、怎么教、教得如何，向关注学生学什么、怎么学、学得如何，关注学校（包括主要职能部门）、院、系三级领导管什么、怎么管、管得如何转变。如果说，对教师的督与导已有比较成熟和充分的经验，对学生学习的督与导需要通过加强工作和探索研究有所改进，对各级领导干部管理的督与导，需要经历从无到有、从下而上、从泛到精的过程。

（3）自觉担当高等教育质量文化的传承者和建设者。教育部新近出台的《普通高等学校本科教育教学审核评估实施方案（2021—2025年）》首次提出把“质量文化”列为高校新一轮审核评估的重要内容，要求高校“积极构建自觉、自省、自律、自查、自纠的大学质量文化”，说明我国的高等教育评估工作已经进入新的发展阶段，即从完善制度延伸到建构文化，从注重“制度约束”过渡到强调“文化自觉”。督导不仅要在参与审核评估

“以评促建、以评促改、以评促管、以评促强”过程中发挥作用，更要在日常督导进程中，充当教育制度的守卫者、管理制度的建设者、创新制度的引领者。通过教学督导的具体工作和主动宣传，介绍教育质量文化的内涵与外延。督导工作的视野，从校园环境建设、教学设施完善与配套，智慧教室的建设、AI的应用、与学校人才培养目标相适应的办学特色的凝练，以致对教研室的活动记录，对培养方案、课表、课件、讲义、实验报告、试卷、毕业论文（设计）、答辩过程记录等的审核督查，引导教师将这些从被动到主动、从约束到自觉记载教学过程的过程，组合成对高等教育质量价值的追求，使之形成高校质量文化建设的重要组成部分。

高校教育质量文化的形成和发展是春风拂面、润物无声、逐渐积淀而成的，在高等教育发展中，包括督导在内的每一项教学活动、每一次学习与交流互动都具有各自的文化意义。督导的发现不仅仅在于教育引导的意义，更在建设高等教育质量文化过程中，实现并拓展督导工作的新格局、新视野、新担当。

参 考 文 献

别敦荣，易梦春，2021. 高等教育质量文化及其建设策略［J］. 高等教育研究（3）：7-16.

董振瑞，2021. 以坚强战略定力应对百年未有之大变局［N］. 中国纪检监察报，2021-02-18.

国务院办公厅，2019. 关于新时代推进普通高中育人方式改革的指导意见. 中华人民共和国中央人民政府［EB/OL］. http：//www. gov. cn/zhengce/content/2019-06/19/content_5401568. htm.

何成，2020. 全面认识和理解“百年未有之大变局”［EB/OL］. http：//theory. people. com. cn/n1/2020/0103/c40531-31533088. html.

教育部，2021. 关于印发《普通高等学校本科教育教学审核评估实施方案（2021—2025年）》的通知［EB/OL］. http：//www. moe. gov. cn/srcsite/A11/s7057/202102/t20210205_512709. html.

李丹丹，2021. 解读高等教育新发展格局［J］. 中国高等教育（21）：57-58.

王萍，王陈欣，赵衢，等，2022. 数智时代高等教育发展的新趋势与新思考——《2022地平线报告（教与学版）》之解读［J］. 远程教育杂志（3）：8.

吴正龙，2019. 解读当今世界“百年未有之大变局”［EB/OL］. https：//theory. gmw. cn/2019-01/06/content_32305199. htm.

西蒙·马金森，彭凤，2022. 后疫情时代呼唤高等教育国际化格局重构［J］. 高校教育管理（1）3-4.

中共中国人民大学委员会，2020. 培养什么人　怎样培养人　为谁培养人［EB/OL］. http：//theory. people. com. cn/n1/2020/0902/c40531-31845631. html.

中共中央，国务院，2019. 关于深化教育教学改革全面提高义务教育质量的意见［EB/OL］. http：//www. gov. cn/xinwen/2019-07/08/content_5407361. htm.

中华人民共和国教育部，2022. 教育部关于印发义务教育课程方案和课程标准（2022年版）的通知［EB/OL］. http：//www. moe. gov. cn/srcsite/A26/s8001/202204/t20220420_619921. html.

专业课课程思政元素的挖掘与实现

艾启俊[①]

摘要：本文简要介绍了《高等学校课程思政建设指导纲要》内容，并从课程思政建设的总体形势、存在问题与分析，专业课课程思政元素的挖掘，专业课课程思政的组织与实现几个方面介绍了对课程思政建设和工作开展的一些认识，希望能够为专业课教师开展课程思政工作提供一些思考与借鉴，为全面推进高校课程思政建设尽一份力。

关键词：课程思政；专业课；课程思政元素

党的教育方针指出：坚持教育为社会主义现代化建设服务，为人民服务，把立德树人作为教育的根本任务，全面实施素质教育，培养德智体美全面发展的社会主义建设者和接班人，努力办好人民满意的教育。“培养什么人、怎样培养人、为谁培养人”，这是新时代教育必须回答的问题。将立德树人作为新时代教育的根本任务，这是新时代党的教育方针的精髓和核心。

2016年12月，习近平总书记在全国高校思想政治工作会议上指出，“要用好课堂教学这个主渠道，思想政治理论课要坚持在改进中加强，提升思想政治教育亲和力和针对性，满足学生成长发展需求和期待，其他各门课都要守好一段渠、种好责任田，使各类课程与思想政治理论课同向同行，形成协同效应”。课程思政理念开始形成。

为深入贯彻落实习近平总书记关于教育的重要论述和全国教育大会精神，贯彻落实中共中央办公厅、国务院办公厅《关于深化新时代学校思想政治理论课改革创新的若干意见》，2020年5月28日，教育部印发《高等学校课程思政建设指导纲要》（以下简称“纲要”）。课程思政工作正式启动。

《纲要》明确了各门课程都要参与立德树人的伟大工程，回答了课程思政相关的各个问题，明晰了课程思政建设的具体要求，将课程思政理念和原则全面落实到具体操作的层面，为课程思政工作的全面开展提供了依据和指导。

一、《高等学校课程思政建设指导纲要》的主要内容和工作要求

1. 课程思政建设的重要意义

《纲要》指出，课程思政建设是落实立德树人根本任务的战略举措：培养什么人、怎

---

① 作者简介：艾启俊，1954年6月出生，男，教授，主要研究领域为食品安全控制。

样培养人、为谁培养人，是教育的根本问题，立德树人成效是检验高校一切工作的根本标准。这一战略举措，影响甚至决定着接班人问题，影响甚至决定着国家长治久安，影响甚至决定着民族复兴和国家崛起。

2. 课程思政、立德树人的根本任务

《纲要》强调：落实立德树人根本任务，必须将价值塑造、知识传授和能力培养三者融为一体、不可割裂。全面推进课程思政建设，就是要寓价值观引导于知识传授和能力培养之中，帮助学生塑造正确的世界观、人生观、价值观，这是人才培养的应有之义，更是必备内容。

3. 课程思政队伍和主战场

要紧紧抓住教师队伍“主力军”、课程建设“主战场”、课堂教学“主渠道”，让所有高校、所有教师、所有课程都承担好育人责任，守好一段渠、种好责任田，使各类课程与思政课程同向同行，将显性教育和隐性教育相统一，形成协同效应，构建全员全程全方位育人大格局。课程思政是新时代高校立德树人的重要工作，也是每一位高校教师责无旁贷必须完成的重点工作。

4. 课程思政建设内容和目标

紧紧围绕坚定学生理想信念，以爱党、爱国、爱社会主义、爱人民、爱集体为主线，围绕政治认同、家国情怀、文化素养、宪法法治意识、道德修养等重点，优化课程思政内容供给，系统进行中国特色社会主义和中国梦教育、社会主义核心价值观教育、法治教育、劳动教育、心理健康教育、中华优秀传统文化教育。

课程思政建设的目标就是要建立“课程思政体系”，这个体系中要包括课程思政工作体系、教学体系和内容体系。课程思政要作为课程设置、教学大纲核准和教案评价的重要内容，落实到课程目标设计、教学大纲修订、教材编审选用、教案课件编写等方面，贯穿于课堂授课、教学研讨、实验实训、毕业论文、考核考试各环节。

5. 课程思政方法、途径和效果

每门课应该达到在传授知识和培育能力的同时，引导学生了解世情国情党情民情，增强对党的创新理论的政治认同、思想认同、情感认同，坚定中国特色社会主义道路自信、理论自信、制度自信、文化自信；教育引导学生把国家、社会、公民的价值要求融为一体，提高个人的爱国、敬业、诚信、友善修养，自觉把小我融入大我，不断追求国家的富强、民主、文明、和谐和社会的自由、平等、公正、法治，将社会主义核心价值观内化为精神追求、外化为自觉行动；教育引导学生传承中华文脉，富有中国心、饱含中国情、充满中国味；教育引导学生学思践悟习近平全面依法治国新理念新思想新战略，牢固树立法治观念，坚定走中国特色社会主义法治道路的理想和信念，深化对法治理念、法治原则、重要法律概念的认知，提高运用法治思维和法治方式维护自身权利、参与社会公共事务、化解矛盾纠纷的意识和能力；教育引导学生深刻理解并自觉实践各行业的职业精神和职业规范”的教育效果。

二、课程思政建设的总体形势、存在问题与分析

自教育部印发《高等学校课程思政建设指导纲要》以来，以立德树人为核心的课程思

政工作在全国各地纷纷开展。从课程思政的教改论文的发表情况来看，课程思政理念正在深入人心，课程思政的实践遍布各个教育教学环节和各种专业课程的课堂、场所。从学校、部门、院系到思政课教师、专业课教师、通识课教师以及教学、管理、服务等各个环节的教职工，都在行动起来，积极参与到课程思政建设的宏大体系之中。课程思政建设上取得一些阶段性成果，总体形势和发展趋势良好。

在课程思政建设中，也存在一些不足之处和不良现象。如“不到位”“有误区”“有短板”“贴标签”“功利化”“一体化”“机械化”等。部分高校思政教育和专业教育“两张皮”问题依旧严重，传统思政课程“孤岛化”“边缘化”现象尚未彻底改变。在部分教师中还存在一些认识误区，认为德育教育是思政课的任务和职责，专业课程的教学需要做好的是知识传授和学生的能力培养。

造成这些问题、现象的深层次因素是多方面的。

（1）课程思政建设是一项宏大复杂的系统工程，需要在探索、实践、完善中进步，课程思政全面融入高校人才培养体系，还需要不断努力。

（2）部分高校对课程思政的重要性和必要性认识不足，课程思政建设的顶层设计、制度保障、责任体系还不健全。课程思政的各项工作机制，包括运行机制、管理机制、评价机制等还不够完善。

（3）部分专业教师专注于专业知识传授、专业技能的培养训练，忽视了价值观教育和思想政治教育，认为课程思政的建设宗旨是学生的价值引领和思想指导，与专业教育的理念相冲突。没有形成正确的课程思政意识，在教育教学过程中忽视思政元素的挖掘和提取。

（4）在人才培养理念上专业课教师没有将思政知识与专业内容有机地结合起来，极大地增加了课程教学的体量和难度。进而导致专业教师难以处理好课程思政和课堂管理、组织教学、学科教材之间的关系，无法将学生的个人素养、专业技能和社会理想有机地结合起来。

（5）部分教师在课程思政的落实过程中存在能力和认识不足问题，特别在挖掘思政元素、通过专业课程表达思政理念、思想和观点等方面存在一些不足，难以与思政课程形成相互补充协同发展的格局。

要破解课程思政建设面临的问题和困境，首先需要加强对习近平总书记关于教育的重要论述思想和全国教育大会精神、国务院和教育部有关文件精神的认真学习。让全体教职工都能深入理解新时代党的教育思想和方针，熟悉《高等学校课程思政建设指导纲要》的内容、要求和工作要点，清楚了解课程思政不仅是一种理念，同时也是党和国家赋予教育系统必须完成的任务，是立德树人在新时代教育过程中的具体化。

学校要加强课程思政的顶层设计，建立健全课程思政的各个系统，各项机制。将全员全方位全过程育人的新时代高校思想政治教育工作要求物化为各种工作机制和具体的规章制度。加强教师的培训辅导，包括新上岗教师培训、课程思政教育教学改革专题培训等，切实增强教师的课程思政意识，培养和提升教师的课程思政能力，在课程教学中主动研究、加强思想政治教育功能的自觉意识。帮助专业教师厘清育德意识和育人意识之间的关系，培养专业教师的思政素养，提升课程思政能力。

学院要尊重专业和课程建设规律，切实加强融入课程思政内容的专业和课程建设。在专业培养目标、培养计划、课堂教学、实践教学、毕业设计等各个培养环节和过程，明确课程思政元素和要求。帮助教师自觉把握中国特色社会主义大学的办学定位、根本任务，明确教师的岗位职责、使命担当。

专业课教师要加强对思政教育理论、方法系统全面的学习、学会从课程思政角度思考教学问题。从思政教育视角对自己的课程重新梳理，深度挖掘提炼专业知识体系中所蕴含的思想元素，设计出包含课程思政元素和专业教育的有机融合的教案，在润物无声中开展课程思政工作。

三、专业课课程思政元素的挖掘

专业课和通识课除了大量专业知识、科学原理、各种科学技术外，也会有大量的人文社会知识，一切科学研究都是从“人文”的本源出发，同时一切科学技术都要为社会的发展进步服务的。专业课、通识课的科学技术和专业知识体系中包含了大量人文知识，可以成为很好的课程思政素材。专业课教师要对课程所涉及的学科、专业、技术发展等历史文化做钩沉梳理，学会应用马克思主义的立场、观点和方法去分析问题。深度挖掘提炼专业知识体系中所蕴含的思想价值和精神内涵，科学合理拓展专业课程的广度、深度和温度。

（1）从学科专业历史文化中勘探出有意义、有情、有趣的人和事，从课程专业、行业、国家、国际、文化、历史等角度，挖掘有思想价值和精神内涵的素材。

（2）从学科专业的现实应用中挖掘、提炼课程内蕴含的家国情怀、政治认同、社会责任、文化自信、伦理规范、科学和人文精神等思想的政治教育资源，实现知识传授与价值引领的有机统一，进而构建各类课程与思政课程同向同行、多方协同的全员、全程、全方位的育人格局，增加课程的知识性、人文性，提升引领性、时代性和开放性。

（3）课程思政建设的核心工作是凝练特色，从行业、专业、课程特色中去挖掘思政元素。如理工科课程严密的知识体系、缜密的逻辑结构、严密的思维方法、工匠精神，农科课程中蕴含的园丁精神、系统论思想、生物多样性原理、绿色低碳观念、对土地和家园深深热爱的家国情怀、园林学科的生态思想和自然美感等。

通过对这些特色素材的冶炼、加工成学生喜闻乐见、能引发共鸣的思政教学元素，吸引学生对自然界各种事物发展变化基本规律探索的热情，在知识学习和技能训练过程中自然而然地受到价值引导、思想境界提升。在培养学生严谨的科学作风、勇于探索的科学精神、求真务实的工作作风的同时，引导学生树立报效国家、服务社会、热爱人民而学习奋斗的价值观，提高学生学习的积极性、主动性，将“要我学”变成“我要学”。把学生培养成为合格的新时代中国特色社会主义事业的接班人。

（4）从行业、专业、课程的历史、现状、发展和社会责任方面去挖掘、提炼课程蕴含的思政元素。每一个学科、行业、专业都是知识大厦的累积，是无数科学家研究成果、探索过程、伟大人格的集中反映。发挥学科史、行业史、人物史的丰厚思政资源、科学家事迹风采，讲好在行业、专业发展过程中，艰辛探索，追求真理，追求成功的科学精神，科学家、学者、企业家的科学人生成就和他们的青春风采的故事，引导学生、教育学生崇尚科学，培养勇于探索，不怕失败的科学精神，坚定对学科、行业的热爱和为行业发展做贡献，推动社会发展前进，为人类发展造福的责任感。

(5) 从课堂教学和日常行为规范中去挖掘、提炼课程思政元素。课程思政建设的关键在教师，主战场在课堂。教师是教书育人的主体，课堂教学第一责任人——教师的言行对学生思想、行为和品质具有潜移默化的影响。教师要勇于担当，身体力行，率先垂范，突出课堂教学育人效果。

要认真备好每一堂课，做到课件简洁清晰，图文并茂，动静结合。形象端正自信，以最美的形象，最好的状态出现在课堂。激情讲授，风趣幽默，充满活力。机理讲述深入浅出，逻辑清晰，重点难点突出。互动设计合理，具有一定的高阶性，能够引起学生的思考甚至争论，互动过程把握精准。理论联系实际，适时引入与课程知识点密切相关的生活生产案例、社会热点、历史文化、国际形势等思政元素，应用说理引导、比较鉴别、熏陶感染等方法，因势利导，借题发挥，将社会主义核心价值观潜移默化地融入教学过程之中，吸引学生注意，激发进取心和责任感，提高学生的学习热情。

四、专业课课程思政的组织与实现

课程思政建设的本质和落脚点是课程建设。作为专业课教师，首先要认真学习习近平总书记关于教育的重要论述，党中央、国务院一系列文件精神，认真研究教育部《高等学校课程思政建设指导纲要》的主要内容和工作要求，增强课程思政意识，主动研究、挖掘、提炼自己课程中的思政元素，精心设计出课程思政教案，在课堂教学中认真组织实施。

(1) 开课前，认真组织课程学习小组，将课程思政作为小组的核心任务。通过学习小组，团队组建，合作分工，培养学生的团队协作精神。

(2) 为课程学习小组明确课程思政学习资料，鼓励学生提供思政资源和典型案例。适时布置扩展性作业，让学生在新内容摸索中去发现与质疑，培养创新思维意识。

(3) 与课程学习小组讨论，确定课程思政的教学互动环节。在教师与学生的讨论交流、潜移默化的言传身教中，润物无声地提供课程思政效度。

(4) 建立教学反馈机制，经常了解学生的学习、生活、思想状况，学生对课程思政的意见建议，学生思政收获与进步，及时调整思政内容，完善教学中不足，提高思政实效。

(5) 加强教研室建设，活跃教学研究活动，将课程思政列入教研活动的重点，形成专业课教师间课程思政经验交流的氛围和制度，不断总结课程思政中的经验，推广优秀的方法、经验和案例。

(6) 借助“金课”、OBE 教育理念、工程教育专业认证理念和方法的成功经验和优秀案例的精华，进一步促进课程思政建设有效开展。

“金课”是具有“两性一度”的课程，即高阶性、创新性和挑战度。

通过厘清知识的来龙去脉，梳理出知识的逻辑结构，实现“金课”和课程思政理念、合理内涵的有机融合，重建包含课程思政的专业知识体系并运用于课堂教学，体现学习知识既是为了服务人民，也是为了解决实际的复杂专业问题，将知识转化为生产能力。学生要全身心投入各类专业课程学习中，从被动学习转化为主动学习，不断提升专业能力。

基于学生学习效果的教育理念（OBE），是目前国际教育界流行的一种教育理念。包括一个理念、三个关键、三项改革。OBE 教育理念是一种需求导向的教育。其中国家与社会及教育发展的需求应该是最根本的需求。课程思政就是落实“为谁培养人，培养什么样的人、怎样培养人”的根本需求，是其他需求的根与魂。可在 OBE 教育理念人才培养方案中明确课程思政的德育和素质的要求，制定课程体系和教学标准。为学生取得学习成果、社会、行业、职场及个人认可，成为社会主义事业的建设者和接班人提供根本保证。

工程教育专业认证是当前教育部的重点改革项目，是提升本科专业建设水平的重要手段，其核心理念是 OBE 教育理念。

课程思政与工程教育专业认证，都是从高校人才培养各环节、考虑人才培养全过程性、全课程性、全员性，把握各类课程育人体系，探索人才培养规律并将规律用于人才培养实践。课程思政强调发挥各类课程的育人作用，完善教育中包含的价值观、人生观、世界观、方法论等方面的共性教育以及培养各类专业人才所需的个性教育。两者在人才培养的目标上有较多的相通之处，可在实践过程中实现有机融合。

五、结束语

立德树人是新时代教育的根本任务。守住自己的“渠”，种好自己的“田”，加强学习，探索适合自己专业和课程特点的课程思政方法和路径，圆满完成各自承担的立德树人根本任务，是每一位教师的责任。只要每个人都为课程思政努力，培养出具有社会主义核心价值观和中华文化传统美德，可以担当文化赓续传承，保证社会主义建设事业持续发展、民族振兴大业历史责任的建设者和接班人的根本任务，就一定能够完成。

参 考 文 献

陈松川，2019. 大学专业课课程思政建设的特色、创新与成效探析［J］. 教育现代化（10）：319-320.

程呈，2022. 刍议社会主义核心价值观融入新时代高校立德树人［J］. 公关世界（6）：139-140.

崔永红，2019. 关于课程思政的几点思考［J］. 高校后勤研究（8）：84-86.

何宪文，李智忠，刘向君，2021. 专业课程思政元素的挖掘与结合［J］. 高教学刊（30）：189-192.

刘静，2021. 关于如何开展课程思政建设的几点思考［J］. 深圳职业技术学院学报（4）：46-51.

吴岩，2018. 建设中国“金课”［J］. 中国大学教学（12）：4-9.

余江涛，王文起，徐晏清，2018. 专业教师实践“课程思政”的逻辑及其要领——以理工科课程为例［J］. 学校党建与思想教育（1）：64-66.

张珂，郑中华，2022. 基于课程层面开展课程思政建设的实践探索［J］. 大学教育（1）：104-106.

张正光，张晓花，王淑梅，2020. “课程思政”理念辨误、原则要求与实践探究［J］. 大学教育科学（6）：52-57.

院系基层组织建设与“四有”教师队伍培养

张子安[①]

摘要：师德师风建设既是全面贯彻党的教育方针的根本保证，也是关系到国家前途和民族未来的重要战略举措。教学基层组织是引领和带动师德师风建设的关键，体制机制的改革和不断完善是师德师风建设的保证，而典型示范和条件保障是师德师风建设的不竭动力。只有长期坚持不懈地进行师德师风教育，才能形成“四有”高水平的师资队伍。

关键词：教学基层组织；四有；教师队伍

师德师风是教师的职业道德修养及其表现出来的思想和工作作风，包括教师的职业道德、职业精神、思想观念等多方面内容。

高校教师的师德师风不仅会影响一个人的学生时代，甚至会影响一个人的一生。因此，加强和改进师德师风建设既是全面贯彻党的教育方针的根本保证，也是关系到国家前途和民族未来的重要战略举措。

院系是学校教学、科研和社会服务的基层组织，院系工作是整个学校工作的基础和中心环节，院系的教学科研和社会服务水平在一定程度上反映了学校整体的办学水平，直接影响学校“四有”教师队伍建设和育人质量。

通过学习习近平总书记在北京大学师生座谈会上的讲话、习近平总书记同北京师范大学师生代表座谈时的讲话和习近平总书记在中国人民大学考察时的重要讲话精神，以及教育部颁发的《高等学校教师职业道德规范》等，深刻认识到“四有”教师队伍培育的重要意义以及院系基层组织建设对其的重要影响。

一、院系领导班子的引领带动是师德师风建设的关键

院系领导班子，党员干部都要做师德师风建设的带头人，以党风带教风，以党性铸师魂，以自己的模范行动引领带动教职学工，不断将师德师风建设推向深入。

1. 学院领导班子建设

认真抓好学院班子成员的政治理论学习，坚持用习近平新时代中国特色社会主义思想武装头脑，坚定道路自信、理论自信、制度自信和文化自信。通过自学、干部在线学习、二级中心组理论学习等形式，提高班子成员思想水平和能力素质，形成讲学习讲政治讲正

---

① 作者简介：张子安，男，教授，主要研究方向为教学和教学管理，学校本科教学督导。

气，淡泊名利，重品行做表率，齐心合力干事业的良好风气。

要不断改进工作作风和工作方法。按照《中国共产党高等学校基层组织工作条例》中规定的院级党组织工作职责，认真贯彻落实校党委和校行政的工作部署，坚持通过“党政联席会议”讨论和决定学院重大事宜。同时，注重处理好党政联席会同党总支委员会、院务委员会、教学指导委员会等组织的关系，注重调查研究和深入群众，不断密切与师生员工的联系。不断提高工作的公开性、透明度，形成良好的工作机制。

要树立强烈的发展意识。要有作为，不做懒人庸人小人。自重自省自谨自立。要有依靠，多听取教职学工的意见，树立正确的权利观、地位观、利益观，不谋私利，全心全意为师生服务。凡事出于公心，一碗水端平，经常能够换位思考。

2. 基层组织建设

学校管理体制改革重心下移，院系不仅是最基层的教学和管理单位，同时也是师德师风建设的载体和落脚点。一个院系的师德师风会潜移默化影响一批又一批的教职学工。为此，必须加强院系基层组织建设，形成坚强有力的基层组织架构。一是通过学院党政联席会公开招聘系主任、副主任，让有群众基础的优秀教师脱颖而出。二是逐步规范科级干部年度述职测评的程序内容要求，突出业绩权重。三是不断加强教工党支部和党支部书记的活动考核，彰显其核心作用。

3. 发挥党员的先锋模范作用

在师德师风建设中，注重发挥党支部的战斗堡垒作用和党员的先锋模范作用，坚持把党的先进性要求与师德师风建设的广泛性要求结合起来，大力倡导领导干部和共产党员带头实践，争做师德师风建设表率，以自己的行动带动广大师生，不断追求更高层次的师德师风目标。

二、体制机制的改革完善是师德师风建设的保证

在师德师风建设中，必须注重理顺各类关系，注重与管理工作相结合，有一整套行之有效的体制机制作保证。

1. 加强体制机制建设，形成良好教风学风

一是要建立和完善考核机制，把师德师风建设作为精神文明建设和教育教学工作考核的重要内容，落实到师资管理的政策导向中去。二是要加强和不断完善监控机制，制定细化规范的教学管理制度，实行“教师课堂第一责任人制”和师德师风“一票否决制”。三是要建立和不断完善激励机制，对教书育人成绩突出者予以表彰和奖励，并力求在教师专业技术职务评聘和职务晋升等方面予以体现。

师德师风的表现是多方面的。教师对工作的态度，对学生的态度、对社会的看法，一言一行都会对学生产生影响。因此，要时刻规范自己的行为举止，为人师表。如上课时要衣冠整洁，精神饱满，不要将个人丝毫的不良情绪表现在课堂上。更不要在课堂上发牢骚，怨天尤人。否则，不仅会对学生产生不良影响，同时也会影响自己在学生心目中的形象。

师德师风也是对待工作的前提，没有良好的师德师风，就不会有对事业的责任心，就

不可能对工作兢兢业业。分析现有的教师群体，大部分都是具有博士学位的中青年教师，他们来校求职时都是通过各学院千挑万选，基本条件和相关专业水平相差无几，但在后期教学督导中发现其教学能力水平却参差不齐。这说明教学不仅是个能力水平问题，更重要的是个责任心问题。只有一心扑在教学上，把大部分时间和精力都用在教学上，虚心学习，取长补短，才会取得良好的教学效果。

加强对年轻教师的教育引导，“问渠哪得清如许？为有源头活水来”，年轻教师是师资队伍的活水，有了他们，学校才会有不竭的动力，才会有天光云影共徘徊的旖旎风光。应该引导他们热爱党的教育事业，注重养成对教师职业的兴致迷恋，“爱岗敬业”“衣带渐宽终不悔，为伊消得人憔悴”。不抛弃热忱不丢弃理想，克服职业倦怠，在教学科研和社会服务之中不断发现问题、探索和解决问题。要创造条件鼓励青年教师养成自己的教学风格特点。五颜六色的花才最美。共性寓于个性之中，个性又受制于共性。一般意义的教学活动教学要求是共性，在此基础上形成各自的风格特点。

2. 团结协作分工负责，教学科研、社会服务相互促进

院系党组织是院系的政治核心，具有参与本单位重大事项讨论决策的职责。要按照《中国共产党普通高等学校基层组织工作条例》规定，院系要“通过党政联席会议，讨论和决定本单位重要事项”。

院系实行党政联席会议制度，党政都参与会议研究，可以保证重大事项的决策决定经过调研论证和充分协商，有利于集思广益，使决策决定更科学且切合实际，有效地促进决策的科学性和民主化。既能有效地防止以党代政、以政代党或互相推诿、互相扯皮的现象，又能有效发挥基层党组织“政治核心”和“保证监督”的职能和作用，提高基层领导班子的执政能力。

院系实行党政联席会议制度，有利于党组织“围绕中心，强化核心”，更加注重和支持院系的建设与发展，大力支持行政领导独立自主地工作，又发挥好监督和保证作用。行政领导不仅抓好教学、科研和社会服务工作，抓好师资队伍建设工作，也能关注思想教育工作。党政之间明确职责，合理分工，团结合作，形成合力，不断提高院系的工作效率和水平，进一步促进“四有”教师队伍的健康成长。

三、典型示范和条件保障是师德师风建设的不竭动力

榜样的力量是巨大的。要总结、归纳、挖掘和提炼师德师风建设中的真人、真事、真心、真情，大力宣传师德师风先进典型的好思想、好作风、好经验、好方法，使他们贴近教师、感染教师、鼓励教师、引导教师，努力营造尊重先进、学习先进、追赶先进、争当先进的校园氛围，进而带动校风学风的全面提高。

我们要求全体教师特别是年轻教师将爱国爱校作为高扬的旗帜，勤奋学习努力工作作为成长进步的阶梯，深入实践作为发展的必由之路，奉献作为不懈的追求，既仰望星空又脚踏实地，成为“四有”优秀教师。

社会存在决定社会意识。在院系基层组织建设和师德师风问题上，我们也要实事求是地分析主观和客观、小环境和大环境等诸多因素，关心教师的切身利益，努力改善学习、

生活和工作条件，尽力做好入党、职称职位晋升、学习进修提高等方面的规划和安排。最大限度地创造条件，使老师有用武之地，少后顾之忧。

院系基层组织建设和师德师风培育是一项长期的系统工程，需要进行大量深入细致的工作。我们要在校党委的领导下，贯彻落实党中央一系列有关教学基层组织建设和“四有”教师队伍培养的指示精神，为建设高水平师资队伍贡献力量。

对高校内部教学督导工作的几点认识

孙晓洁①

摘要： 国家的教育督导是对高校的外部监督和指导，是政府对教学单位进行有效管理、提高教学水平和教学质量的行政手段和重要工具；高校内部教学督导是高校内部教学质量保障体系中的重要环节。我国高校内部教学督导工作起步较晚，并没有现成的规范可循，是在借鉴基础教育督导制度中发展起来的，根据本校的实际情况在实践中不断摸索，逐步形成了各具特色的教学督导运作模式。笔者基于教学督导的工作实践，对于教学督导的地位、职责、工作内容、工作路径等做了简单地梳理，仅为一家之管见。

关键字： 教育督导；教学督导；督导职责；督导路径

2004 年 3 月，笔者接受北京农学院的聘请，开启了北京农学院十八年本科教学督导的工作历程。本文结合笔者在北京农学院教学督导的工作实践，对教育及教学督导谈几点粗浅的认识。

一、新中国教育督导溯源

新中国成立后，在中央和地方教育行政部门中，分别设立了视导司、室、科、组，但于 1958 年中断。1977 年以后，教育部设置了若干巡视员，恢复巡视工作。1986 年 9 月，国家教委建立了督导司，各地区教育行政部门也建立起相应的督导机构，全面恢复了教育督导工作。

但现代意义的教育督导工作的开展和管理体制的建立，是有其明确规范和体制渊源的。

（一）教育督导行政规范溯源

1. 关于学前教育、初等教育督导的行政规章

（1）关于中小学教育、幼儿教育的行政规章。国家教育委员会于 1991 年 4 月 26 日颁发了《教育督导暂行规定》（以下简称《暂行规定》）。这是新中国成立以来第一部关于教育督导的规章性文件，打开了中国教育督导新局面，从国家层面上建立了中小学教育、幼儿教育督导制度。根据《暂行规定》，国家教育委员会行使教育督导职权，并负责管理全国教育督导工作，国家教育委员会设置教育督导机构，负责教育督导的具体工作。行使教

① 作者简介：孙晓洁，1956 年 4 月出生，女，华北电力大学教授（已退休），北京农学院第二届至第十届教学督导组成员。主要研究方向为法学。

育督导职权的机构应设相应的专职督学。教育督导的任务是：对下级人民政府的教育工作、下级教育行政部门和学校的工作进行监督、检查、评估、指导，保证国家有关教育的方针、政策、法规的贯彻执行和教育目标的实现。教育督导的范围限于当时的中小学教育、幼儿教育及其有关工作。

（2）关于技工学校教育督导的行政规章。国家劳动部于 1997 年 8 月 8 日以第 9 号令颁发了《技工学校教育督导评估暂行规定》。该规定从国家层面上建立了技工教育的督导制度。该规定所称督导评估，是指劳动行政部门的督导评估机构对下级劳动行政部门、技工学校和学校主管部门贯彻国家教育方针、政策，执行法律、法规情况进行监督、检查和指导；对技工学校是否达到办学标准给予认定。该规定对评估的内容、国家级督导评估委员会履行的职责、评估督导人员应具备的条件及职责等做了明确的规定。

2. 关于中等教育督导的行政规章

教育部于 2011 年 12 月 30 日颁发了《中等职业教育督导评估办法》，这是继学前教育、初等教育的教学督导行政规章后，国家发布的有关中等教育的教育督导的行政规章。从国家层面对中等职业教育的督导评估做了相关规定。该办法对中等教育督导评估的组织、督导评估内容、督导评估程序等做了明确规定。

3. 关于高等教育督导的行政法规

国务院于 2012 年 9 月 9 日以第 624 号令，颁布了《教育督导条例》（以下简称《督导条例》）。《督导条例》是我国第一部关于教育督导的行政法规，亦是目前层级最高的教育督导相关的行政规范。督导条例从国家层面对教育督导的适用范围、教育督导管理体制、设立督学制度、教育督导机构督导的事项及行使的职权、督导的程序和方式等做了明确规定。《督导条例》第二条明确规定，对法律、法规规定范围的各级各类教育实施教育督导，适用本条例。明确将教育督导的适用范围由中等及中等以下教育拓展到各级各类教育，将高校的教育督导工作正式纳入法制轨道。《督导条例》的颁布是教育督导法律地位提升的表现，对教育督导制度建设具有重要的意义，也为高校教学督导制度建设指明了发展方向。

根据上述行政规范的规定，教育督导是具有行政性质的监督和指导。督导范围包括县级以上人民政府对下级人民政府落实教育法律、法规、规章和国家教育方针、政策实行督导，县级以上地方人民政府对本行政区域内的学校的教育教学工作的督导。

（二）教育督导的管理体制溯源

2012 年 8 月 31 日国务院办公厅发布了《关于成立国务院教育督导委员会的通知》，国务院决定成立国务院教育督导委员会，此即为国务院教育督导机构。将《暂行规定》《督导条例》中的国家教育督导机构落到了实处。

教育督导委员会隶属于国务院，其主要职责包括研究制定国家教育督导的重大方针、政策；审议国家教育督导总体规划和重大事项；统筹指导全国教育督导工作；聘任国家督学；发布国家教育督导报告。因此，国务院教育督导委员会是我国最高的教育督导机构。此后陆续在地方各级政府设立了教育督导委员会。

国务院教育督导机构和县级以上地方人民政府的教育督导的机构（以下统称教育督导机构）在本级人民政府领导下独立行使督导职能。国务院教育督导委员会承担全国的教育督导实施工作，制定教育督导的基本准则，指导地方教育督导工作；县级以上地方人民政府负责教育督导的机构承担本行政区域的教育督导实施工作。

自此，我国的教育督导从规范和体制上趋于完善，适用范围涵盖了学前教育、初等教育、中等教育和高等教育的教学督导。

纵观前述关于教育督导的行政规范内容和教育督导体制的建立，都是从外部对教学单位的督导，是政府对教学单位进行有效管理、提高教学水平和教学质量的行政手段和重要工具。然而，只有外部行政手段的监督和指导，没有学校内部的有效管理（包括教学督导）也无法达到教育督导的终极目标。因此，我国的教育督导制度应是学校内部教学督导制度与外部教育督导制度构成的整体。我国高校内部教学督导工作起步较晚，并没有现成的规范可循，是在借鉴基础教育督导制度中发展起来的，各高校根据本校的实际情况在实践中不断摸索，逐步形成了各具特色的教学督导运作模式。

二、高校内部教学督导的地位

“督导”一词，如果拆开来看，“督”的本意是监督、监管、察看；“导”的本意是领导、传导、引导、指引、教诲。高校外部的教育督导，其督导之意可谓监督与指导，但相对于高校内部教学督导而言，笔者更倾向于督导的查看、引导、指引之意。高校内部教学督导，是教学质量保障系统的重要一环，教学督导工作从根本上讲就是通过对教学质量的监控和管理，进而从本质上提高人才培养质量。从高校内部教学督导的职责和组织体制可看出其在高校教学质量保障体系中的地位。

（一）教学督导的职责与任务

随着《督导条例》的颁布，各高校逐步规范其内部教学督导工作，形成了具有本校特色的教育督导的工作职责和任务范围。北京农学院在 2008 年就制定了《北京农学院关于进一步加强教学督导工作的实施细则》（院发〔2008〕6 号），明确了教学督导的工作职责和任务，又在 2018 年制定了《北京农学院本科教学督导工作实施细则》（北农校发〔2018〕66 号），进一步明确了教学督导的主要职责与任务，归纳如下。

1. 对各教学环节开展督查和督导工作

结合专业人才培养目标和毕业要求，对照教学大纲和教学计划，就课堂教学、实验实习教学、试卷、毕业论文与答辩等教学环节开展督查和督导工作。

2. 对教学制度的制定与执行情况进行督查

教学督导组对学校相关教学制度的制定提出咨询意见，并对其执行情况进行督查，执行中发现的问题及时向有关部门报告。

3. 开展重点专项督导工作

结合学校教育教学改革需要，接受教务处等部门委托，开展重点专项教学督导工作。协助学校调查、核实教学事故。对院（部）教学督导组的工作进行督查、指导。

4. 参加学校教学工作会议和其他重大教学活动

参加学校教学工作会议和其他重大教学活动，校级本科教学督导组组长是学校教学指导委员会成员，应履行学校教学指导委员会成员的相关职责。

从上述教学督导主要职责与任务的描述中，可见教学督导是高校教学质量监控体系的重要环节，是促进教学质量提升的重要保障。高校内部教学督导具有督察、指导、评价和咨询等职能，对高校育人质量的提升和教育教学改革的深化与发展发挥着重要作用。

（二）教学督导的组织模式

传统意义上的教学督导只是学校里教务处主管处室下的一个工作小组，其主要职能是督教、督学、督管，并不能很好地发挥其应有的作用。在实践中各高校逐步认识到教学督导的重要作用，对其组织模式也在逐步发生变化，主要是提升教学督导的地位和权威性。

纵观目前高校内部的教学督导组织，可以概括为如下三种模式。

1. 职能处室模式

单独设立教学督导机构，作为学校教学管理系统的一个独立处室，称谓“教学督导处（室）”，具有行政职能，与教务处共同负责学校的教学质量监控工作。在工作上与教务处协调配合，增加了工作的复杂性。

2. 相对独立的督导和咨询模式

成立“教学督导组”，在校长或主管教学的副校长直接领导下独立开展工作，直接向主管的校长报告工作，地位比较超脱，其工作更具权威性。

3. 依附教务处模式

教学督导组附属于学校教务处，虽然不是教务处的职能科室，但要按照教务处的安排进行工作，完成教务处分配的临时督导任务，开展日常教学督导活动。教务处的教学质量科是教学督导组的辅助科室，承担督导组秘书工作。这种模式的教学督导，由于其地位模糊，工作具有被动性。

教学督导工作的开展和成效与学校的重视程度密切相关，因此，明确教学督导的组织模式十分必要。上述三种教学督导组织模式各有利弊。笔者倾向于第二种教学督导组织模式，即相对独立的督导和咨询模式，这样利于校长或主管教学的副校长直接了解客观的教学情况，会更好地发挥教学督导的参谋和咨询作用。

三、高校内部教学督导的工作内容及工作路径

（一）教学督导的工作内容

教学督导的主要目的是为教学工作服务，教学工作质量的提高是教学督导工作的根本价值追求与终极性目标。对高校教学质量具有直接影响的因素主要涉及教学管理、教师教学、学生学习三大方面。因此，作为高校内部教学质量监控工作的一个重要组成部分，教学督导工作应包括对教师教学过程的动态指导和督察、对学生学习成果的综合分析与评估、对教学管理机构工作职能的监督和指导。简言之，教学督导的工作内容具体体现在督教、督学、督管三个方面。

1. 督教

督教，是教育督导最主要的工作内容。督教的内容可分为两大类型：一是对教学环节进行综合督导，二是对有关教学研究活动进行专项督导。

（1）对教学各环节进行综合督导。按照以成果为导向的OBE教育理念，教育督导对各教学环节进行督导的内容有（包括但不限于）：审核专业培养方案并提出咨询意见，重点审核培养目标、毕业要求；审核教学大纲和教学计划并提出咨询意见，重点审核其与培

养目标的切合度；督察课堂教学、实践与实验教学、考试过程与试卷分析、毕业论文撰写与答辩等教学环节，做出客观评价并提出咨询意见。

督导听课是常规性工作，通过听课了解教师的教学态度、教学内容、教学方法、教学效果，从中发现教学中的问题并及时提出咨询意见。

（2）对有关教学研究活动进行专项督导。教学督导对各教学环节的督察是常规的综合性工作，但学校一些专门的教学教改活动也是教学督导的工作内容。譬如，学校层面的教改项目的评审、青年教师基本功比赛、青年教师讲课比赛、对教材的评审等活动，也是教学督导的工作内容。

2. 督学

学生是受教育的主体，学校全部的教学、教管活动的终极目标，是培养出符合专业培养方案的毕业生。因此，督学就成为教学督导工作的主要内容。教学督导在督学方面的工作主要体现在两个方面。

（1）了解学生的学习状况。通过观察学生在课堂上的状态完成。教学督导进入课堂听课，一是要观察学生的到课人数和迟到、早退人数。排除客观原因，学生旷课人数和迟到、早退人数从某种程度上反映了学生对课程的态度。二是观察学生的听课态度，如抬头率的高低、手中在做什么。学生的听课态度反映了其对课程设置的认可和对教师授课的喜好。三是观察学生课桌物品，是否有教材、是否做笔记等，这反映了学生的学习态度等。

（2）了解学生的学习效果。学生的学习效果反映三个问题：一是课程设置是否合理，二是教师的授课效果是否显著，三是学生的学习状态是否积极。通过课堂上观察学生对教师所提问题的呼应，对问题的思考与回答，对老师布置作业的完成情况，可以了解学生对教师授课内容的理解和消化程度，从而判断教师的授课效果。

3. 督管

教学督导的督管，是指对于教学管理机构及相关机构在教学管理和服务教学中的一系列的活动进行督察，包括（不限于）各类教学文件的制定和执行情况、教学安排情况、教学设备配备与维修情况等。

教学督导依据在督教和督学过程中发现的相关问题，及时向相关部门提出咨询建议，并督促和监督问题的解决。教学督导掌握的一手资料成为高校进行管理决策的重要依据。但由于教学督导的定位不甚明朗，其权威性不高，在督管方面的作用尚不明显。

（二）教学督导的工作路径和工作方法

我们习惯上所说的“教学督导”，无论是何种组织模式，都是由教学督导员组成的一个工作团队。作为教学督导整体，要有自己的工作路径，作为教学督导员的个体，也要有自己的工作路径和方法。

1. 教学督导团队的工作路径

尽管教学督导的组织模式不同，但教学督导整体是一个工作团队毋庸置疑。教学督导团队作为一个整体，要有明确的工作路径，方能高质量地履行督导职责和提高工作效率及工作质量。

（1）制定工作计划。为避免无序和无底的工作状态，教学督导团队制定学年工作框架和具体的学期工作计划尤为重要。

其一，制定学年度工作框架。教学督导的工作是多头并复杂的，但按照培养方案，每个学年和每个学期都有相对固定的教学活动。就常规的教学环节而言，学年的第一个学期的教学活动相对简单，主要是课堂授课与实验室实习、期中检查与期末考试等。第二个学期除了课堂授课与实验室实习外，还有毕业实习、毕业论文答辩等教学环节。一般在学年结束前召开团队会议，根据培养方案制定下学年的工作框架，此计划宜粗不宜细，勾勒出工作的轮廓即可，具体工作在学期计划中明确。

其二，制定具体的学期工作计划。在学年的第一个学期的第一个星期，召开全体会议，在学年工作框架的基础上制定本学期的工作计划，请主管校长和教务处领导到会介绍学校在本学期内有关教学与教改的主要工作和思路，教学督导团队据此制定出本学期具体的工作计划，包括综合督导工作内容和专项工作内容等。考虑督导员的年龄和精力，学期计划的工作不要太满，要为学校教学、教改方面的专项工作留有时间余地。

教学督导员了解了总体的工作内容，按计划有序开展工作，避免了无序和无底的工作状态。

（2）定期工作交流。教学督导团队的组成人员都是离退休的教授和教学管理干部，其专业方向、所属专业、工作方法、处理问题的方式等都会存在差异，并且按分工督导不同的教学单位，工作中经常会遇到各种各样的问题和发现好的教学典型。因此，定期进行教学督导员之间的交流尤为必要。

通过定期的交流，督导员之间可以借鉴他人好的经验和方法，改进自己的不足，从而提高自己的工作能力和工作质量；并且通过共同讨论、共同研究，达成共识，及时将好的典型形成材料、对存在的问题提出处理办法，反馈给学校相应职能部门，也增强了督导工作的时效性，更好地发挥督导的参谋和咨询作用。

定期的沟通交流也会使督导员们彼此熟悉起来，利于工作的配合与互相帮助。

（3）定期培训研讨。教学督导员虽然具有丰富的教学经验和管理经验，但面对现代社会飞速更新的新知识、新技能、新理念，必须加强学习，才能适应教学督导工作。需要教学督导团队组织定期或不定期的线下或线上培训，培训内容既要与教学督导相关，也要与教改相关，广泛而有深度。适应线上听课等需用，针对老教师对网络工具运用技能的弱势，还应进行网络工具运用方面的培训等。

（4）确定听课重点。教学督导在督教方面的工作，主要是常规的课堂听课。听多少课时一般都是学校规定的，但听哪些课却是由教学督导研究确定的。不做选择地泛泛听课达不到督教的目的，有侧重有针对性地听课才会有成效。因此，教学督导团队在每学期都要确定一个听课的重点，如侧重哪些教师，侧重哪些课程。明确听课目的和要解决的问题，才会发挥教学督导督教的作用。

（5）做好工作总结。教学督导的工作总结按其内容可分为综合督导总结和专项督导总结，按其提交的时间可分为学期总结和年度总结。工作总结是向学校提交的系统的工作报告，汇报教学督导的工作情况、发现较好的可推广的典型和存在的问题，并提出相应的改进意见。因此，工作总结也是一份教学督导提交的咨询材料，供学校在作出提高教学质量和教改相应决策时参考。

（6）小组工作形式。在常规听课中，不能单兵作战，最好采取小组听课形式，小组人数最好在2人以上。对于每个教师的课堂听课，一个学期一般听1～2节课，听后要填写评价表，作为评教的依据。虽然教学督导员都有高度的责任心和认真客观的态度，但关注的角度可能会不同，难免出现评价的偏差。根据课堂教学评价来确定教师的课堂授课等级，特别是在评职称对教学质量采取一票否决制时，评价的偏差会导致不利的后果。因此，采取小组听课，两个督导员意见的综合作为对教师的评价相对客观和公平。当然，对于存在严重问题的教师，教学督导要多人次听课方能做出最终评价。

2. 教学督导员的工作方法

（1）敬业、奉献。高校的教学督导员一般年龄偏大，面对比较繁重的督导工作和不高的薪酬，没有敬业和奉献精神是难以做好这项工作的。因此，既然接受学校的聘任担任教学督导员工作，就要将工作做好，不计较个人得失。

（2）认真、负责。如前所述，教学督导是察看、引导、指引之意。履行每一项工作职责，最终都要做出自己的评价，这个评价可能会成为学校做出相关教学、教改、提高教学质量措施的参考，也可能成为教师晋职的关键因素。因此，教学督导员对于每一项工作都要认真去做，来不得半点马虎和推诿，对自己负责，对被评价者负责，对学校负责。

（3）客观、公正。客观公正地评价每一个教师、每一项教学活动，是教学督导必须坚持的一项基本原则。要严肃慎重地对待每一张评价表，坚持对被评价对象一视同仁，打分要相对准确，评语要客观、严谨、明确。

（4）尊重、交流。听课时对授课教师予以尊重并与其交流，是发挥督教应有作用的前提。尊重是交流的基础，交流是达到督教目的的手段。只有给予教师必要的尊重，才能与其进行无障碍的交流和沟通。具体做法如教学督导听课要挂牌，这样可以向学生和老师表明身份；要提前进入课堂，不能迟到，不得早退；上课前要主动与授课教师打招呼并进行简单沟通；在查证学生到课人数时不能影响教师的讲课节奏；听课时态度认真作必要的记录等。下课后要主动与授课教师进行交流，充分肯定优点，诚恳指出不足并提出改进建议。这些会让教师明白，督导员不是专为挑毛病而来，而是与教师一起为提高教学质量而努力，目标是一致的，这样会减轻教师的紧张情绪。

参 考 文 献

付俊贤，王炳社，2020. 从督到引：高校教学督导工作思路转变新探讨［J］. 渭南师范学院学报（2）：6.

牛妍，2019. 高校教学督导效果影响因素分析.［J］. 黑龙江教育学院学报（12）：3.

郑冬梅，2018. 高校教学督导工作现状及几点反思［J］. 教育现代化.

中国社会科学院语言研究所词典编辑室，新华辞书社，1992. 新华字典：1990重排本［M］. 北京：商务印书馆.

中国小学教学百科全书总编辑委员会教育卷编辑委员会，1993. 中国小学教育百科全书·教育卷［M］. 沈阳：沈阳出版社.

浅谈应用型农业院校实践教学的质量评价*

陈青君[①] 韩莹琰 谢 皓 于同泉

摘要： 实践教学是农林院校教学中极为重要的环节，是培养学生创新精神和实践能力的重要途径。本文从应用型农业本科院校的教学目标、实践教学的重要性、实践教学质量保障体系的构建阐述了质量评估的内容以及教师、学生和多元的评价主体在实践教学中的作用，从顶层设计、硬件支撑、教师投入激励机制、闭环管理等方面提出了建议。

关键词： 农业院校；质量评价；实践教学

《国家中长期教育改革和发展规划纲要（2010—2020年）》第二十二条、第三十一条非常明确地提出，要引导本科院校办出特色，优化学科结构、紧密结合地方经济社会发展需求，树立多样化人才观，大力培育应用型、复合型、技能型、创新型人才。这为本科院校的发展开阔了视野，提供了改革发展的动力，更为以应用型本科为办学定位的市属农业院校指明了方向。同时，不同地区农业产业结构调整和经济发展的趋势也对地方农业院校的教育教学改革提出了新的不同要求，学校在培养高素质应用型人才的模式改革过程中面临新的挑战，学校内部质量保障体系建设受到学术界和教育界的高度关注。

一、应用型本科院校的教学目标

2013年教育部颁布了《关于引导部分地方普通高校向应用型转变的指导意见》，指出应用型本科院校主要侧重于对于原理知识的运用和实际执行，应用型本科高校旨在培养出具有实际操作能力的人才，立足学科特色打造产教融合的道路，针对应用型人才培养模式的设定，偏重对于行业性、国家制造业发展策略相接轨人才的培养，通过实验操作、校企结合培养、产教融合、技术成果转移等方式不断提升应用能力。应用型本科高校的办学定位与人才培养目标应明显区别于研究型大学和高职院校，应有自己的特色。人才培养的目标为培养具有创新精神、实践能力和良好专业素养，适用区域经济社会发展需要的应用技术型人才。实践教学质量评价的最终目标是使培养的人才具备职业实践能力，满足社会发展需要。

都市型农业院校以培养现代农业需要的人才和服务郊区县农业为己任，以培养复合应

---

* 本文系2021年北京高等教育本科教学改革创新项目“新农科背景下都市型智慧园艺课程体系创新实践”。

① 作者简介：陈青君，1963年8月出生，主要研究方向为食用菌和蔬菜，曾任北京农学院第7、8届本科教学督导。

用型人才为目标，是典型的应用型本科院校。应用型本科重在“应用”二字，要求以体现时代精神和社会发展要求的人才观、质量观和教育观为先导，以在新的高等教育形势下构建满足和适应经济与社会发展需要的新的学科方向、专业结构、课程体系。其教学目标是要求各专业紧密结合地方特色，注重学生实践能力，培养应用型人才，从教学体系建设体现“应用”二字，其核心环节是实践教学。要从更新教学内容、教学环节、教学方法和教学手段入手，全面提高教学水平，培养具有较强社会适应能力和竞争能力的高素质应用型人才。

早在20世纪80年代，国际高教界就逐渐形成了一股新的潮流，那就是普遍重视实践教学、强化应用型人才培养。国内的诸多高校也纷纷在教育教学改革的探索中注重实践环节的强化，因为人们已越来越清醒地认识到，实践教学是培养学生实践能力和创新能力的重要环节，也是提高学生社会职业素养和就业竞争力的重要途径。

二、农林类高校教学中实践教学的重要性

实践性教学是农林院校教学中极为重要的环节，是培养学生创新精神和实践能力的重要途径。作为地方本科院校人才培养的主要特色，应用型人才培养的目标定位决定了强化实践技能训练是新形势下实践教学模式、教学方法变革的重要内容。由于农业的季节性和周期性，即便是新冠肺炎疫情暴发后，农林类的学生们也在坚持一线的专业实习和生产实习。在历年的毕业生实习总结会上笔者都能听到学生们到基地或企业专业实习后的感悟。有学生在实习总结里写到，“大学四年转瞬即逝，在校上课时，一直在想我学到了什么，那时想破脑筋也不知道，我三年理论知识的学习到底学了什么。直到开始实习，我才发现，在不知不觉的学习中，在实习时一点一滴地巩固中，我学到的知识并没有随着考试的通过而遗忘，只是埋藏在脑海深处，直到用的时候才会再次浮现。只有伴随着真正的运用，知识才会记得更加牢固”。由此可见，实践对理论知识的巩固和运用，对学生未来的发展多么重要。

三、实践教学质量保障体系的构建

（一）本科实践教学质量评估的内容与标准

实践教学改革是以“学生为中心”理念的重要一环，特别是在以都市农业为特色的市属院校，承接着乡村振兴、社会服务的重任，实践是根本，学习的认知、能力的表现、品德的养成、创新的思维等都来自实践教育。实践教学有三种形式：依附于理论教学，注重的是“学中做”；独立于理论教学，注重的是“做中学”；融合于理论教学，注重的是“做中思”；实践教学会对学生提出挑战，并且让学生自主完成该任务，充分展示其思考、处理、解决问题的实践能力，培养学生的专业技能和职业素养，是从“重知轻行”向“知行合一”转变的重要环节。从人才培养质量的状态看可以分为显性质量和隐性质量，显性质量是一些直观性、可测性的质量，仅占10%，一些潜在性、依时性的隐性质量达到90%，而实践环节是考察隐性质量的重要途径。

农业院校的实践教学内容有实验课堂、专业实习、毕业实习、毕业设计以及大学生科研计划项目、创新创业等，面向都市农业的需求还有贯穿于大一、大二4个学期专门开设

的技能训练课。实验课堂包括实验准备、学生预习、教师预做、实验仪器准备情况等；实习教学包括实习工作条件、实习计划与指导、学生实习纪律与态度、实习报告和实习日志、实习总结及效果、成绩评定等；毕业论文（设计）包括选题质量、毕业论文（设计）质量、评阅与答辩等方面，这些实践教学要从综合运用知识能力、设计实验能力、应用文献资料能力、计算能力、论文撰写水平等方面考核，而科研训练和创新创业是提高本科生综合能力的一项具有挑战性的实践教学。

在教学条件上，要看实验环境、实验教材是否满足要求；在教学内容上看是否符合实践教学大纲，知识面是否宽广，是否激发学生创新思维；在教学过程与教学态度、教学方法与手段方面，要考查学生的独立思考问题和处理问题的能力，考察教师实验验收和批改实验报告时是否认真等；教学效果方面看学生是否掌握了与实验有关的知识，正确使用实验仪器，分析和解决问题的能力是否得到提高，学生创新精神和实践能力是否得到了培养与提高。在教学思维方式上，要从教师为主导逐渐转变为学生创新思维培养为核心，更多地让学生发挥主动。通过实践教学全方位培养学生独立思考、科学研究、数据分析、论文写作、PPT 制作与语言表述的能力，培养学生从传统的被动学习到主动学习以及兴趣的培养。本科教学应该是素质培养的基地，要给学生提供更接近生产实际的学习经历，通过实践教育的强化与创新意识的培养，为学生进入社会或硕博阶段打下良好的基础。

学校应根据自身的办学定位、人才培养目标、专业特色，制定科学、合理、规范的实践教学质量评价指标，以便于对实践教学的实施与管理进行监控和评价。

（二）教师在实践教学中的角色

加强实践性教学，高素质的教师队伍是关键。没有高素质的实践教师，就不可能具有高技能水平的学生，“师高才能弟子强，能师才能出高徒”，因此，实践过硬的教师是学校搞好实践教学的内在因素。教师要做到思想上的高尚境界，学术上的精深专家，实践上的技能行家。教师本身实践水平的提高，自身的锻炼以及学校对年轻教师实践能力的要求从某种程度决定了学校实践教学目标的实现度。

都市型农业院校在“新农科”、乡村振兴等外部环境对学校的需求背景下，对教师专业素质水平要求越来越严格。教师趋向专业化、富有前瞻性、较强实践能力、重实用性等方面发展，对于增进实践课程改革效果和提高地方高校发展水平具有重要意义。一些年轻的教师需要从博士和博士后科研角色快速转为努力提高自身实践环节能力的教师，对本科院校学生的培养目标要有清晰的认识。一些具有多年工作经验的教师需从实践教学的各个环节中思考以学生技能提高为中心的教学方法和手段。

（三）多元的评价主体对实践教学的推动作用

实践教学质量的提高涉及多个主体，包括学校领导、主管部门、二级学院、校内外指导教师、在校学生、实践单位、往届毕业生、用人单位等。为了提高人才培养质量，学校应定期聘请这些主体参与专业人才培养方案的制订，参与课程结构体系的设置与调整，参与教学质量与满意度的调查，参与制定专业实践教学质量评价体系的质量标准和评价等环节中，并以此为依据促使实践教学质量保障体系展现出前瞻性，确保学生所具有的专业实践能力能够满足学生就业需求。

在评价主体中督导组作为独立的教学质量评价机构，因其公正性、客观性和严谨性，普遍被高校所采纳。教学督导在改进教学和人才培养模式、提高教学质量、创建督导文化方面具有重要作用。督导组成员定期到各实践教学课堂听课，从教学态度、教学内容、教学方法、教学条件、教学效果等方面进行综合测评，并将相关信息及时反馈给授课教师，指出其授课的优点和不足，并提出富有建设性的意见和建议。这对实践教学教师发扬自己的授课优点、改进教学方法以及丰富教学手段，提高实践教学质量能够发挥巨大的作用。此外，督导成员还能起到沟通学校和教师的桥梁作用，了解学校的管理思路，同时又将管理层面的问题以及教师的意见和建议反馈到相关职能部门，让教务处及时地了解教学一线的信息，实现闭环式督导，为学校完善和制定相关制度提供宝贵的依据。

（四）学生信息反馈机制

学生是教育服务的对象，也是教育质量提升的重要贡献者，他们的动机、能力、价值取向、行为方式，直接决定了教育质量，是内部教育质量保障体系中的重点。学生应评价自身在实践教学过程中，对专业知识运用能力、社会适应能力、职业创新能力等方面是否得到锻炼和提高，并对指导教师的能力、水平和态度等方面进行评价。为此要建立起多渠道的实践教学信息管理和反馈机制，利用基于信息技术的教务网络管理系统，组织学生对实践教学进行网上评教和网上问卷调查等，增大评教的样本数和可信度，提高实践教学管理与监控工作的效率。通过这些相关利益主体的共同参与，逐步形成协同育人的培养机制。

四、建议

（一）顶层设计

在实践教学管理体系的构建工作中，学校需要从组织保障层面体现出对实践教学的高度重视。这要求学校能够在主管校长的协调与引领下构建起校级管理机构、院级管理机构、系部管理机构以及基层教研室。同时，与外部评估建立联动机制，加强内涵质量建设，有效回应外部对高校发展的需求与期盼，也是当今内部质量保障体系中最要紧的问题。为此，学校层面要制定顶层设计的方案，把实践教学作为内部质量保障体系的重要环节，制定政策，使基层教学组织（学院）将实践教学的教学质量管理融入教育教学过程，建立持续改建机制，成为推进教学改革和质量提升的源动力。

（二）硬件支撑

完善的、高质量的实践教学基础设施是实践教学工作取得良好成效的重要保障，在此方面，学校需要重视推进校内实践教学基础设施建设工作与校外实践教学基础设施的协同发展。在校内实践教学基础设施建设方面，应该围绕实践教学目标、方案等，对实践教学发展趋势做出研判，确保校内实践教学基地建设工作的先进性、前瞻性。在校外实践教学基础设施建设方面，需要重视与社会用人单位开展合作，依托产学研一体化的育人方式。

（三）教师投入实践教学的激励机制

有了先进的教学理念、顶层设计，但未必会产生良好的效果，这里需要教师发挥积极的作用。大学之大在于“师”。教师是教学质量三要素（教师、学生、课程）之一，是教学活动最重要的主体，主体作用发挥，教学质量才能真正得到保障。课程负责人、专业负责人是推动实践教学的工作主体。要建立“四位一体”即学生、教师、同行专家、督导的本科教学质量综合评价方法，引导广大教师积极思教、严谨施教、潜心从教，激发教师教学热情、主动投入教学、提升教学能力。另外，对于保障实践教学的管理维护人员也有必要设立专岗，给予激励和稳定。规章制度、质量保证体系和激励制度对人才培养的各环节顺利开展至关重要，要从制度上保障人才培养质量提升。

（四）构建“评价、反馈、改进”相结合的评价机制

目前，许多学校为改进内部教学质量设立了诸多的促进教学改革的项目，但监督检查不严，反馈改进的环节缺失，从而影响持续改进质量的能力和信心。学校应该从“多视角评价、多节点监控、多阶段跟踪的人才培养调查和评价制度、外部认证或评估制度”中，制定“评价、反馈、改进”的有效闭环措施；增加相关专业的督导组成员，增加督导组成员的培训机会，督导成员自身也应该加强对农业院校实践教学的认识和学习，了解教学资源保障教学的状况，关注实验教学和实践教学中 OBE 理念的贯彻实施等，从而能够更精确地判定实验实践教学中的三个培养层次，敦促学校实践教学更多地实现“做中思和思中做”，减少实验课设置和安排的“看实验、听实验”现象、论文设计与完成中不符合培养目标要求的现象、教学基地闲置和安排不当的现象、科研训练计划中虎头蛇尾现象等。只有不断地发现评价和持续改进，实践教学对学校内部保障体系建设的支撑作用才能实现，闭环管理的口号才能得以实现。

参 考 文 献

陈以一，2016. 高等学校内部教育教学质量保障体系建设的思考——基于同济大学教学质量保证体系的建设与实践［J］. 中国高教研究（1）：51-53.

韩莹琰，田佶，2022. 新农科都市型园艺人才培养模式创新与实践——以北京农学院为例［J］. 安徽农业科学（1）：280-282.

计国君，邬大光，薛成龙，2018. 构建大数据驱动的内部质量保障体系——以厦门大学 IQA 为例［J］. 厦门大学学报（哲学社会科学版）（2）：53-64.

李志义，朱泓，2021. 以先进的质量保障理念促进本科教育教学综合改革——新一轮审核评估指标体系内涵解析［J］. 高等工程教育研究（6）：75-80.

倪晗，刘敏，2018. 行业特色院校本科教学质量保障体系构建研究［J］. 教育观察（上半月）（2）：41-44.

乔燕，吴绍兵，2019. 应用型本科高校实践教学质量评价体系的构建［J］. 教育教学论坛（25）：127-128.

谢皓，潘金豹，陈学珍，2012. 都市型农学专业人才培养模式的形成与实践——以北京农学院农学专业为例［J］. 中国农业教育（1）：53-56.

张磊，2022. 地方高校实践教学质量保障体系研究与实践［J］. 产业与科技论坛（2）：277-278.

周袆，程晨，马守明，2021. 应用型本科督导模式优化探究［J］. 高教学刊（6）：60-63，68.

朱立学，2011. 实践教学改革促进地方农业院校人才培养质量提高的研究与实践［J］. 高等农业教育（10）：35-36.

工作实践篇

第七届本科教学督导工作代表性简报之一

2015年第二期（总第5期）

根据2015年春季本科教学督导工作计划，校督导组两次召开会议，学习当今国际高等教育、特别是课堂教学改革的发展趋势，确定本学期听课重点和关注点，汇报交流听课的具体情况；根据教务处2013〔54〕文件，重新修订了《北京农学院听课记录表》；通过听取各学院专业主干试点课程和非专业重点改革课程，关注不同课程类型和不同的课堂教学形式的授课特点；听取老师和学生对教学改革课程的意见，查看课堂教学互动与反馈的发展变化情况，检验课堂教学改革的实际成效。

一、本科教学督导听课基本情况

（一）听课的门次数

自3月份开学以来至5月中旬，督导组共进课堂听课146门次，其中专业主干改革试点课74门次（其中10门次为前三批次的改革试点课，64门次为本学期第四批的改革试点课），剔除督导多人重复听取同一门课程，本学期听取的改革试点课（50门）占第四批改革试点课（72门）的69.4%，完成专业改革课程的听课覆盖率达到2/3以上的预期目标。此外，听取了非改革试点课程72门次，包括基础教学部的数学类、体育类课程，思政部的公共基础课以及各学院的学科基础课和专业选修课。听取的各教学单位课程分布情况见表1。

表1　督导组听课分布情况统计

学院	专业改革试点课		非专业改革试点课		合计（次）	百分比（%）
	听课次数（次）	百分比（%）	听课次数（次）	百分比（%）		
生物学院	4	5.4	3	4.2	7	4.8
植科学院	15	20.3	3	4.2	18	12.3
动科学院	9	12.2	7	9.7	16	11.0
经管学院	4	5.4	1	1.4	5	3.4
园林学院	16	21.6	12	16.7	28	19.2
食品学院	12	16.2	6	8.3	18	12.3
计算机学院	5	6.8	13	18.1	18	12.3
文法学院	6	8.1	2	2.8	8	5.5
城乡学院	3	4.1	7	9.7	10	6.8
基础部			13	18.1	13	8.9
思政部			5	6.9	5	3.4
合计	74	100.0	72	100.0	146	100.0

（二）听课的评分情况

根据新修订的听课评分记录表，重点关注教师是否改变了传统的“一言堂”和“满堂灌”，是否实施了有效的课堂教学互动与反馈，是否开始实施“以学生的学习收获为目标”的课程设计；对非改革试点课程，仍部分沿用了原有的传统听课记录方式进行评分。督导评分情况见表 2。

表 2　督导听课评分统计

改革试点课程评分			非改革试点课程评分		
平均数		89.23	平均数		88.39
95%的置信区间	下限	87.99	95%的置信区间	下限	87.37
	上限	90.47		上限	89.4
5%的切尾均值		89.63	5%的切尾均值		88.63
中位数		90	中位数		89
方差		23.029	方差		15.979
标准差		4.799	标准差		3.997
最小值		70	最小值		76
最大值		96	最大值		95
极差		26	极差		19
四分位差		6	四分位差		6
偏度		−1.410	偏度		−0.906
峰度		3.441	峰度		0.947

对督导的评分记录进行单因素方差分析，11 名本科教学督导打出的评分成绩有一定的差异，有 4 名督导打出的听课记录平均分低于总体平均分 88 分，最低平均成绩为 85.83 分，极端最低分为 70 分，有 7 名督导打出的成绩高于总体平均分，最高平均成绩为 91 分，极端最高分为 96 分。进一步采用 SNK 法、Tukey 法进行两两比较，检验结果证明，在 $alpha=0.05$ 的显著性水平比较中，$Sig=0.107$，督导评分整体上没有显著性差异。结论：督导评分具有可信性和一致性，教师的课堂教学总体水平处于良好及以上的常态水平。

对听课评分的分布状态进行分析，146 门次课程总体评分和分类评分都近似正态分布，趋近于负偏分布（图 1、图 2），专业改革试点课程分布的正态性优于非改革类课程的评分成绩分布，听课评分成绩趋近于优秀，但均值低于众数值，说明有低评分的课程的存在；非改革类课程有两个众数组，一组是 90 分，还有一组是 85 分，说明非改革类的课程中优秀和良好两种水平交替共存；同时，两类课程共有四门课程评分低于 80 分，其中超过四分位差 1.5 倍的离群值有两门[①]，个中原因值得探究。

① 在统计学中，超过四分位差 1.5 倍、不到 3 倍的观察值称为离群值，超过四分位差 3 倍以上的观察值称为异常值，对离群值和异常值需要进行重点核对与观察。

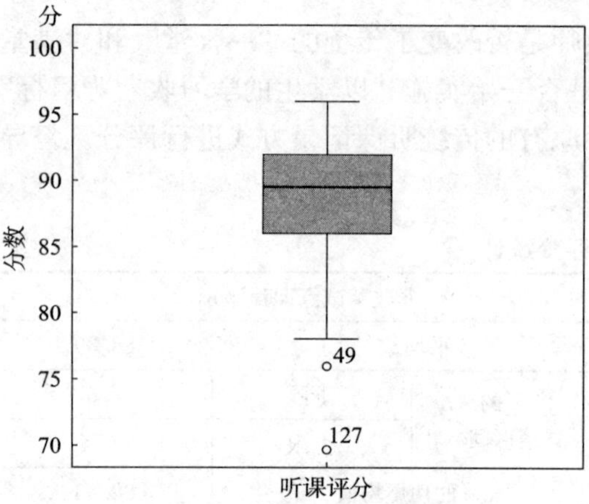

a.144门课程评分成绩的箱线图

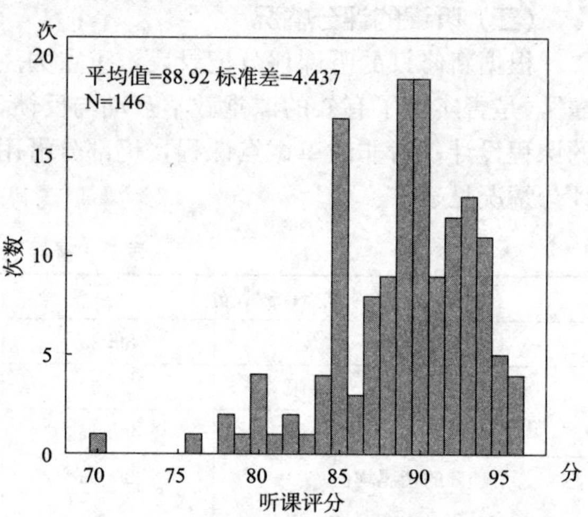

b.144门课程评分成绩的直方图

图 1　144 门课程评分成绩的总体分布

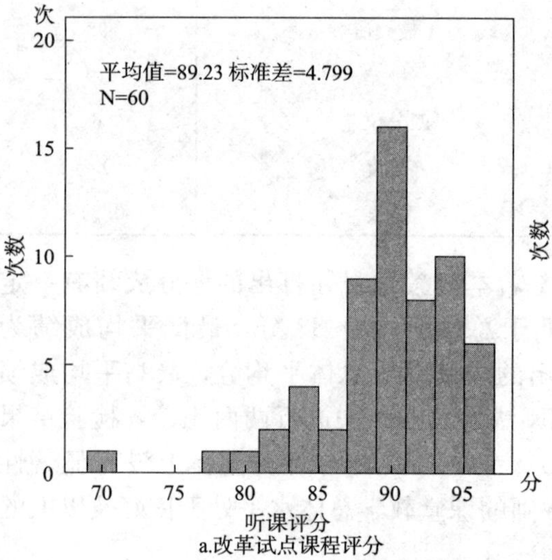

a.改革试点课程评分

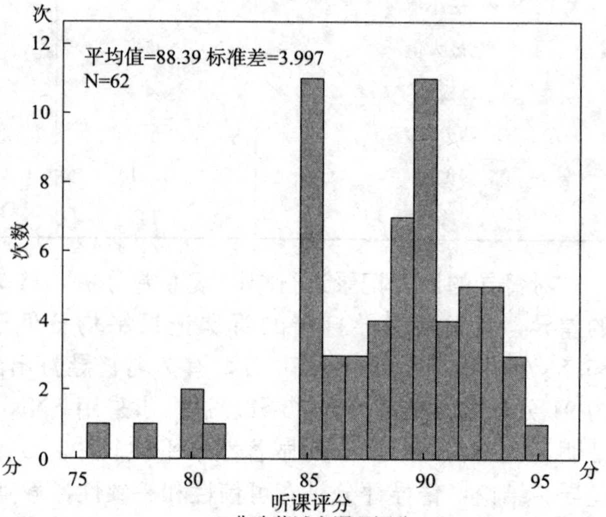

b.非改革试点课程评分

图 2　专业改革试点课与非改革类课程的评分成绩直方图

（三）基于听课和评分的基本情况分析

从改革试点课程与非改革试点课程的评分特征值中可以看到，经过近两年四批次 241 门改革试点课程的引领，北京农学院本科课堂教学整体上处于较好的发展态势，课堂教学方法的探索和教学效果取得明显进步。督导们普遍反映，相对于非改革试点课程，第四批专业改革试点课“以学生的学习收获为目标”改革理念已被越来越多的老师所接受，不同类型课程的改革方法正在得到有效探索；课堂教学生师互动的形式多样，文科类的改革课程课堂气氛活跃，理科类的改革课程严谨，课堂教学改革促进了学生自主学习和小组协作式学习的积极性。

老师们在课堂教学中针对学生的学习、讨论、案例分析、研究型教学汇报的点评与反馈开始增多，部分老师的课堂点评中肯客观，很有启发性，研究型教学的实时点评对学生自主学习、汇报起到了很好的引领作用。其中，表现比较突出包括生物科学与工程学院的薛飞燕等老师课程改革组织形式做得很好，通过学生利用手机拍摄微视频，拍摄课程实验的过程和场景，对调动学生学习积极性很有启发。植物科技学院万平老师对学生课堂汇报实时点评加提问，既中肯又细致到位，对强化学生的科学训练、引领深入、严谨的文献阅读很有好处。园林学院年轻教师高成琳，引进国外教师教学的先进经验，对“室内环境设计”课程的设计认真、严谨，其设计的课程讲义和每周讲课计划表十分周密，围绕课程教学构建的教学理论及分析图、教学体系导出图、连续坚持三年的教改作业结构，课程教改前后的评价体系的比较以及在学校专业课程改革总结会上的发言，给与会各学院专业课程老师和督导们留下了深刻印象。文法学院的李蕊、李宝龙等一大批一线教师，讲课方法生动活泼、课堂互动能充分调动学生的学习积极性，其讲课效果得到学生们一致肯定，这也是教学督导在完成听课后对相当一批任课教师给予高分的重要原因。

（四）学生对专业课程改革的评价

结合期中教学检查，督导组面向九个学院的本科生发放调查问卷，涉及 38 门主干专业改革试点课、39 名任课老师，回收问卷 164 份。根据调查问卷的数据汇总，92.1%的学生了解改革试点课程在专业学习过程中的性质和地位，51.2%的学生知道该课程为改革试点。对于专业改革试点课程，92.1%的学生表示很重视或比较重视，82.8%的学生表示很有兴趣或比较有兴趣，70.7%的学生认为很难或比较难。对专业改革试点课程的满意度评分，均值为 63.9 分，中位数为 66.7 分，标准差为 22.54 分，偏态系数为−0.37，说明对专业改革课程的满意度评分学生给予了合格的肯定，但仍有极端的低分存在，使均值小于中位数；负偏分布并不严重，但标准差较大，仍反映了不同层次、不同群体的学生对改革试点课程的满意度不尽相同。对老师实施的专业课程教学改革学生评定意见汇总数据见表 3。

表 3　学生调查问卷多项选择题的数据汇总

教师教学过程	人数（人）	比重（%）	教师教学注重	人数（人）	比重（%）
注重学习收获	110	67.1	作业布置	121	73.8
实现教学目标	103	62.8			
组织案例分析	73	44.5	课堂互动	104	63.4
强调小组研究	70	42.7			
重视汇报演讲	69	42.1	教师点评	88	53.7
要求预习复习	57	34.8			
布置参考文献	45	27.4	成绩反馈	36	22.0
说不清	4	2.4			

与此同时，督导组的老师们参加了部分院系组织的学生对课程改革的意见征求会。从反馈意见中进一步掌握了学生对专业改革试点课的实际评价：专业改革试点课程的任课教师讲课认真严谨，案例丰富，互动相对频繁，课堂生动活泼，生师交流扩大。与此同时，

部分学生也反映，课程作业增多、学习压力加大、小组讨论和作业的搭车现象严重，反映了学生对目前课程教学改革的切身感受和意见。

二、听课过程中发现的问题

在进行督导听课评分中，督导组教师们有一个理论假设：通过课程改革试点项目研究以及学校配套政策支持的专业改革试点课程，其评分理应高于非专业改革类课程。但实际听课评分结果证明，在专业改革试点课和非专业改革试点课程评分方差相等的情况下，在 *alpha*＝0.05 的显著性水平比较中，*Sig*＝0.291，不能拒绝原假设，即专业改革课程的听课评分与非改革类的课程评分并无显著性差异（表 4）。

表 4　专业改革课程和非改革类课程督导评分的独立样本 *t* 检验

	方差齐性检验		平均数是否相等的 *t* 检验			
	F	显著性	*T*	*df*	显著性	均值差异
方差相等	0.39	0.533	1.06	120	0.291	0.846

上述检验结果一方面说明，连续两年四期 241 门专业主干课和专业必修课的改革，已经在一定程度上影响到学校课堂教学水平的共同提高，使非改革类课程也已经具有了比较好的课堂教学效果；另一方面，专业改革类课程的总体成绩还未能显示出更加显著的成绩，课程改革和教学改革尚需扩大战果，其持续性的后滞影响尚需时间进一步检验。

进一步研究显示，两类课程都呈现少量低分课程的负偏分布，说明一部分老师在教学改革和日常的课堂授课中，仍存在显而易见的问题。

第一，个别教师对课程改革缺少正确的认识。具体表现在为了互动而互动、缺少明确的互动教学目标，放松甚至放弃教师对课堂的主导作用，有些课程的学生上讲台汇报演讲质量很差，授课教师未能及时有效地组织疏导和引领。

第二，从专业主干试点课程设计的角度分析，提交给教务处的 72 门改革试点课程授课计划表中，有部分课程设计未经认真思考，授课计划安排十分简单。没有好的开头，没有认真的课程改革设计，等于失去了明确的改革方向和坚定的改革措施，也不容易产生圆满的改革成果。

第三，从课程改革设计的授课表中，还有极少的课程没有采用教务处新下发的授课计划表，在填写授课计划表中存在明显的文字、数字错误，在系主任审批中未能及时发现并更正，这反映出部分基层教学单位还处于缺少教学团队协作、缺少领导关心支持帮助的“单打独斗”“改成啥样是啥样”的自我、自放、自流的状态。

第四，在听课评分较低的课程中，有若干课程是由新任教师教授，其教学经验不足，教学处于自适应的状态，仍采用“一言堂”和“满堂灌”的教学方式，与学生基本没有互动，也没有考虑学生在课堂教学中的可接受程度。督导听课中发现，与教师授课水平呈现正相关的是：由于教师的授课水平不高，教学方式陈旧落后，学生在课堂上学习兴趣不高，直接影响和结果是学生缺勤率高，课堂玩手机的学生多。因此，课堂学风不正，缺勤率高，在一定程度上与任课老师的教学方法、教学内容、教学效果、教学管理有直接联系。

第五，从学生问卷反馈表中可以进一步看出，在教学改革试点中，教师们已经越来越多地重视以学生的学习收获为目标、新的教学理念的传达与目标的实现，注重教学组织形式和教学方法中的案例教学、小组研究型教学、学生自学讨论和上讲台互动交流汇报，也加强了对学生课堂点评和课下作业的布置，但是在组织或强调学生的课下预习和复习、布置阅读参考文献方面仍显不足，学生没有养成良好的课下自我学习习惯是一个方面；而任课老师、特别是专业主干课程教师疏于布置课下阅读要求，则是专业主干课程老师的责任，也是教学改革必须更深入发展的一个重要方面。

第六，教学互动、生师互动，是北京农学院本科教学与其他兄弟院校相比的优点和长项，这已被连续五年的“中国大学生学习与发展追踪调查”的数据对比所证明，在充分发挥互动教学的基础上，学校也要更加重视对学生学习过程和学习结果的反馈。从目前学生反馈意见看，任课教师对学生学习过程和学习成果（包括学习成绩）的反馈还有很大的不足。提交作业（包括论文）缺少批改后的再次指导和修订，使不同课程学习问题处于简单重复的状态。大部分课程没有期中测验，期末考试只有成绩，缺少考试完成后面向学生的再次指导和综合性评价。

三、对进一步深化课程改革的若干思考和对策建议

（一）“观念能改变历史的轨迹”

当前教育教学改革的重要问题仍是一个观念问题，其中包括各级领导和一线教师对教育教学改革发展形势的认识，对学习环境、学习方法发生根本性变化的“90后”大学生认识存在不足。

（1）要正确理解当前的教育“新常态”。经过若干年“疾风暴雨”式通过教育行政强力牵引、以巨大资金投入为导向的本科教育质量工程已经基本结束，教育回归到相对平静、以内涵式发展为主的自我教育质量提高阶段。与此同时，国际国内先进的“互联网＋教育”已经成为教育新常态的引领模式，犹如互联网进入物流系统，引发了快递业务的颠覆性发展；互联网进入金融系统，引发了支付宝冲击国有银行的颠覆性革命；互联网进入交通系统，引发了“滴滴打车”和“GPS定位快速公交”的突破性发展。正是在互联网的快速发展中，引发了“慕课”的来临，改变了原有传统的教学模式和教育收费模式，使学生面临的高等优质教育有了更多选择和更广的分布，它正在加速淘汰落后的教育理念和教学模式，学生将用“脚”对不同学校、不同专业、不同老师进行选择，这将是不以人的意志为转移的一场革命。我们的校、院、系三级领导，如果能正确领悟习近平总书记最近致国际教育信息化大会的贺信背后的深刻含义，我们的本科教育就能上一个新台阶，反之，则会继续落后于时代和其他高校的快速发展。

（2）我们面临的大学生，已经或即将成为信息化时代的“原住民”，他们已经离不开互联网思维，离不开智能设备（包括智能手机）带来的对脑力、智力、生活习惯的影响。高等教育不像中小学教育，可以通过强制性的行政命令，禁止大学生课堂使用手机；相反，如果能正确地利用现代智能设备，我们的学习技术和教育质量将能上一个新的台阶。

（3）面对“互联网＋教育”带来的挑战有三种态度：第一种是坐等海啸过后的废墟和陈垣断墙，遭遇重创后重新建设；第二种是把阵地后移到高地上，“我自岿然不动”，或者用“教育＋互联网”的防御性改革静观其变；第三种是加紧研究以智能设备为硬件、App

为软件，在“互联网＋教育”学习环境下创新性思维、创新性教育和创新性引领。何去何从，做好做坏，几年后便会见分晓。

（二）教育技术革命将继续引领我们深化教学模式和授课方法的改革

美国新媒体联盟每年集中世界上最优秀的教育专家和互联网专家，根据世界上最先进的教育技术应用发布《地平线报告》，为教育技术发展提供并展现了全新的发展道路（见图 3、图 4）。

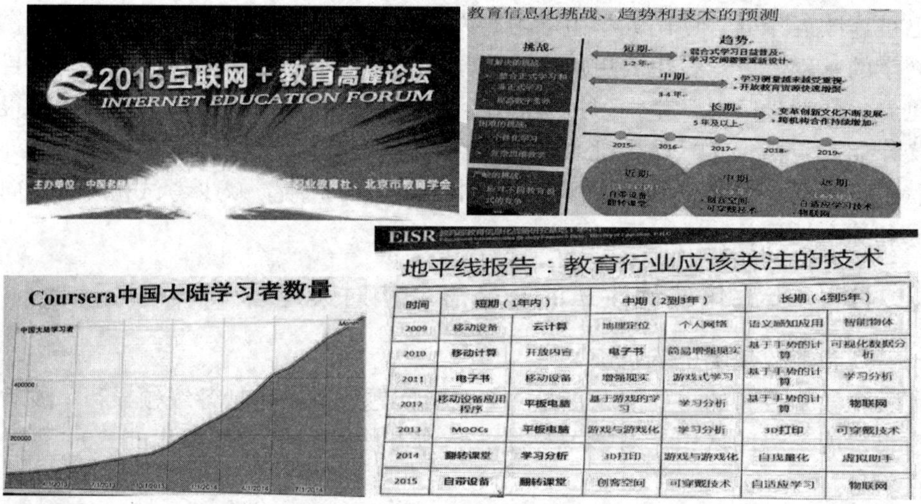

图 3 “互联网＋教育”将带来的教育深刻变化

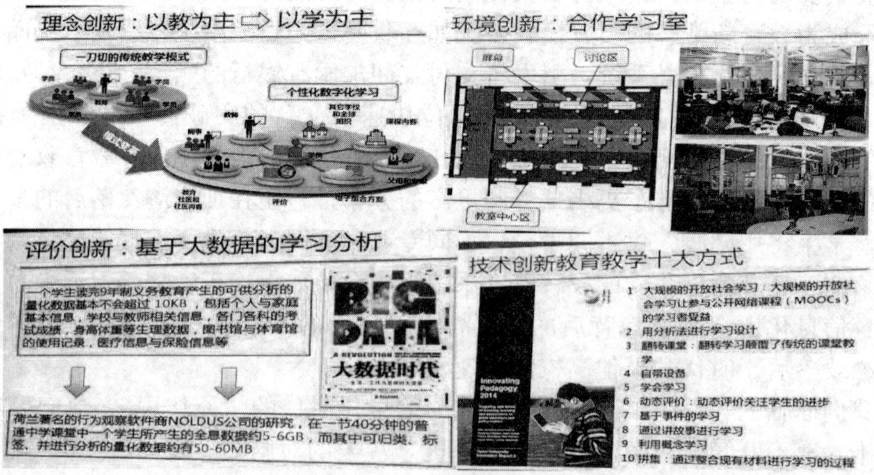

图 4 基于“互联网＋教育”的四大教育创新

谁用得上、用得好互联网为基础的现代教育技术，谁将赢得先机，拔得头筹。教师授课水平的高低优劣，会在互联网技术下、在“90 后”学生面前经受新的考验和重新洗牌。在进一步深化教育教学改革，以课堂教学主战场的改革试点中，关注新的教育技术发展与应用，无疑会是建设都市型现代农林大学，赶超同类型农林院校教育水平的捷径和不二选择。

（三）几点深化课程改革的具体建议

（1）努力引导学生提高“三力”，是“互联网＋教育”新形势下不可丢失和或缺的能力培养。所谓“三力”，是指理想力、专注力和控制力。“互联网＋教育”是一场革命，但它不是万能的，特别是它对学生“三力”培养具有一定的冲击。“三力”的培养和提高是大学学习能力培养的关键，离开了学校、教师和课堂对学生“三力”的培养，就不是完整的高等教育，我们的领导和老师，需要直面“90后”“三力”缺乏的社会性问题。

（2）强调“以学为中心”的课程设计。这是欧美发达国家的高等院校极力提倡的教学理念。秉承这一教学理念，教师应首先确定课程的学习目标，然后“逆向开展”，从学生的角度出发，考虑课程结束后，希望学生能学到什么、掌握什么，然后再考虑怎样以最好的方式帮助他们达到这个目标。这种“以学为中心”的课程设计，与传统的按教学大纲、按章节正序展开的课堂教学思路相比有更新和更广的拓展，它需要更多地顾及学生的学习感受，更加重视学习方法的引导、调整和改变。

（3）坚持“双向互动”的教学方法。针对目前的本科学生大部分习惯于从小学开始直至高中的应试教育，他们缺少对言传性理论知识主动思考、辨析和提问的习惯，从新生入学开始，教师应坚持理论传输与教授学习方法相结合、知识传授与学习技能提高相结合，打破教师填鸭式“一言堂”，努力使课堂教学形成双向互动交流，从传统意义上的师生互动更注重和培养生师互动和生生互动。在互动反馈技术的研究中，中小学教育已经远远走在了高等教育的前面，需要学习和借鉴。此外，由于多媒体信息量在课堂的快速传递，使越来越多的学生开始放弃课堂笔记，久而久之使大学生越来越不会做笔记、整理笔记。有鉴于此，在教学现场为学生提供重要章节或重要知识点的笔记模板，随时要求学生根据学习进程利用手机和笔记本撰写学习笔记，在课下要求学生利用网络教学平台按时完成学习笔记，能很好地引领学生进行思考和辨析，同时，教师也能从中学会合理地利用笔记形成课堂的教学互动。

（4）强化学生学习的“形成性评价”。形成性评价是教学过程评价的重要组成部分，它是指在教学过程中，为了更好地了解授课质量和学生的学习收获而不断修正教师教学进程和教学方法所进行的自我评价和对学生学习的评价。形成性评价的主要目的是为了明确教学活动进行中存在的问题和改进的方向，授课教师能及时修改或调整教学活动计划，以期获得更加理想的教学效果。目前，值得总结和推广的、对学生学习过程的形成性评价包括课前基础性评价、课初学习目标评价、课中学习投入评价。在分基础、分层次、分目标和学习性投入的评价基础上，形成对学生的学习过程性综合性评价，用以引导并激励学生更加重视良好的学习方式与学习习惯的养成。

结论：用现代教育学理念不断改进并提高对课程改革的认识，不断增强教学过程的互动与反馈，重视教学过程对学生的形成性评价，可以提高教师教学能力，不断改进教学方法，是深化课程教学改革的重要方面，有利于教师对教与学中存在问题的早发现、早提醒、早改进、早提高。作为教师发展中心和各院系领导，应更加重视课堂教学互动和学生学习形成性评价的研究和应用，承担起更多的对中青年师资的培训组织工作，通过对教学互动环节的研究，推动教师教学能力的提升，促使教师教学质量得到提高。

第七届本科教学督导工作代表性简报之二

2015年第四期（总第7期）

2005年9月17日，北京农学院本科教学督导组召开了新学期第一次工作会议，会议主要内容包括传达学校领导和教务处领导有关深化教育教学改革的讲话和相关会议精神，研究落实本学期的教学督导工作。

根据会议研究，本学期的本科教学督导工作在如下四方面展开。

一、课堂听课

根据学校领导关于在四批主干课程教学改革试点的基础上，进一步将教学内容、教学方法的改革推向全校的指示精神，本科教学督导组本学期在听课过程中更加关注：在课堂理论课的授课过程中，是否真正实现了以教师的“教”为中心，向以学生的“学”为中心的转变；在课程设计和授课过程中，是否体现了“以学生的学习收获”为出发点和落脚点；在课堂教学过程中，是否体现了生师的教学互动与反馈；教师是否实施了对课堂和对学生学习的有效调控和引导。

根据学校领导关于在职称评审中更加重视并体现教学过程、教学质量和教学成果的分量，更加关注并向优秀教师倾斜的指示精神，本学期督导组近期听课的重点，是申报和准备申报高级职称的教学人员，对课堂教学过程和教学质量予以严格评分。

二、对“3+1”的“1”进行督查

在2011级本科学生首次顺利完成11级培养方案中专业综合实习和毕业实习的基础上，对2012级的“1”进行检查，包括深入校外实习基地，对学生的实习条件、实习内容、实习指导师资、学生实习收获进行检查；通过电话与实习师生进行联系，了解情况。在2011级完成专业综合实习的基础上，重点检查“1”的实习是否有新的改进和提高，有哪些新思路和新进展，还存在哪些主观和客观问题，如何解决。

三、深入院系与领导、老师和学生进行座谈

进一步了解各院系教学、实验、实习教学的现状与存在问题以及老师和学生的看法和想法，传递教学督导关注的重点，引导新的教学观念、教学理念和教学方法，进行综合整理和总结汇报。

四、为学校“教学工作会议”献计献策

根据范双喜副校长关于“做好一个总结”“开好两个会”“抓好三个关键点”的指示精

神，学校本科督导组围绕深化教育教学改革与推进发展，认真做好督导工作总结，聚焦教育教学成果、进一步凝练本科教学特色、特点和不同点，站在“互联网＋教育”和信息化引领教育教学改革的高度，重新审视学校的教育质量和教学现状，为开好本科教学工作会献计献策。

根据以上工作计划，会议进行了督导工作分工、确定了完成任务的时间节点，研讨了听课评分优秀、良好以及“亮黄牌”的标准，在《专业主干课程改革听课记录表》的基础上，重新修改了《北京农学院课堂听课记录表》，细化了听课评分标准和扣减分的要求。今后将根据听课反馈信息，进一步完善《听课记录表》，并根据不同课程性质，制定实验课程、实训课程的评分标准。

附件 1　修订后的《北京农学院课堂听课记录表》（略）

附件 2 《北京农学院本科教学督导黄牌、红牌警告实施细则》（略）

第七届本科教学督导工作代表性简报之三

2016 年第二期（总第 11 期）

2016 年 5 月 6 日，北京农学院本科教学督导组召开学习讨论会，针对近期的督导工作进行了研究；听取了教务处刘京国副处长对《北京农学院关于 2016 版本科生培养方案修订的原则意见》重点解读，并针对修订原则和各院系修订现状充分讨论并献计献策。

现将督导工作会议学习讨论要点和近期工作通报如下。

一、关于督导的近期工作

1. 针对近一个月集中听课中发现的问题，督导组将进一步重视听课评价重点和评价标准。

第一，以课堂教学过程中有没有开展教学互动，教师是不是以“问题”为导向，对授课内容按照教学重点进行“设问”“提问”“追问”，以及“问题”的设计是否精准为听课评价的重点。

第二，观察教师是否对课堂学习存在的问题实施了有效提示与管控、是否调动了学生学习积极性为听课评价标准。

第三，根据学校领导和教务处的意见，督导组的听课重点将更多地了解实验实习课的教学质量、申报教学质量奖的课程质量以及即将申报高一级职称教师的授课质量。

2. 教学督导将参加相关院系近期组织的两次会议。

一是期中教学检查的教师座谈会和学生座谈会。

二是各院（部）教学指导委员会讨论 2016 年人才培养方案审批讨论会。

3. 教学督导将参加、聆听各院系毕业论文答辩会、对毕业论文进行查重和抄袭现象进行抽查，对优秀毕业论文进行抽检和评审，并将通报相关的检查结果。

二、关于“2016 级人才培养方案修订工作”的意见和建议

（1）学校印发的《关于 2016 年本科生培养方案修订原则意见》中的“指导思想”“基本原则”“培养目标”非常重要，需要各院系领导进行充分认识和细致解读，修改定稿的各专业人才培养方案，应认真比对学校总的修订原则，说明修订后的专业培养方案具体遵循了哪些原则性意见，修订后的新方案与 2011 方案相比、与新的修订原则相比，有哪些发展和具体体现。

（2）对各专业人才培养方案“指导思想”和“培养目标”进行修订，要重视 2015 年 12 月 27 日全国人大常委会通过、将在 2016 年 6 月 1 日生效的《关于修改〈中华人民共和国高等教育法〉的决定》中有关论述，特别要重视在人才培养目标定位中，将“具有社

会责任感”放在人才培养目标首位的修订意见，并在实施方案中有所论述和体现。

(3) 各专业在人才培养方案修订过程中，应充分重视“突出办学特色和专业特色”的原则意见。要重视“开放办学”和突出首都北京的地缘优势，注意拓展学生的国际视野，这方面的思路还可以更开阔一些、方法途径还可以更多样化一些。

(4) 各专业要更加重视“第一课堂”与“第二课堂”的有机结合，学生对“第二课堂”的兴趣大、学习效果好，同时也更需要“第一课堂”的任课教师对“第二课堂”的影响和引导。专业培养方案中强化对社会实践、社会调查、志愿者服务、参加创业大赛、科学研究、与老师合作搞课题，是学校满意度调查中的强项和优势，应有更多的细则规定和明确引领。

(5) 在重视应用型人才培养的同时，要强化对复合型人才培养原则的重视。在专业人才培养方案修订中，要进一步考虑对复合型人才培养原则的具体落实。

对学校而言，需要考虑两方面工作：一是关于辅修专业、辅修课程的开设，这方面学校现有的制度、政策、措施以及现状，处于停滞和落后的状态，需要进一步突破瓶颈制约，提出新的举措；二是如何进一步通过学分制的推进，在学生“选课程”“选老师”“选时间”中有进一步的发展。高考制度的改革，已经对高中阶段取消文理分科，对高中生实施选课制提出了迫切需求，反思高校目前学分制的研究和推进，亟须变革。

(6) 对于培养创新精神和提高创业能力原则，要更多地改变思想观念。建议一，需加强对专业培养方案中创新创业课程体系的整体研究。应用型课程的实验教学和研究教学中，应加强产业链的融合，比如，将农产品、畜产品生产教学，食品加工、检测的教学实验与教学实习，与产后销售、推广相结合，引导学生更多地参与相关安全检测、入市规定、专利品牌设计、产品上市流通销售等环节，并拓展学生参加销售的尝试。建议二，进一步拓展参加创新创业大赛、科学研究的范围，会有益于普及和扩展学生创新创业教育。建议三，对确有创新精神和创业背景、创业成果的学生，在转院系、转专业方面应降低门槛和增加调整机会。

(7) 贯彻“以学生学习收获”为目标的修订原则，要重视微课制作技术的发展，应将此作为中青年教师学习发展的重要内容。教师要将慕课和微课引入“第一课堂”，推行“翻转课堂”、实施现代混合式教学模式。教育信息化的发展要求授课教师先于学生学习更多的精品慕课，通过微课的制作，更好地了解每一阶段授课的重点、难点和关键点。以纯知识性的传导转向对学生自我学习、理解、思考的引导。对于引进的精品慕课，需要加强辅导教师的配备以及必要的政策支持。清华大学启动了让年轻有为的教师担任慕课主讲，有经验甚至有名望的教师担任慕课辅导，开启了慕课发展与提高的新思路和新途径，这一做法值得关注。

(8) 在2016年本科生人才培养方案修订过程中，部分院系领导不同程度地存在对学校修订方案原则解读过粗、教师们对修订的意义和修订要点理解不清、一线教师没有充分发动、参加专业人才培养方案修订的讨论时间过少、过紧、教学观念没有得到根本转变等现象，导致对专业人才培养方案的修订仅限于凑学分、抢学时，这些容易走过场的情况，需要引起学校和各院系领导充分重视。

第八届本科教学督导工作代表性简报之一

2016 年第二期（总第 13 期）

2016 年 9—12 月，北京农学院本科教学督导组根据学期工作计划，随堂听取 182 名任课教师、311 门次的校内课程，其中，进实验室和实训室检查实验、实训课程 18 门次。深入校外实习基地重点检查 8 个教学单位的“3+1”专业综合实习。参加了生物学院、经管学院、园林学院、文法学院部分专业的期中教学检查座谈会，受邀多次参加经管学院和文法学院的青年教师讲课基本功比赛。现将检查、评价情况汇报如下。

一、校内督导听课综合评分基本情况

（一）学校督导听课频数分布及综合评分情况

对全校各教学单位听课的频数分布以及听课的综合评分进行统计，以 90 分及以上为优秀，85～89 分为良好，84 分及以下为中等，听课频数分布见表 1，综合评分统计见表 2。

表 1　各教学单位听课门次的频数分布

教学单位	听课门次数（次）	所占百分比（%）
生物	28	9.0
植科	35	11.3
动科	18	5.8
经管	102	32.8
园林	13	4.2
食品	54	17.4
计算机	5	1.6
文法	14	4.5
城乡	12	3.9
思政	6	1.9
基础	13	4.2
外语	7	2.3
国际	4	1.3
合计	311	100.0

表 2　督导听课评分频数分布

	听课门次数	所占百分比（%）	累计百分比（%）
优秀	177	56.9	56.9
良好	90	28.9	85.9
中等	44	14.1	100.0
合计	311	100.0	—

按照年度督导工作计划，继上学期集中听取植科学院和动科学院的课程之后，本学期重点听取了经管学院课程 102 节次（占全校听课总门次的 32.8%），听取食品学院课程 54 门次（占全校听课总门次的 17.4%），重点听课占督导组全部听课总量的 50.2%。其中，对正在实施卓越农林人才培养计划的经管学院农经系和食品学院的食品工程系进行了集中安排听课，听取了农经系 34 门次课程（占经管学院所听课程的 33.3%），听取了食品工程系 18 门次课程（占食品学院所听课程的 33.3%）。此外，配合学校 2016 年高级职称评审工作需要，根据人事处提供的预申报职称名单，对计划申报 2016 年度高级职称的教学人员，进行集中重点听课评分，实际听取了 52 位教师、123 人次的课堂授课。

在督导随堂听取的 311 门次课程中，有 56.9%（177 门次）的督导评分成绩达到优秀，但也有 14.1%的课程（44 门次）评分在 84 分及以下，处于中等的评价水平。

从督导综合评分的直方图（图 1）可以看到，督导组对大部分课程的评分，集中在均值 89.26 分，标准差 4.422 分，偏度系数为－1.02，说明尽管督导对多数课程给予了 85 分及以上的优良评分，但仍有部分课程的教学质量不高，其中有 5 门课程评分在 79 分及以下。对这些评分较低的课程授课质量及其原因，应予以重点关注。

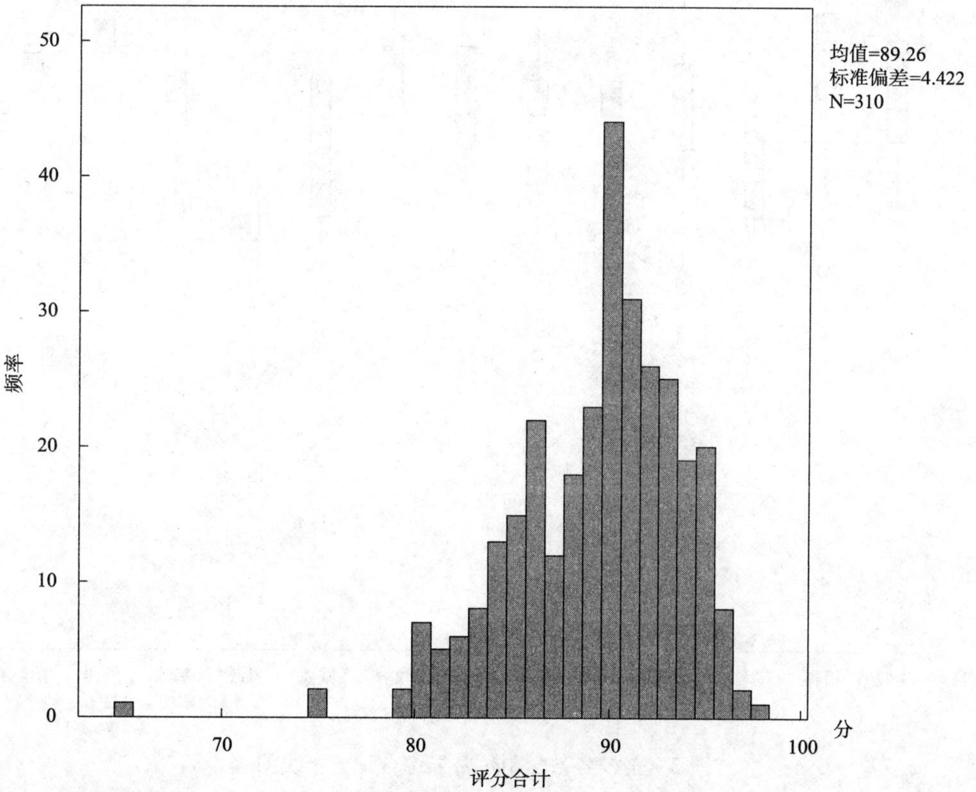

图 1　全校 311 门次课程督导评分直方图

（二）各教学单位综合评分分布情况

以箱线图表现各教学单位教师授课的综合评分情况。图 2 显示的每个箱线图有五条横线组成，每条横线从上往下分别代表五个位置的得分，分别为极大值、上四分位数（处于综合评分 75%位置的分数）、中位数（处于 50%位置的得分——代表均值）、下四分位数（处于综合评分 25%位置的分数）以及极小值。另外，在极大值或极小值之外的评分值称为异常值，其中符号 o 是超过四分位差（上四分位数减去下四分位数）1.5 倍的评分数值，★是超过四分位差 3 倍的评分数值。图 2 中异常值边上的数值表示该门课程的记录编码。异常值在各单位综合评分、特别是均值的形成中，往往会起到干扰作用，需要予以重点观察。

观看箱线图的中位数（居于每个箱线图正中的线条），可以大致衡量每个教学单位教师授课评分的集中趋势和平均水平，通过极差（极大值到极小值的全长距离），可以大致衡量教师授课评分的最极端的离散趋势，通过四分位差（上四分位数到下四分位数的距离），可以大致衡量教师授课评分距离中心附近 50%范围内的离散趋势。

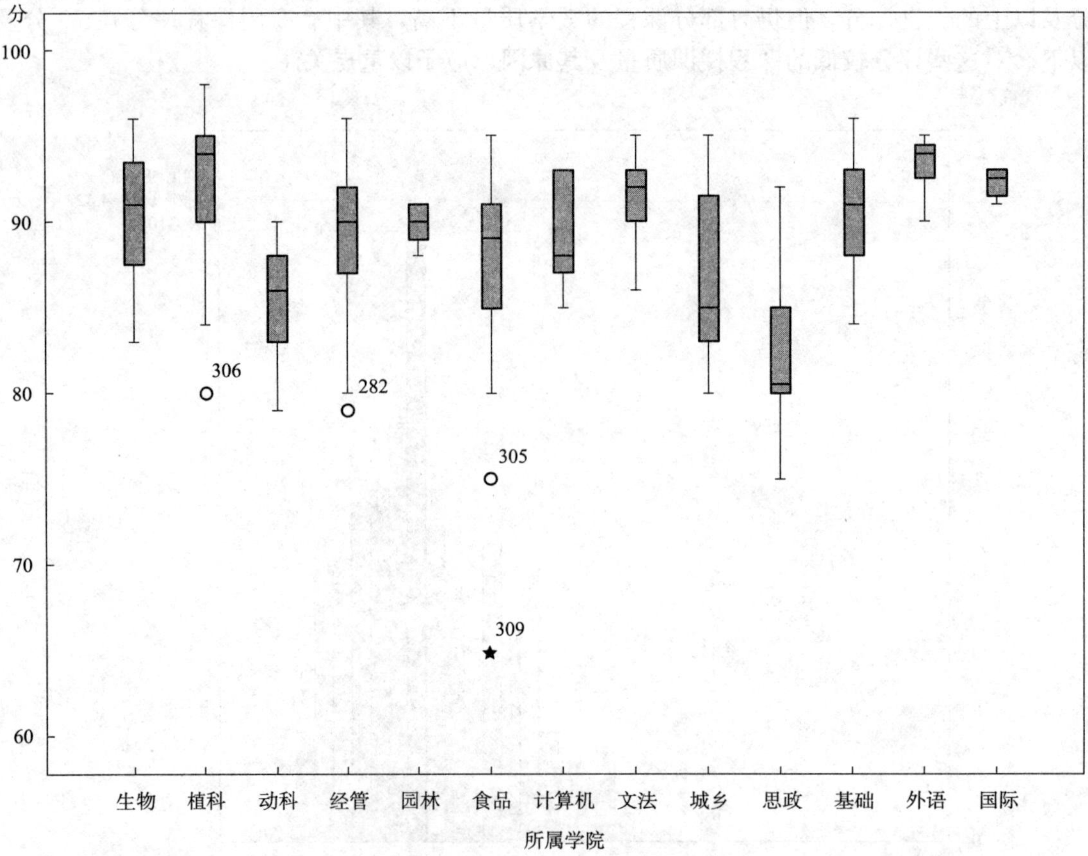

图 2　全校各教学单位督导综合评分箱线图

从图 2 中可以看到，综合评分中位数最高的三个单位是外语教学部、植科学院和文法学院。这三个单位的综合评分均值分别为 93.29 分、92.32 分、91.50 分，上四分位数和下四分位数均处于较高的位置，听课评分的四分位差相对比较小。从总体看，督导对这三个学院的听课质量给予了较高的评价和评分。

中位数最低的三个单位是思政部、城乡学院和动科学院。思政部综合评分均值为82.17分，动科学院综合评分均值为85.67分，城乡学院综合评分均值为86.58分。

从评分的离散程度看，思政部的方差为33.37分，食品学院的方差为25.26分，城乡学院的方差为24.26分，说明对这三个教学单位教师授课评分的差异比较大。

从图2中还可以看到，食品学院、经管学院和植科学院的综合评分中，有四门课程存在评分较低的异常值，其产生原因需要做进一步的观察与分析。

（三）卓越人才培养试点专业的评分对比分析

卓越人才培养是受到教育教学改革资金重点扶持，被列为国家级人才培养改革方案的项目，北京农学院目前有园艺专业、动医专业、农经专业、食品工程专业获批进入试点单位行列。从理论上讲，列入卓越人才培养计划试点单位的课程授课，在培养模式、授课内容、授课方式、授课效果以及实验实习等方面，应该有别于非试点单位。从实际检查情况看，本学期督导对全校卓越人才培养试点单位的课程共听取88门次，占总听课量的28.3%，非卓越人才培养试点单位课程共听取223门次；集中听取经管学院卓越人才培养试点单位农经专业的课程33门次，占经管学院全部听课量的32.4%，非农经专业的课程69门次；集中听取食品工程专业课程18门次，占食品学院全部听课量的33.3%，非食品工程专业课程36门次。对其进行综合评分的独立样本t检验，检验结果见表3。

独立样本t检验结果说明，以显著性水平α=0.1为标准，虽然经管学院的农经系、食品学院的食品工程系督导综合评分与该学院其他非试点单位课程相比，评分差异绝对值并不大，但在统计学意义上却有显著性正差异。说明本学期重点检查农经系和食品工程系的师资水平以及授课整体质量稍高于上述两个学院其他专业，但就全校范围而言，本学期四个卓越人才培养试点单位的评分结果，与非试点单位的课程评分无显著性差异。说明卓越农林人才培养试点单位的课堂教学（包括实验课程），还未起到明显的表率作用，授课质量还未发生根本性的变化。

表3　卓越农林人才培养试点单位课程评分比较

	按是否卓越人才培养试点	听课门次数（次）	评分均值（分）	评分标准差	评分标准误	双尾显著性水平检验
全校	卓越人才培养试点	88	89.81	3.871	0.413	0.184
	非卓越人才培养试点	223	89.07	4.610	0.309	
经管学院	农经专业	33	90.03	3.312	0.577	0.075
	非农经专业	69	88.58	4.027	0.485	
食品学院	食品工程专业	18	89.72	2.539	0.599	0.066
	非食品工程专业	36	87.06	5.717	0.953	

二、基于教学督导评分和听课情况汇报的综合分析

（一）校级教学督导综合评分的宽严问题

根据学校教学督导对听课评分标准的多次研讨，目前的听课检查评分中，课堂教学效

果满意度占 30 分，教学组织和教学方法各占 20 分；在实验教学检查中，实验效果满意度占 30 分，实验组织占 25 分，实验环境与实验准备占 15 分。在检查评价过程中更加侧重观察教师对教学过程的设计，师生的课堂教学互动情况，课堂学生出勤、迟到、随意进出课堂等学风情况，实验教学过程中更加侧重关注实验教学的准备、组织、辅导、讨论、动手操作以及实验环境、实验条件等情况。评分中有具体的增减分项，这些都是听课评价检查中的新变化。虽然校级教学督导受自身学术水平、对学科专业特性了解以及由于主观判断不可避免会对评分准确性产生影响，也仍留有以鼓励、肯定、表彰为主的传统评价思想的影响，但督导们对听课检查工作的敬业精神值得肯定，每一张听课记录上密密麻麻地写满文字记录、每月一次的检查汇总小结报告以及分析建议，都充分展示了第八届校级督导的工作认真负责。在 13 位教学督导的评分箱线图中，也可再一次证实，除了个别督导的综合评分、特别是对优秀课程的评价仍有失之过宽之嫌、对评价标准有待进一步研究和商榷，多数督导评分宽严有度，评分分布相对合理（图 3）。

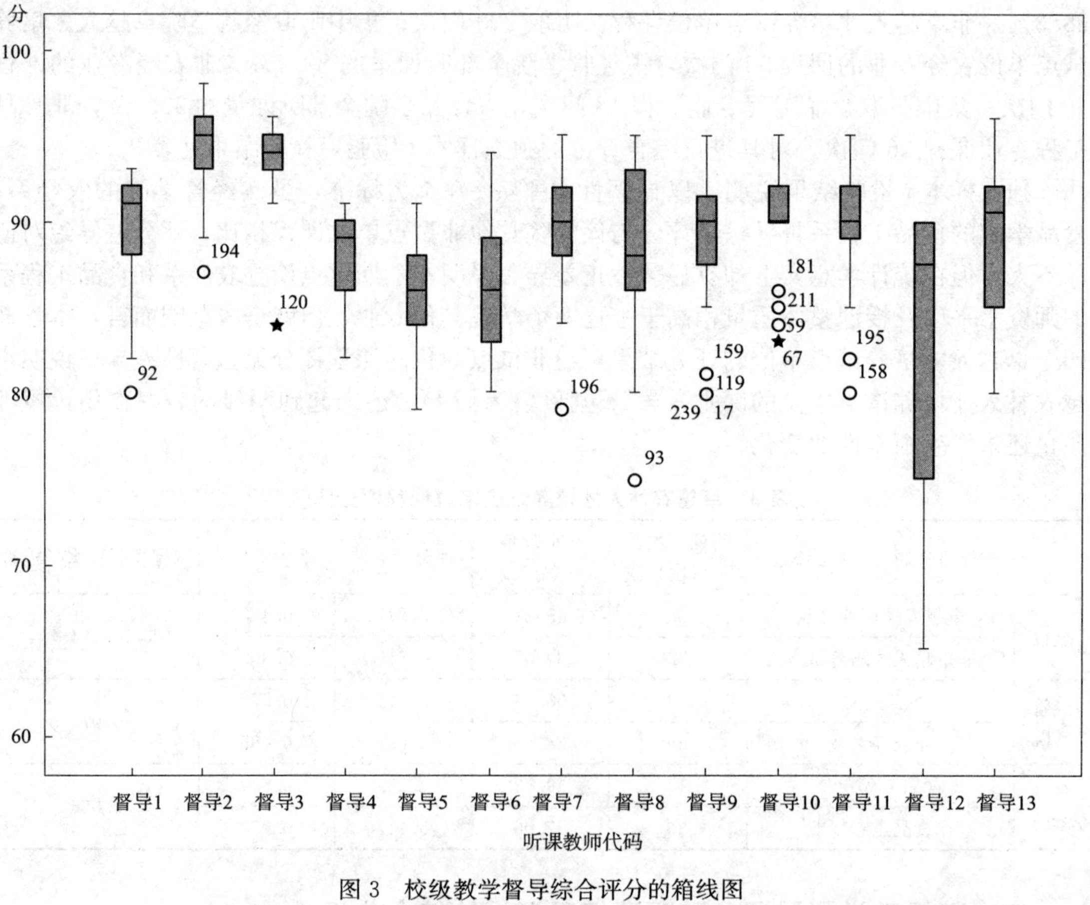

图 3　校级教学督导综合评分的箱线图

（二）对老师和学生部分评价课程的突出评语

采用 R 语言的文本数据挖掘技术，对综合评分 93 分及以上的 64 门课程、综合评分

84 分及以下的 43 门课程的听课文字评价记录表以及教学督导每月一次听课小结的文字评述，从肯定成绩、指出问题、提出建议的角度，进行分门别类的汇总，并利用词汇云的高级统计方法，对老师和学生教学现状进行选取与归类，发现有如下评价关键词。

对教师在课堂教学与实验教学的文字评述中，教学督导一致肯定成绩的十个关键词，按照频数高低顺序排列，分别为：学生、互动、内容、教学、清晰、课件、讲解、认真、准备充分、板书（图 4）。换言之，被评为优秀课程，必须是以学生为主体、以是否摒弃了“满堂灌”和“一言堂”、以师生互动为主要教学手段和教学方法。在教学过程中，是否充分利用了现代化教学技术和信息化手段，制作出简洁、醒目、图文并茂的课件，是否合理地继承并发扬了教师基本功——板书技术，是否课前准备充分、教学过程思路清晰。凡是综合评分在 93 分以上的课程，在以上若干方面往往有较高的达成度。

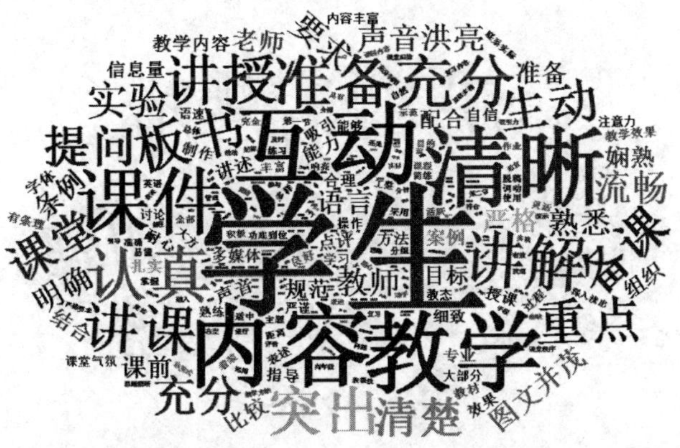

图 4　对优秀课程任课教师评价中出现频次最高的词汇云

对学生在课堂教学与实验教学中突出表现的督导文字评述中，一致肯定的十个关键词，按照频数高低顺序排列，分别为：学生、认真听课、出勤率、老师、课堂秩序、教材、笔记、积极回答、问题、互动（图 5）。从词汇云中可以看到，一门评价优秀的课程，一定是以学生的学习收获为目标，以学生在课堂中的表现为评价对象，以问题为导向的主动性学习。督导重点观察的是学生的出勤率，学生是否认真听课，学生是否在一个良好的课堂秩序中进行学习，是否有教材或参考文献，是否积极思考并记笔记，是否能与教师有互动，并能积极思考、回答老师的提问。凡是综合评分在 93 分以上的课堂教学，学生在以上方面的表现往往受到督导的充分肯定。

对教师在课堂教学和实验教学中存在问题的文字评述中，出现频次最高的关键词分别为：学生、互动、教学、教师、课件、缺少、加强、课堂、实验、教材、内容、管理、准备（图 6）。从词汇云中可以看到，凡是督导评价比较低的课堂（实验）教学，往往仍存在“一言堂”和“满堂灌”，明显缺少教学互动；在课件制作中，往往简单粗放、文字过多；学生缺少教材；课堂缺乏生气，气氛沉闷；对学生学习兴趣、学习积极性、对课堂秩序缺少必要、有效的管理和调控；在教学（实验）过程中，对教学（实验）环境、教学（实验）条件、实验员的工作准备不足。

图 5　对优秀课程上课学生评价中出现频次最高的词汇云

图 6　对教学（实验）过程中教师存在问题的关键评价词汇云

对学生在课堂教学和实验教学中存在问题的文字评述中，出现频次最高的关键词分别为：学生、手机、个别、睡觉、教材、听讲、记笔记、课堂、缺勤、低头（图 7）。面对学生课堂学习中存在的问题，督导比较关注的仍是传统课堂教学中存在的问题，可归结为缺少学习积极性，不注意听讲，不记笔记，缺勤率高、缺少教材，课堂睡觉、玩手机、看视频，一部分教学效果较差的课堂中，普遍存在“低头族”的问题。

图 7　对教学过程中学生存在问题的关键评价词汇云

（三）几点分析

1. 优秀课程评价标准的导向性需要继续强化

根据国内外教育教学改革形势发展，评价高等教育的质量，已经从原来传统的质量观（资源观、产出观、水平与声望观）向现代教育的增值观转变。教育收获更多衡量的是教育使学生发生了哪些变化，学生在校期间的收获或提高是什么，这些收获为其毕业后的职业生涯发展带来什么样的提升和影响。由此要求，教学过程与活动必须以学习者为中心，教育评价应更注意学生的学习过程以及学习结果。因此，课堂教学评价，不仅仅是看老师教了什么、教得怎么样，更重要的是看学生通过老师的教学获得了什么样的启示。没有得到学生呼应、认可的老师，不是一个好老师，不能掌控课堂、不能调动学生学习积极性的老师，同样不是一个好老师。

2. "生师互动"依然是一堂优秀课程的评价标准

哈佛大学前校长博克（D. Bok）认为，大学教育的核心事物是"教育目标"与"教育方法"，"真正影响教育品质的事发生在大学课堂，发生在师生互动的教学情境中"。显然，学校多年来提倡并践行的"以学生的学习收获为目标""强化生师互动为手段"是符合当前高等教育的发展规律，也是符合课堂教学评价标准的。一门优秀课程，必须是顾及学生学习收效的课程，不仅要能够引起学生的学习兴趣，而且要调动学生的学习积极性。教学互动技术的应用和发展，课堂上的生师互动和生生互动，是一门优秀课程、一名优秀教师必须掌握的教育引导方法，在近期的教育评价中，有没有课堂的教学互动，是衡量教师是否改变了传统的知识传授"一言堂"和"满堂灌"、是不是一门优秀课程的重要标准。

3. 教育理念、教育方法的深入和普及还需花比较大的功夫

督导综合评分比较低的课程恰恰就是上述两个方面没有得到很好贯彻的课程。一是课堂气氛没有得到有效调整，气氛沉闷，学生对教学内容不感兴趣，缺少必要的管理与调控，集中体现在缺勤率高，"低头族"多。二是课堂教学中虽有教学互动，却浮于表面。以问题为导向的课程设计还没有真正落到实处，教师虽有课堂提问，有些问题却没有经过精心设计与准备，比较简单，缺少设问、追问、反问、互问等环节的跟进。三是行之有效的"翻转课堂"、慕课与微课等现代教学方法在课堂中的引入和融合还远远不够，仍然局限在"我讲你听、我考你背"的传统教学理念和教学方法中，这样的知识传授不仅没有出路，也是最容易被学生所摒弃的。深入解剖10门督导评分最低的课程，其共同点是：教师授课"一言堂"、没有教学互动或引不起学生的互动，缺少教学激情，课件制作粗放，文字多，准备差；学生对授课内容不感兴趣、出勤率低，课堂秩序差，玩手机、吃食品，缺少应有的课堂纪律管控。类似情况，应引起有关院系领导的充分重视。

三、值得鼓励和表彰的两个院系

最近，本科教学督导组受邀参加几个院系的期中教学检查和青年教师讲课比赛，感受很深。其中，特别值得鼓励和表扬的是文法学院和经管学院。这两个单位的院系领导特别重视对教学问题的研究与反馈，特别重视对年轻教师的培养。以社会工作系为例，他们坚持原来教研室的研究功能，每学期期中，坚持组织学生的听课意见反馈，并原原本本、不折不扣地向教师点名进行反馈，并研究切实的改进方法。经管学院的农经系每学期都要组织师生共同参加学术研究、学习动员、教学方法研讨活动，并邀请学校督导介绍最新的教育理念和教学方法。尤为可喜的是，经管学院和文法学院的院系党政主要领导亲自参加青年教师讲课比赛。经管学院各系有11名青年教师踊跃报名参赛，院系领导到场聆听、鼓励，为青年教师拍照、录像，特别邀请了五位学校教学督导和北京市青年教师讲课比赛获奖者到场当评委。文法学院的院系领导和社会工作系全体教师近期三次参加系内的青年教师讲课比赛，并邀请学生为参赛教师提出改进意见，使其受益良多，推翻、重来、再推翻、再重来，三次演讲、三次改进，社会工作系的青年教师在这样一个氛围良好的教学团队里，相信他们的教学水平定会有更大的提高。

同样值得肯定的是"3+1"实习点的布局与实施。目前，学校各个院系都有一些很好的实习基地，特别是生物学院、植科学院、动科学院、食品学院、文法学院都已建有一批基础条件较好、实习内容有吸引力、基地指导力量较强、受益面较广的校外实习基地。以社会工作系为例，其与校外基地联系紧密，不断邀请校外基地的指导老师和北京市残联、康复领域的知名专家到校内举办专题讲座，与师生共同研究校外实习教学中存在的问题和改进方法。文法学院社会工作系的领导和教师，不断深入基地，和学生们一起参加项目实践。其实习项目不仅仅是大四的毕业生参加，现在已经有很多大二和大三学生加入，利用周末的时间，师生共同承担北京市残联交给的专项任务。学生在这样的社会实践和课程实习中，受到很大锻炼。学生在不断克服困难中加深了对社工专业的认可，提升了对社工专业与社会、与家长、与残障儿童的沟通技术。这种源于实践、在实践教学中不断改善总结经验、改善教学的方法，值得总结和发扬。

四、几点建议

1. 充分重视教师发展中心的功能定位和作用发挥

根据《教育部　财政部关于"十二五"期间实施"高等学校本科教学质量与教学改革工程"的意见》（教高〔2011〕6号）要求，教育部高教司制订了建设国家级教师教学发展示范中心的有关政策性文件。近五年，各级各类高校纷纷成立学校的教师教学发展中心，主要承担教师教学能力提高和发展的日常和专项培训工作。此项工作做得比较好的院校，教师培训工作涉及新教师培训、信息化新技术培训，核心课程和主干课程的教师专项培训、教学秘书的管理培训、组织教学督导与教师的研讨交流等工作。这些机构有职有权，有财力预算与支持，工作有计划、有总结。其中，针对青年教师的培训包括为他们提供教学资源、介绍最新的教学理念、教学方法、组建工作坊，举办培训讲座，利用午餐会进行日常教师能力的交流等，这些先进、有效地为教师发展总结的经验，值得我们很好地汲取和借鉴。

2. 回归并发挥原有教研室的教学研究功能

在教育行政化风潮的驱动下，现在教研室行政功能得到提升和强化，但原有的教学研究功能却不断弱化。如何在学校现有的教学环境下，进一步强化教研室教学研究功能，像文法学院社会工作系那样，为教师创建一个温馨、和谐、严谨的学术交流和教学方法交流的基础环境，需要学校有关职能部门在教育教学管理制度等方面做出更加明确的规定。

3. 教学互动反馈技术有进一步学习的必要和拓展的空间

教学互动已经在学校取得了一定的成效和进展，此方面的经验值得进一步总结和推广，应号召并组织更多老师加入课堂教学互动和课下生师互动中来。这里想更进一步提出的是：互动与反馈、互动与评价是相辅相成的，却又有各自不同发展和研究领域。在以学生学习性投入为主要考核内容的教学改革中，教学反馈与评价成了教师十分重要的改革探索内容，它能有效促进教育教学质量的提高，也能更进一步把一次性的期末考试成绩评价改成学生在学习过程中不断获取的学习能力提高的信息反馈，用以指导学生不断改进自我的学习策略，掌握深度学习的方法，提高学习效率。与此相关联的学生教学进程数据的搜集、学习测量工具的使用、学习方法与学习成效的改进，应成为每一位教师在教育信息化条件下应该掌握的基本技能。

第八届本科教学督导工作代表性简报之二

2017 年第四期（总第 17 期）

随着院、系两级领导班子的新老交替，一批中青年骨干教师走上教学管理岗位，学习和掌握当今国际、国内教育发展与改革趋势对于实际投入教育教学改革具有十分重要的意义，新上任的院、系级领导，也需要更加深入了解学校即将进行的审核评估工作。本期教学督导工作通报，将重点推介国际、国内两个 2017 年的地平线报告。

一、NMC 地平线报告（2017 高等教育版）简介

“地平线报告”是由新媒体联盟（new media consortium）（一个由全球数百所大学、学院、博物馆和研究组织组成的机构），每年根据信息技术发展对基础教育、高等教育产生的关键性影响与挑战，逐年滚动式提出预测性报告。自 2004 年以来，“地平线报告”每年一期、十分详尽地面向全球提出年度分析报告，至今已经连续发布 14 年。它以新兴信息技术进入教育领域实际应用的潜能作为评估标准，按最近 1 年、2—3 年、4—5 年分别提出近期、中期、长期趋势报告，并就面临的挑战和关键性应用技术提出研究分析。近十多年，“地平线报告”提出的很多信息化引领教育教学发展的预测已经成为现实，重视并关注“地平线报告”，有助于了解信息化对教育发展的引领作用，有助于了解教育教学在指导思想、管理理念、教学模式与方式改变中的重要发展趋势，也有助于教师自主进行教学目标、教学方法、教学手段的改革与研究。

二、地平线项目区域报告简介

“地平线项目区域报告”由中国智慧学习研究院与美国新媒体联盟联合发布，这是基于中国教育基础和现实发布的区域性研究报告。该报告由 85 位国内外专家组成的“2017 年地平线项目中国专家委员会”，采用 Delphi 方法，经过“桌面研究”、回答研究问题、多轮投票和案例收集等阶段，最终确立了中国高等教育中推动信息化技术应用的 9 大关键趋势，影响技术应用的 9 项重大挑战和 12 项教育技术的重要发展。

三、两大报告的比较与简要说明

将“地平线报告”和“地平线项目区域报告”对比如表 1 所示。

表 1　两大报告对比分析

		“地平线报告”	“地平线项目区域报告”
发展趋势	短期关键趋势（最近 1 年）	混合学习设计	混合式学习设计
		合作学习	开放教育资源快速增加
			STEAM 学习的兴起
	中期关键趋势（2—3 年）	学习测量	跨机构协同日益增加
		重新设计学习空间	重设学习空间
			反思高校运作模式
	长期关键趋势（4—5 年）	创新文化	推进变革和创新文化
		深度学习	转向深度学习方法
			程序编码素养的兴起
重大挑战	可应对的挑战	提高数字素养	提升数字素养
		整合正式与非正式学习	混合采用正式与非正式学习
			将技术融入师资培训
	有难度的挑战	成就差异	个性化学习
		数字权益	教育大数据的管理问题
	严峻的挑战	管理知识荒废	培养复合思维能力
		重新思考教师角色	重塑教师角色
			平衡互联生活和非互联生活
关键应用技术	短期关键技术	自适应学习技术	“翻转课堂”
		移动学习	移动学习
			创客空间
			大规模开放在线课程
	中期关键技术	物联网	学习分析及适应性学习
		下一代学习管理系统	增强现实及虚拟现实技术
			虚拟和远程实验室
			量化自我
	长期关键技术	人工智能	情感计算
		自然用户界面	立体显示和全息显示
			机器人技术
			机器学习

对表 1 中提及的各种新名词，不做一般意义上的解释，如果有需要，可以通过网络进行深入查询。从表 1 列举的全球和中国两份地平线报告的趋势、挑战和关键技术比较中可以看到，中国的信息化在教育领域的发展趋势、应用技术和面临的挑战，已经与全球的发展应用在多方面同步，其中有些趋势和关键技术（如“翻转课堂”、STEAM 教育、合作学习、学习测量、增强现实及虚拟现实技术）虽然晚于全球的开发应用，却正在引起各高校的重视，或正在迎头赶上。

值得引起关注的是：人工智能、人脸识别技术和深度学习，已经在全球范围内引起充分重视，它将在未来五年有极大发展，并会冲击或改变现有的教学模式。

AlphaGo是人类创造的人工智能杰出代表，其最关键的技术是人工智能的自我编程、自我学习、自我改善功能，该项技术转移到教育领域，将会促进学习测量、自适应学习系统和下一代学习管理系统的快速发展。

人脸识别技术，具有重大的应用前景。将会把学习者面对学习对象和学习进程中的表情一览无余地收入囊中，与其他技术联合起来，可以有针对性地提出提高学习效率、改进学习方法的途径和良策。

深度学习，关注培养学生的批判性思维、协作能力、解决问题能力以及自我导向的学习能力。深度学习是对传统的、局限于表层的、被动的知识传授性学习的革命与发展，除了教师教育方法和学生学习方法的改变以外，借助信息化技术，能为深度学习提供多样化而又比以往任何时代都廉价的工具基础。可以为某个真实的问题找到更全面的信息和更多样化的观点，找到解决问题所需要的技术工具加之以组合，从而更深入地探索真实而又复杂的问题情境，因而具有广泛的研究和发展前景。

纵观两个“地平线报告”所预测的关键趋势、关键挑战和关键技术，我们会发现，关键趋势表明了教育信息化的发展方向和轨迹，关键挑战是面临的困难和阻力，关键技术是已经得到技术突破并正在快速普及应用的研究成果，关键技术正在触碰一个又一个或可以解决或难以解决甚至棘手的挑战。对比年复一年的“地平线报告”，我们看到了全球范围内信息化发展正在快速引领教育教学的深入。值得注意的是，我国高校现存问题与障碍，往往来自固守惯性与潜在的恶性循环，那些因循守旧、不思进取的“观潮客”，使我们一次次拉大与世界教育发达国家人才培养质量的差距。

第八届本科教学督导工作代表性简报之三

2019年第二期（总第21期）

2019年春季学期，北京农学院本科教学督导组采用集中和交叉听课相结合，共检查并听取全校本科各类课程372门次（未包括连续听取两节课的门次统计），其中包括检查实验课程、实习课程计34门次。从检查结果看，教学秩序正常，教学情况良好。突出表现和存在问题如下。

一、督导课堂评分情况分析

督导听课检查总平均分为90.5分，首尾5%的切尾均值为90.8分，标准差为5.6分，督导评分呈均值和中位数整体偏高的正态分布。

与以往各学期督导评分相比，此次督导评分是在“迎评促建”，即迎接教育部本科教学审核评估的关键时刻进行。从听课检查的汇总情况看，教师授课认真，准备充分，教学互动反馈能力有所提高，学生学习状态良好，实际评分均值高于以往各学期，在情理和预料之中。在本学期223名课堂授课教师中，有177名教师的238门次课程督导听课评分均在90分及以上，这部分教师的讲课优秀比率平均达到1∶1.34。其中2名及以上督导完成交叉听课，每次评分都在92分及以上的教师有25名，每次督导评分都在93分及以上的教师有19名。说明学校教师队伍中，已经形成一批讲课质量相对稳定且优秀的群体，这些教师的授课水平、课堂引导能力和授课方法，受到校级督导老师的充分肯定。

两次及以上督导评分均在93分以上的教师包括孙薇薇、关雪莲、付军、房克凤、李焕荣、赵海燕、路文联、窦德全、张维妮、马亮、陈娆、赵晖、杜艳丽、姚华、杨淑琴、张华、郑健、宋永平、田晔林等。

评分相对较低的课程依然存在，但数量有所减少，85分及以下有19门次，其中84分及以下有9门次。督导评分详细记录与课堂教学评价已反馈到各二级学院。

二、课堂评分高低的主要成因分析

1. 课堂评分高的主要因素

（1）体现了以教师为主导、学生为主体的原则，课堂学习气氛活跃、生师互动有成效。

（2）教师教学经验丰富，备课充分，PPT制作精良。

（3）讲课有激情，善于调整学生学习氛围，采用启发式教学，案例教学，提问式、讨论式教学；重、难点突出，举例生动。

（4）能创新课堂调控方式，倡导并实施“坐到前排来”“把头抬起来”“讨论动起来”；

包括强调课堂笔记，使用“雨课堂”等多种手机互动软件。

2. 督导评分高的课堂教学组织形式分布

在本学期听取的总共333门次课堂教学中，除了教师讲授，采用复合多样的教学组织形式的占比为54%。课堂评分层级越高，教师采用多样性的教学组织形式占比也越高。其中，督导评分在90分及以上的（236门次）课堂教学组织形式中，有63.6%的课堂教学采用了多种教学形式，包括案例教学（67门次）、课堂讨论（30门次）、课堂作业（18门次）、课堂学生汇报（9门次），更为可喜的是，有26门次课程各自创新了课堂教学组织形式，包括多种体验式、参与式教学等。

督导评分在92分及以上的（134门次）课程中，除了课堂讲授以外，采用多种教学组织形式进行授课的教学组织形式占比为73%，包括案例教学（42门次）。课堂讨论（22门次）、汇报（7门次）、作业（11门次）、其他类型（16门次）。说明课堂教学组织形式越丰富，课堂互动反馈越活跃，督导评分相对更高。从督导对优秀课程的文字评价中也可概括出，凡是优秀的课堂教学，教师们都在调动学生学习积极性上下了较大功夫，用多种教学组织形式和教学方法，努力调动学生学习参与积极性，避免了课堂讲学的“一言堂”和“满堂灌”。从表1中，也可清晰地看到不同教学组织形式在不同组别中的动态变化趋势。

表1　不同教学组织形式授课门次与所占比重对比

教学组织形式	全校课堂听课（门次）	百分比（%）	评分90分以上课堂听课（门次）	百分比（%）	评分92分以上上课堂听课（门次）	百分比（%）
讲授	322	96.7	227	96.2	127	94.8
案例分析	82	24.6	67	28.4	42	31.3
讨论	31	9.3	30	12.7	22	16.4
汇报	11	3.3	9	3.8	7	5.2
作业	20	6.0	18	7.6	11	8.2
其他	36	10.8	26	11.0	16	11.9
课程门次合计	333	100.0	236	100.0	134	100.0

3. 课堂评分高的学风与出勤

课堂教学效果，不仅看教师如何教、教得如何，更要观察学生的学习情况、学习感受和学习表现。学生的出勤率、抬头率、课堂互动率、课堂学习氛围的表现，都是影响督导评分高低的重要因素。

在督导评分和评语中，根据对学生学习情况的描述，学生的出勤率高，抬头率高，参与讨论多，课堂秩序好，学习氛围浓，评分相对较高，反之则评分较低，学生在课堂出勤与课堂表现成为督导评分的重要依据。

4. 课堂评分低的主要原因

就本学期全校300多门次的听课中，仍有46%的课堂没有摆脱单一知识传导型的教学格局，没有摆脱“一言堂”“满堂灌”“我讲你听”的传统教学方法。对19门次课堂评分低的课程进行分析，评分低的原因呈现多样性，归结起来，主要有如下几点。

(1) 以知识简单传授、教师“一言堂”“满堂灌”讲解为主。在19门次督导评分85分及以下课程中，仅有4门次配有案例分析，14门次（占比为73.7%）课堂表现为老师纯讲授型，老师不注意观察学生学习状况，“我讲我的，你干你的”。

(2) 任课老师缺少教学引导，生师互动少，课堂气氛沉闷，“低头族”多。

(3) 学生对课程缺少学习动力和学习积极性。

(4) 教师缺少教学天分（声音小）、教学准备不足（PPT文字多）、课堂讲解语言单一、内容枯燥、缺少生动性。

(5) 学生缺勤率往往高于其他评分高的课程，教师疏于对学生引导、管控和调整。

三、几点思考与建议

提高课堂教学质量，既有老生常谈的一些日常工作需要开展，也有一些亟须制度上予以强化的教学管理工作需要深入。

(1) 以系（教研室）为单位，加强主干课、核心课课程组的教学研究活动，要向马列学院的“思想道德修养与法律基础”课程组学习，坚持集体备课制度。必须加强核心课和专业主干课程组负责人的选拔、引领和协调机制。各院系、各核心课、主干课程组应以课程教学和课程教改为中心，组织青年教师开展“说课”和教改交流活动，对年轻教师起到良好的“传帮带”作用。

(2) 宣传“金课”标准，开展“金课”评选、推荐活动。以先进教师典型引路，提高课堂教育质量与水平。生物学院的曲江兰老师参加2019年北京市第十一届青教赛荣获理科B组一等奖，并荣获“最受学生欢迎”和“最佳现场展示”两个单项奖，其经验值得总结、交流和推广。马院杨淑琴老师的“马克思主义基本原理概论”授课方法好，她拒绝简单的课堂说教，通过有准备、下功夫的备课，充分调动学生课堂学习互动积极性，通过对学生作业的讲评，将理论问题通俗化；授课采取先列出问题，引导并促使学生看书、思考、做作业、上课向老师提出问题，老师有针对性地重点讲解，课堂学习气氛热烈，走出了枯燥政治理论传统说教授课的新路子，值得学习、交流和进一步探索。

(3) 进一步加强学校教师发展中心的培训和引领作用，强化制度建设与考评约束，提高中青年教师参加教育业务培训的积极性，促进中青年教师更深入、更主动地参加现代教育技术与方法的交流与学习。应提倡教师每年（或每学期）制定教师个人教学能力提高发展计划，并将计划提交校、院两级教学督导组，促进监督与考评，有条件的教师可面向学生提出自我考核标准，用以加强自我激励和自我考评机制。

(4) 坚持提倡“以学生的学习收获”为出发点和追踪目标，强化对学生过程性考核评价和终结性考核评价相结合，及时向院、系两级领导以及面向学生反馈教与学中面临与存在的问题，提出切实可行、能提高教学效果的解决方法。

(5) 坚持提倡“以问题为导向”的备课思路和讲课重点。在专业核心课、主干课的教学设计中，更注重强调教学的方法引领性、实践探索性、科学研究性和问题导向性，除了数理化外等公共基础课，要破除传统的按章循节，从定义、作用、意义、分类等概念性的简单知识传授，更多地让学生从“做中学”“带着问题学”“有了错误重新学”，更多地通过教师引导和学生自身学习感悟中产生学习动力。

（6）坚持提倡以能力培养为导向的应用型、复合型人才培养之路。文法学院法律专业抓住法律文书的撰写、记录，把它作为法学专业学生一项能力考核点，在毕业论文答辩中，抓住学生论文答辩记录这一环节，促使学生提高文字记录与文档整理水平。表面看这是很细微的一项教学管理规定，却可以从中引发教师对学生能力培养的诸多思考。与学生能力培养相适应，课堂教学管理中加强对学生教学笔记的管理与引导，关注学生探索性研究与小组讨论质量，学生课堂汇报 PPT 的制作、演讲，课程论文写作的科学性、规范性管理规定等。正是一项一项教学管理制度细致规定、一件一件要求得到满足和落实，才能使专业应用型人才的能力培养落到实处。

第九届本科教学督导工作代表性简报之一

2020年第三期（总第27期）

新冠肺炎疫情加速线上教育发展，倒逼混合式教学方法改革。这是高教战线近年“互联网＋教育”改革成果的一次集中展示和集中检验，我们需要借助疫情危机带来的机会，再次更新现有的教育教学观念和传统课堂教学习惯，努力追赶国际和国内教育技术应用的新发展。

新冠肺炎疫情暴发打乱了正常的教育秩序，打破了传统集中课堂上课教学的习惯，在面对新冠肺炎疫情的仓促阻击战中，我们度过了遭遇战的困境，守住了“疫情不停教、学生不停学”的教学阵地，师生们的整体教学状态良好。面对百花齐放、形式多样的线上教育普及1.0版，我们不应止步，需要不断总结，努力扩大战果，把线上教育向追求教学质量、更改传统灌输式授课方式，熟练有效利用教学资源，把线上引导、答疑、点评与线下自学，把生师互动、生生互助、合作式、探究式学习融入教学过程的线上教育普及2.0版。

一、盯住全球教育信息化新动态，掌握信息技术发展大趋势

根据《2019年地平线报告》（高等教育版），世界各国教育技术专家对教育信息技术发展与应用提出六大关键趋势，1年内短期趋势是开展“移动学习”和“在线数据分析技术”的普及；2—3年中期趋势是“混合式教学”和“人工智能”的推广应用；4—5年中长期趋势是“区块链”在教育技术中的应用和“虚拟现实”教学的实现。

与《2019年地平线报告》（高等教育版）提出的关键趋势相适应，国内外专家学者进一步提出，当前国外众多大学已普遍开展混合式学习实践，把在线学习整合到各类面授教学中；并越来越关注混合式学习质量的评价与提升；未来高等教育将融入在线学习体系，这将根本改变学生的学习方式，转变高等院校现有的运作模式。

在当前新冠肺炎疫情防控常态化下，全国大、中、小学普遍开展的线上教育，这不仅逼迫教师从被动应对疫情挑战到主动适应、熟悉、比较各种类型的线上教育教学模式，为每一位教师提高在线教学技术应用能力带来了紧迫感和压力，也为新一轮教育教学改革提供了新的动力。

二、强化督导自身学习，推进线上教育教学经验方法交流

从春季开学以来，全国各类高校普遍提高了教师发展中心的地位和作用，加强了对教师开展线上教学的经验总结和互动交流。北京农学院本科教学督导组先后利用本科教学督导微信群、原审核评估督查总组微信群，转发了天津大学、温州大学、上海大学等高校的

线上教学督导工作通讯；推荐了“上好直播课必须要做好的三件事”“如何让您的在线授课更有仪式感”“对在线教与学教学管理若干问题的思考”“精备课、控流程、多互动，上好每一节云班课”“本科课程在线教学质量分析、评价及对策”等一批当前亟须学习交流的线上教学好经验、好方法、好文章。

与此同时，本科教学督导组的教师先后踊跃参加了“全国高校教学质量保障机构联盟”（简称 CIQA）借助钉钉网召开“线上教学质量督导、评价和监控”专题研讨会，与全国几百所高校 600 多位教师一起参加并收听、收看了此次网络会议。会议围绕线上教学和开展督导线上评课，安排了来自厦门大学、上海大学、深圳职业技术学院、南昌大学和上海同济大学教师的五个重要报告。此后，学校督导组又分别组织聆听了国家督学林仕梁老师的《加强线上教学督导评价，确保完成教育教学任务》、北航教授郭卫东老师的《线上与线下及课内与课外相结合的混合式教学模式设计与实践》、温州大学王佑镁教授的《精准衔接：线上线下混合教学模式与策略》的在线专题报告。督导教师们普遍反映，这些报告十分解渴，内容精彩，分析全面，有理有据，不仅总结的经验十分宝贵，揭示和分析的问题亦十分深刻和带有普遍意义。

三、归纳专家宝贵经验，突出线上教育教学评价重点

总结归纳各高校名师开展线上教育的宝贵经验，督导组有如下体会和认识。

（1）线上教学与传统的课堂教育形式发生了变化，但教学本质不变、教学追求的目标不变。无论是线上教学还是课堂教学，教学的本质都是教与学的统一，都是“以学生为中心”，以“教师为引导”，都是以学生学习收获、学习产出为目标。

（2）线上教学平台形式多样，但教学评价的基本原则和评价重点不变。主要遵守教学的多维性、过程性、发展性等原则，评价重点为教学资源的建设与利用、线上教学的准备、教师导学的过程、教师引导和学生参与的互动交流，教学效果的检视等。

（3）线上提供的教学资源并非多多益善，师生有效利用教学资源是关键。对线上教学的评价不仅在于观看直播内容，同时要关注教师教学资源的建设情况和利用情况，以及教师对教学资源利用情况的点评与反馈。

（4）线上教学并非把课堂教学模式直接搬到屏幕、搬到线上。课堂“灌输式”“一言堂”“我讲你听”的教学形式是低阶低效的教学模式，搬到线上更不会成功。开展多种形式的教学互动，深化对生师互动、生生互动的认识，有助提升教学效果，这些都已成为教学共识，线上坚持精讲多练，坚持引导式、答疑式、探究式的教学特色，更需要鼓励、总结和推广。

在参考兄弟高校开展线上教育教学评价经验以及评价指标体系的设计基础上，经讨论修订，学校督导组拟定并推出线上看课、查课侧重观察的五个方面，包括教学准备、资源利用、教师导学、互动交流和教学效果，提出了 20 个线上教学的观测点。对看课查课的评价方法亦有了相应变化，制定了相应的线上看课查课评价注意事项。

四、召开线上督导会议，部署下一阶段督导重点工作

配合学校中心工作，督导组坚持在看课、查课基础上，将迎接毕业班返校复学，完成

毕业“最后一公里”的毕业论文抽查审核和论文答辩督查工作准备，并将配合教务处完成对各学院新一轮本科培养方案文稿的审核。

根据学校 2020 年新一轮本科培养方案制定原则、学校领导对培养方案审核的意见要求以及教育部对下一轮本科专业评估要求，提出督导参与审核与评价的重点关注。

（1）通读教育部高等学校教学指导委员会制定的《普通高等学校本科专业类教学质量国家标准》（简称国标）对应的学校各本科专业，以此为衡量要求，看专业培养方案是否符合国标提出的基本标准。

（2）领会北京农学院的办学定位和本科培养目标。各专业的培养目标应充分注意与学校的办学定位向符合、与新农科相融合，与一二三产业相衔接，以都市农业为特色，培养复合型、应用型本科人才。

（3）体现知识、能力、素质相统一的培养要求。在培养方案和课程设置中，充分体现知识、能力、素质培养对专业培养目标和毕业要求达成中的支撑作用。

（4）课程教学大纲的修订需要达到三个“建立”。

建立课程目标与毕业要求的关系。设计能够体现毕业要求的课程目标。考察点：课程目标是否与毕业要求达成度的指标点对接，目标表述能否体现学生应具备的相关能力，并与课程内容相衔接。

建立课程教学与课程目标的关系。设计能够体现课程目标的教学内容。考察点：教学大纲、教学计划、教案设计与课程要求目标是否对应，教学方法是否有利于课程目标的达成。

建立课程考核与课程目标的关系。设计能够证明课程目标的考核方法。考察点：大纲中课程考核的方法和分数分布是否与课程目标相匹配，评分是否有明确标准，及格标准是否体现课程目标达成的底线。考核内容是否围绕课程目标设计，能体现学生相关知识能力的达成情况。

以上审核要点，需要在 2020 年本科培养方案审核修订实践工作中予以更多的关注和细化。

第九届本科教学督导工作代表性简报之二

2021 年第五期（总第 35 期）

最近，北京农学院连续第三年以“C”类生源质量培养出“B+”类本科毕业生，位居全国高校本科毕业生质量排行榜前 20%引起热议。这是很提士气，很振奋人心的消息，是全校上下齐努力、教学、科研、学工、后勤共奋斗的结果。学校本科教学督导组通过日常工作记录和总结，见证了这一成长过程。督导老师普遍反映，近两年，学生的到课率逐渐提高，听课的多了，记笔记的多了，睡觉的少了，玩手机的少了，学生的学习态度明显好转。教师授课中，精心准备、认真讲课的多了，照本宣科的少了，教学中师生互动得多了，“一言堂”少了，老师讲课的质量正在稳步提高。对督导工作而言，由于教师们讲课水平提升，优秀率提高了，讲课水平低的教师少了，督导打分难度加大了。

一、“新冠肺炎疫情防控”线上教育百花争艳

2020 年春季，因遭遇突如其来的新冠肺炎疫情防控，传统的课堂教学遭受冲击，教师们比较仓促地从线下面对面教育改为线上上课。通过学习、探索、引导和师生们的共同努力，北京农学院线上教学秩序井然，教学水平和教学质量稳中有升。2020 年和 2021 年春季，督导组线上视导评价有标准、有要求、有侧重，有详细数据和文字记录的视导评价课程 609 节次，其中，评价为“优秀”的课程 272 节次（占比为 44.7%），评价为“良好”课程 287 节次（占比为 47.1%），优良课程占比达到 91.8%。

督导组在 2020 年春季线上课程视导评价要求中提出，要严格把控优秀率和不合格率。在优秀课程基础上设立“推荐”，可以是优中选优的推荐，也可以是单项值得学习和推介的优秀，凡是被填为“推荐”的课程和授课教师，应是经得起检验、值得向所在学院和学校层面进行宣传推广的好课程，并应明确撰写推荐理由。督导老师比较谨慎，经 5 名督导评价推荐，有 16 名教师在 2020 年春季和 2021 年春季的线上授课被列入可推荐名单(表 1)。

表 1　2020 年春季和 2021 年春季线上教学督导评优推荐教师名单

白华	曹暕	赵海燕	刘笑冰	胡宝贵	龚刚强	蒋文国	李晓华
刘京国	刘莹莹	申盼盼	姚山	于淼	张一平	颜婷玉	路阳

二、“课堂授课”质量稳定成绩喜人

近两年，督导组严把课堂质量评优标准。特别要求评分为 94 分及以上的授课教师，应是教学效果好，值得向全校推介的好老师。同时也多次提出，督导督查评分，要从关注教师的教转向既关心教师的教，更关注学生的学。既要关注教师如何教，教得如何，更要

关注学生如何学，学得如何。放弃传统的“以教论教”“教与学分离”，坚持“以学论教”的评价原则，即“教得怎么样”要通过“学得怎么样”来评价。凡是评分为优秀的课程，应是教与学质量与效果的统一；要注意定量评分与定性评议的统一，教师课堂掌控、教学方法改革与学生学风、学习主动性、全员参与度和配合度的统一。

2020年秋季至2021年秋季三个学期755节次课堂和实验室授课评分，督导评分的均值为89.8分，标准差为5.8分（表2）。评分数据表明，学校教师整体的教学态度、教学过程、教学效果是好的，教师对教书育人是认真、敬业的，学校课堂教学整体质量与效果值得充分肯定。

表2　2020年秋季至2021年秋季督导课堂评分统计

督导评分		统计指标	标准误差
平均值		89.80	0.211
平均值的95%置信区间	下限值	89.39	
	上限	90.21	
5%截尾平均值		90.20	
中位数		90.00	
方差		33.725	
标准偏差		5.807	
最小值		0	
最大值（X）		98	
极差		98	
偏度		−10.299	0.089
峰度		152.323	0.178

对评分评价数据进行进一步整理，在连续三个学期的课堂评分评价中，有两名以上督导评分同时达到94分及以上的教师有13人（表3）。听课评分四次在90分以上的教师有15名（表4），三次评分在90分以上的教师有37名（表5）。

表3　2020—2021年线下授课督导2次评分均在94分及以上教师名单

葛秀秀	段慧琴	曲江兰	沈漫	金君华	梁琼	申盼盼
覃晓春	薛飞燕	杨凯	杨佐君	赵海燕	赵汗青	

表4　2020—2021年线下授课督导连续4次评分均在90分以上的教师名单

教师姓名	评价频次（次）	教师姓名	评价频次（次）	教师姓名	评价频次（次）
葛秀秀	6	段碧华	4	毛洋	4
李德美	6	李侠	4	申盼盼	4
王芳	6	梁琼	4	孙英健	4
王怀威	5	刘慧君	4	颜婷玉	4
杜孝森	4	吕鹤书	4	杨佐君	4

表 5　2020—2021 年线下授课督导评分连续 3 次评分 90 分以上的教师名单

沈漫	陈碧州	陈青	段慧琴	范明	高娃	赵海燕	吴春霞
郭爱云	滑静	黄庆芳	金君华	孔素然	卢圣	赵文婷	辛艳
李晓华	刘灿	刘亚钊	刘稚	吕莹	马泽春	赵汗青	徐文生
庞晓娜	齐晓龙	曲江兰	孙运金	覃晓春	田志会	赵福宽	薛飞燕
张维妮	张新磊	张园园	姚山	张鲸			

三、评优课程的共同特点

（1）教师授课准备充分，PPT 制作、案例、视频等教辅材料选择精心，讲授重点突出，讲述清晰流畅，生动严谨，能激发学生的学习兴趣。

（2）“以问题为导向”组织课堂教学，形式多样，能抓得住学生关注度，能调动学生的课堂参与度和回答问题的积极性。

（3）互动与反馈技术应用深入，除了比较普遍应用“雨课堂”等信息化教学工具，设问与提问更加精准，总结点评更加到位。

（4）凡是评优的课程，多为学生抬头率高，课堂秩序好，学风正，笔记多，求知欲望强、气氛活跃，互动交流踊跃。

四、存在问题

在肯定取得成绩的基础上，督导组也清醒地认识到，无论是线上教学还是线下教学，教学质量发展不平衡的情况始终存在。线上教学尚有 8.2%的课程存在这样那样的突出问题，线下教育督导评分偏度系数为－10.3，说明督导评分属于负偏（左偏）分布。督导课堂评分茎叶图可看到，尚有部分课程和个别教师的督导评分较低，评分低于 85 分及以下的有 53 节次。这些课程在教师授课水平、授课效果、学生课堂表现与反映等方面均存在明显问题。存在的问题具体表现如表 6 所示。

（1）个别新教师和外聘教师上课经验不足，课堂授课效果差。讲课无层次、无重点，不能有效管控学生课堂的无序表现。其中，极个别新入职教师讲课被多位督导分别认定处于不合格水平，其原因涉及新老师未经受上讲台前的必要考核与帮扶，缺少相关课程讲学资历和经验、学院之间承担同类同名课程各自为政、缺乏协助与协调等多方面原因，亟须引起学校和相关院系、人事处和教师发展工作部的充分重视。

（2）部分教师讲课平淡欠感染力，坐讲、念讲稿、教学方法单一、“一言堂”现象依然存在。

（3）课件制作水平低，文字多，教材搬家现象仍不同程度存在；互动教学浮于表面，提问随意缺乏质量，缺少以问题为导向的深度和精准度。

（4）学生自律性不强。上课刷手机、随意进出、吃东西喝饮料等问题比较普遍。部分课程学生只带手机进教室，上课无教材、不记笔记，低头、打瞌睡现象严重。

表6 督导评分分布茎叶

频次	茎 & 叶	
9.00	Extremes	(=<81.0)
7.00	82.	000
9.00	83.	0000
11.00	84.	00000
17.00	85.	00000000
37.00	86.	000000000000000000
47.00	87.	00000000000000000000000
62.00	88.	0000000000000000000000000000000
91.00	89.	000000000000000000000000000000000000000000000
116.00	90.	0000000000000000000000000000000000000000000000000000000000
98.00	91.	0000000000000000000000000000000000000000000000000
89.00	92.	00000000000000000000000000000000000000000000
66.00	93.	000000000000000000000000000000000
48.00	94.	000000000000000000000000
26.00	95.	0000000000000
20.00	96.	0000000000
.00	97.	
2.00	98.	0

Stem width: 1

Each leaf: 2 case (s)

五、相关建议

1. 创“金课”争当“金牌”讲师

所谓“金课”，是指具备“两性一度”（高阶性、创新性和挑战度）的课程（附录1），所谓“金牌”讲师，是指讲授的课程达到“金课”标准，广受学生欢迎、学习兴趣高、收获大、在答疑解惑过程中启迪学生心灵和智慧的老师。校、院两级要在制度制定和奖励措施上，激发教师“创金课”“夺金牌”的积极性。

2. 继承并创新基层教学组织的“教研”功能

新形势下传承“教研室”的教研功能、创新教学团队的协作交流平台、强化课程组的“传帮带”和互帮互助功能十分重要，这将是我国高校新发展的趋势要求。各院系对刚入职的年轻教师，要执行有时限要求和“责权利”相统一的“导师制”，实行导师和年轻教师双向考核和奖励机制。基层教学组织应在创新中恢复和发展，每位教师不仅要进学科、更要进课程组，学校应引领和协调组建跨院系的课程组和尝试组建虚拟教研室。

3. 就课堂教学中面临的“老大难”问题展开讨论和经验交流

任课教师如何加强课堂管理、如何引领良好的班风和学风，如何激发学生的学习积极性，学校一批优秀课程和优秀老师已有很成功、很成熟的经验和方法。建议校、院、系三级有计划、有组织地加强交流学习。任课教师是课程学习和课堂教学的管理者和引领者，一名优秀教师，一定是能关注并解决课堂教学“老大难”问题的探索者和组织者。

4. 推进教师自我评价机制

在督导评价、领导听课、同行听课评价的基础上，引进教师自定目标、用自己的尺子量自己的自我评价机制，这是我国高校教育教学质量保障体系建设的新尝试，需要更多地关注兄弟高校的探索经验，在试点中不断总结经验并逐步推广（附录2）。

附录1　督导组对“两性一度”的理解

（1）所谓高阶性，是指知识、能力、素质的有机融合，培养学生解决复杂问题的综合能力和具备高级思维能力。对课程教学的高阶性，是指要突破传统的习惯性知识认知模式（仅靠灌输、传输、记忆背诵的机械式认知），培养学生能够独立、评价、综合他人观点，对理论、方法和实验实践能进行深度分析，大胆质疑，勇于发表自己见解的精神和能力。

（2）所谓创新性，一是指教学内容既要体现该专业领域的前沿性和时代性，又要将本领域的学术研究、科技发展研究成果引入课程；二是指教学方法要体现先进性和互动性。

（3）增加挑战度。课程设计要增加研究性、创新性、综合性的学习内容，努力“以问题为导向”，设计每一堂课程，问题要精设、巧设，从设问、提问、反问、互问到追问，掌握引导学生深入思考并回答问题的技巧。加大对学生学习投入的引导，要科学、得法、适当，当前主要是要“科学增负”“合理增负”，特别强调专业主干课、主要技能工具课的合理增负，阶段性、目标性增负。

附录2　学校本科教学督导听课总结点评摘要

督导聘期已超过十余年的华北电力大学孙晓洁教授在本学期督导工作总结中评述：教师们课前准备充分，提前到课堂，准时开讲。大部分教师均精神饱满、仪态端庄，讲解清晰流畅。例如，经管学院的赵海燕老师，讲解清晰流畅有深度，语调活泼，生动严谨，张弛有度，娓娓而谈，充分调动了学生的积极性；胡宝贵老师，表述严谨，通过测试调动学生参与积极性……文发学院的马泽春老师，采用灵活有趣的组织方式，学生全员参与，充分调动了学生的学习积极性。

督导何欣老师写道：本学期督导的总体感受是，随着教师队伍的年轻化和高学历，老师们对于电脑技术的掌握与应用程度不断提高，尤其是在一些有经验的教师带动下，这学期老师上课所用PPT精美度增加，引用外文资料与清晰度高的图片课件越来越多，且采用移动端技术（雨课堂等）上课的教师数量在不断增加。课堂上课效果较好的教师包括段慧琴、盛熙晖、吴琼、邢凯、安健，主要表现为：讲课认真负责，讲授知识丰富、知识点很全面、讲课细心且有耐心、讲得清楚明白且有问必答，尽力为学生解惑，讲课配图和视频，效果极佳，上课语言生动，内容有趣，有讲解有分析，练习与讲课结合，绝非“一言堂”。实验课效果较好的包括段慧琴、杨佐君、王相国、张华，主要表现为：实验前对实验目的、方法、步骤等讲解清楚，有图片辅助展示实验方法和结果，在学生实验过程中教师认真指导，必要时进行演示，及时解答学生的问题，学生普遍对实验教学效果满意。

督导李江老师总结：本学期听课中，讲课好的老师包括颜亭玉、易欣欣、李德美、安克飞、孔素然、张俊芳、申盼盼、路正荣。主要表现为：讲解清楚，讲课生动，师生互动，到课率高，抬头率高，示范准确，强调重点难点，吃透教材，耐心用心，教书育人有管理，大课安排集体做题等。

督导孙袆振老师提到三位讲课有特点的老师：赵汗青，“有机化学”。问题引入，深入浅出；逻辑性强，重点突出，讲的少而精；师生互动，控制课堂；讲课有思政点；思维活跃，学生精力集中，知识和思想有较高的收获。刘悦萍，“生物化学”。PPT 制作精良，图文并茂，讲解突出重点，深入浅出，用启发式教学；引导学生思考，调动学生学习的积极性。在师生互动中，让学生精力集中，随老师的讲述而展开思索，敢于提出和回答问题。杜艳丽，植保专业英语。PPT 课件制作精良，讲解幽默形象；重点突出，引人入胜；采用启发式教学，师生互动；学生思维活跃，参与师生互动；教学效果甚佳。

督导艾启俊老师对食品学院李德美老师的“葡萄酒酿酒原料学”、动科学院张建军老师的“细胞生物学”、动科学院吴琼老师的“动物医学概论”三门课程提出表扬，认为这三门课授课教师共同特点是：上课认真，特点突出，教书育人效果好。

督导柴丽娜老师评价：本学期听课过程中看到了教师们的进步，除了保持认真的教学态度和管理上的责任心外，许多教师在教学方法上都有进步。主要表现为：授课时能以问题为导向，自然引入所要讲授的内容；注重课程思政；注重互动及互动方式；教师课堂讲授与学生课堂练习时间的分配上更合理了。新入职的高胜男老师，同学们对其反映特别好，上他的“离散数学”已有抢座现象发生，这是学校较少有的课堂积极求学现象。

督导白荣凤老师对三名教师给予了很细致的评价：曹继彬老师的“大学英语Ⅰ”，学生全勤，多媒体教学，课件精炼、图文并茂。有互动、有提问、有点评。有讲有练，讲练结合。语言风趣、幽默，讲解清晰、细致。师生互动频繁，注重培养学生听、读练习能力训练。重、难点突出。课堂气氛活跃，抬头率高，教学效果好。刘恒老师的“大学英语Ⅰ”，学生上课前均准备一个小故事，上课时用英语给同学们讲，其余学生听，听完故事后打分，然后老师点评，下课前公布讲故事学生的得分。这样既可以锻炼学生的口语表达能力，又能激发学生学习英语的积极性，还能使全体学生都参与到教学当中，一改以往教师“一言堂”的讲课形式。她注重培养学生的英语写、读、听能力。有提问、有领读、集体读，互动多，有讲有练，讲练结合。师生配合默契，教学方法灵活多样，重、难点突出，有效合理的调控课堂教学节奏，学生参与度高，教学效果显著。张俊芳老师教学方法新颖，课前准备充分，认真；语言清晰、流畅、表达通俗易懂；例题分析细致、透彻，例题讲解规范，教学环节完整，有提问、有点评、有互动；利用雨课堂做课堂练习，且统计出勤情况；板书与多媒体相结合，讲解例题时切换成板书，板书与多媒体互相切换，灵活使用；课堂气氛活跃，学生出勤率好、参与度高。

督导沈文华老师在评价中写道：毛洋老师的“创意产业案例分析”，这是一门很有吸引力的选修课，以项目研究引领、成果报送为导向，从圆明园文创产品设计为抓手，从四合一调研为重点，引导学生学习，讲解清晰，教学效果好。龙谦老师的“中国法律史”，从孔子断案、到乔太守乱点鸳鸯谱的教学案例入手，领会中国传统律法的特点，调动学生思维和学习的积极性主动性。秦雨濛老师的“管理会计”，双语教学，用平板手书英语，教学严谨，不断提问，一节课提问教学内容与提问学生超过十人，所提问题有针对性，对学生要求严格，提醒学生有方法，上课没有一个学生看手机，注意力集中，课堂学习气氛好，是一名有教学潜质的年轻教师！

第九届本科教学督导工作代表性简报之三

2022 年第一期（总第 36 期）

2022 年春季学期开学已经一周，学校本科教学督导组和广大师生一起，充满激情地走进线上教学课堂，根据过去两年线上教学的视导重点和存在问题，仔细观察，认真分析，已及时提交了对所视课程的教学评价和第一周的视导分析汇报。

一、总体评价

学校开学第一周线上教学秩序正常，运行良好。师生们参加教学精神饱满，激情可嘉，课程教学准备充分，学生在线出勤率高；线上教学的师生融合度、亲切度、结合应用多种线上教学工具（包括雨课堂、课程中心等）可圈可点。对线上教学设备操作的熟练程度、“以问题为导向”的课程设计与教法、“以‘学’为中心”的生师互动、利用各种方法调动学生参与线上学习的积极性、师生相互之间的评价反馈，都有深入的发展。

线上教学存在的问题，未超出 2021 年第 1 期督导工作通报提出的问题范畴，简言之，好的继续好，并在不断扩大和延伸，存在的问题依然有所存在，需要在后两周中有所改进、有所提高。督导反馈的线上教学改进意见和建议，仍集中在 2021 年强调的几个问题，需要院系领导再次反复强调，可对照 2021 年第 1 期督导工作通报和本期督导工作通报，高度重视普遍存在的问题，并引导老师们认真阅读，重视存在的问题，有重点、有突破地予以改进。

二、需予以重点关注的问题

（1）关于教师形象。线上教育不提倡教师隐身、只采用广播和 PPT 教学，或只采用单一的辅助教学工具（如微信群、课程中心等平台工具）来主导线上教学。只有教师认识到自身形象与直接面对、置身学生之中的教学重要性，才能增进教与学的亲切感和师生的融合度。只有重视教师在学生屏幕中的良好形象，线上教育才能发挥更大作用。因此，适时打开视频摄像头展示自身形象，不仅关系到线上教学的课前准备是否充足、教学环境是否良好，也是检查和考核线上教学质量的一个重要环节。由此，需要授课教师课前关注视频摄像头摆放的位置高低、远近大小、光线对自身脸部的映射、镜像中的神态、背景布置安排，并随时留意自身形象的展现。要以良好的教师形象，直面广大在线学生的学习。督导组再次提及并请重温 2021 年督导工作通报中对园林学院侯芳梅老师屏幕前突出表现的评价与描述，包括手动低头操作教学设备时，要主动适时关闭摄像头，这都是教学设计和教学过程中一名教师成熟与精心的表现。第一周视课中，文发学院于淼老师始终以和蔼的笑容面对学生、温馨而有磁性的语言吸引学生，以精致的 PPT 展示“三维立体设计”课程魅力、课间以自己的歌喉展示拉近师生之间的距离，学生们纷纷为老师“献上鲜花”。文发学院龙谦老师授课背景简洁清爽，上课化淡妆，着装大方，清新典雅，色彩搭配让人赏心悦目，讲课面带微笑，逻辑严谨，语言简练，讲解清晰流畅，有亲和力，与学生互动也好……这些教师线上表现给督导留下深刻印象，值得推介和赞赏。

（2）关于教学互动。线上教学不像课堂教学，比较难以掌控学生的现场学习情况，互动方法和手段相对有限，但无论是线上教学还是线下教学，“以问题为导向”的课程设计、“以生师互动为手段”的教学过程，仍是衡量一门课是否上得精彩、能否避免和克服教师“一言堂”“满堂灌”的重要关注点。目前，有相当一批教师在教学过程中采用“雨课堂”“课程中心”“选择题”“猜猜猜”“随机点名”等观察并考核学生的线上学习表现、鼓励学生随时打开视频和音频与老师进行课上交流。也有一部分课程不少学生主动打开摄像头参与上课并积极参加线上教学互动。学生主动展示视频形象和自我学习状况，值得关注和肯定。授课中教师主动要求部分学生轮流打开摄像头参与线上实时学习交流，也能取得很好的教学互动效果。

（3）关于教学反馈。不少学生在线上教学过程中不断用“聊天”和“弹幕”及时回复或反馈对教师讲课内容的理解。“聊天”“弹幕”的踊跃与否与参与程度，是了解学生线上学习参与度和学习积极性的重要窗口，教师们要多留意、多观察、多积累、多提倡，以此增进对学生主动学习行为和对知识实时掌控情况的了解。线上教学过程中教师的精彩演讲收到学生的“鲜花”、下课时学生向老师说“再见”、网络平台显示学生的点赞数量，都是学生对老师上课质量的客观评价。基础教学部申盼盼老师讲授的“线性代数”，钉钉网两节课下课时屏幕显示学生对老师点赞数达到 315 次，显示该教师的上课质量和学生对这门课程教学水平的充分肯定。此类线上教学的反馈信息值得积累和进一步总结。

（4）关于线上课程的录制与回放。线上教学可以录制并重复观看，这是先进教学平台的一种体现，学生可以反复观看已录制的课程，促进对教学重点、难点和关键点的掌握，各专业的核心课、主干课、精品课都可利用录制、回放、截屏，完成相关讲课资源的自我评价和积累。目前部分教师利用这一平台回放功能，查看自身在视频中的形象和演讲效果，也很值得提倡。高等和中等师范院校原来有一个教学实践项目，师范生必须有对着镜子试讲的经历，现在通过录播回放多看看自己在视频中的讲课状态和视频前的表现，能反思、纠正并提高自身在屏幕前的形象，这是值得提倡的提高线上教学质量的好方法。

（5）督导组希望教师们能踊跃参与校内外各种类型的专业和跨专业的线上教学交流群交流，不断总结线上教学经验，尝试并应用网络平台等日益更新的先进教学工具，以获得更佳的线上教学效果。

在北京农学院 2018—2019 年本科教育教学工作大会上的讲话

北京农学院本科教学督导组组长　沈文华

（2020 年 1 月 3 日）

各位老师、各位领导：

刚刚过去的 2019 年，是一个难忘的年度，在学校办学历程中，我们完成了教育部专家组对北京农学院本科教育教学质量的审核评估。这是继 1998 年学校顺利通过本科教育“合格评估”、2004 年本科教育“水平评估”之后又一次接受来自政府层面对学校办学定位、办学目标、办学特色、办学质量的全面检视和评价。通过此次迎评促建，我们更加明确了要把提高教育质量作为学校改革发展的核心任务，把立德树人、促进学生的全面健康发展、适应社会人才市场需要作为衡量教学质量的根本标准。

审核评估，只是在教学质量保障体系建设中一项阶段性的任务，审核评估结束，并不意味着我们可以“马放南山，刀枪入库”，一切恢复如旧。高校五位一体的质量保障体系建设永远在路上，符合国际与国内标准的专业认证和课程认证，已经吹响又一轮本科建设与评价的集结号。在“双一流”建设的客观评价体系面前，不进则退，不努力思考和有的放矢地改进和弥补我们的教学弱项，我们的学校、老师、专业、课程会在激烈的市场竞争和人才培养过程中被无情淘汰。

放眼国内高校教育教学改革发展趋势，从 2018 年 6 月在四川大学全国本科教育工作会议提出“成都宣言”，到 2019 年 10 月 31 日教育部发布《关于一流本科课程建设的实施意见》。对高校教育教学质量提升的措施越来越具体，提法越来越明确，内容越来越充实。“理念新起来”“课程优起来”“教师强起来”“课堂活起来”“学生忙起来”“制度严起来”“教学热起来”已经成为全国高校本科教学改革发展的共识。

一年来，“争创金课”“淘汰水课”，已成为各级、各类高校在本科教学改革中的重要攻坚战。什么是“金课”？按教育部文件精神，可以用九个字来概括和衡量，即高阶性、创新性和挑战度。谁来评价，唯有学生来评价，才是最有效、最真实的评价，只有学生认为符合这九个字，认为“满意”“喜欢”“有兴趣”的课程、认为“学有所获”的课程，才称得上是“金课”。

什么是高阶性、创新性和挑战度？

所谓“高阶性”，是指知识、能力、素质的有机融合，有助于培养学生解决复杂问题的综合能力和思维能力。对课程内容的高阶性，是指要突破传统的习惯性知识认知模式，要改变靠灌输、传输、记忆背诵的机械式认知，要培养学生能够深度分析，大胆质疑，勇于发表自己见解的精神和能力。

所谓“创新性”，一是指教学内容既要体现该专业领域的前沿性和时代性，又要把本领域的学术研究、科技发展研究成果引入课程；二是指教学方法要体现先进性和互动性。

哈佛大学前校长博克（D. Bok）认为，大学教育的核心事务是“教育目标”与“教育方法”，“真正影响教育品质的事发生在大学课堂，师生互动的教学情景中”。目前，我国中小学的互动反馈教学研究已经延续了三个五年计划，它按照九年制义务教育的课标，对如何互动、如何反馈，如何调动每个学生在课堂的学习积极性，已经起到了非常好的引领作用。高校的教师们要关注并学习国外发达国家课堂教学中互动反馈技术的熟练应用，也要关注国内中小学教学过程互动反馈的实践和研究进展。这些互联网信息化和互动反馈技术熏陶下成长起来的中小学生，将很快成为未来的大学生，如果再不改变目前高校中仍占据半壁江山的“我讲你听”“我考你背”“一言堂”“满堂灌”的低阶授课模式，势必会有更多的大学生反对和抵制目前的课堂教学，会用更高的“低头率”和课堂“玩手机”现象来抗拒教师落后的课堂教学形式。

所谓“挑战度”。是指课程设计要增加研究性、创新性、综合性的学习内容，要努力“以问题为导向”，设计每一堂课程。问题设计在于精设、巧设、现设，这是对体现一名专业教师的素质、功底和水平的考量，问题要设得有水平、有层次、有启发性、有技巧性。从设问、提问、反问、互问到追问，掌握并引导学生进入深度思考，这是现代课堂教学的技巧和精要。

与“金课”标准相反的是“水课”。凡是没有高阶性、没有创新性、没有挑战性的课程，往往是不受学生欢迎的课程。学生也往往会用“低头”“玩手机”作为消极上课应付的课程，授课教师需要扪心自问，自己所授的这门课是否已经成为学生心目中的“水课”？

如何应对新时代信息化条件下对高校教师的挑战，作为学校本科教学督导，笔者提出如下几方面，与老师们共同商榷或共勉。

1. “新时代”呼唤“新学习”

实体经济和虚拟经济在信息化、智能化等创新驱动推动下，交替增长，互相支撑，对未来的科技人才、管理人才培养提出了新的需求和挑战。作为教育工作者，我们要关注新的教学理念、教学途径和教学方法。比如，要注意自媒体教育的快速发展。“得道”是一个来自手机 App 的自媒体收费栏目，其中推出的很多课程和讲座，居然吸引了几十万乃至上百万热爱学习的莘莘学子，大家有机会一定要听一听、学一学，感受一下来自自媒体的教学模式和授课方法，大家一定会获益匪浅。

2. “新常态”呼唤“新深入”

新形势下认识督导常规工作的新特征，从“立德树人”的角度来思考课堂教学中对人才培养的理解和思考。课程思政是一个教育部文件中频频出现的新名词，它不是要求教师在每一门专业课上都讲马列主义和思想政治教育，而是“细雨润物、润物无声”，用教师的“人格魅力、言行一致、敬业精神”的师德和楷模的形象潜移默化地引领学生做人做事和求学。在教学过程中，始终贯穿行业规范、道德约束、社会责任感，严格遵守求知识、钻学问的严谨和踏实，杜绝弄虚作假的伪道德引领。

3. “新挑战”呼唤“新关注”和“新重点”

（1）新关注。从关注教师的“教”，转向关心学生的“学”。通过“到课率”“抬头率”“互动率”来间接反映和考察教师教的效果；从注重课堂教学，转向强化对实践教学环节督导；从督教、督学中，分出更多一些精力来督管。看还有哪些管理方面的漏洞和制度的缺失，制约教育教学质量的提高、阻碍教学改革的发展。

（2）新重点。要关注以“问题为导向”的课程设计和“互动反馈”教学技术的应用。这两方面的重点，要从应用普及，转向注重“问题”设计、引领和导向，转向课堂生师互动的实际效果，要从教学结果评价与反馈，更多地转向注重对教学过程的评价与反馈。

老师们，新的挑战带来了新的机遇，让我们勤于学习、勤于交流、勤于思考，在教育教学质量提高和教学改革大潮中，勇立潮头，努力争做一名“理念新、教法新、受学生欢迎”的好老师。

谢谢大家！

在马院思政教研室举行的“四史进课堂”研讨会上的讲话

北京农学院本科教学督导组组长　沈文华

（2022 年 3 月 26 日）

此次研讨会开得非常好，非常符合会议预期和我近期特别想强调的，要充分发挥教研室集体智慧和集体作用。

现在的教研室跟以前的教研室相比，在外部环境和内部需求已有很大的变化，但教研室的教研功能没有变，只是扩充和增加了虚拟教研室，课程组的教师团队。

新的教研功能有很多新的形式，但传统教研室的功能必须继承发扬，现在基础部思政课程教研室起了一个很好带头作用，他们进行了很好的尝试，而且是很成功的。尤其是针对“四史”的教学集体备课，对每位参会的老师都会有很多新的启发。

我再补充三点，一是强调“以学为中心”。清华大学 CCSS（中国大学生学习与发展研究）项目总负责人史静寰教授在 2022 年 1 月提出一个观点，建议“以学生为中心”改为“以学为中心”。对这个“以学为中心”，可深入理解其三个内涵，包括学生、学习和学术，要围绕这三方面加深理解并下功夫。对史静寰教授提到以学为中心中强调“学术”的重要性，我一下子觉得脑洞大开。本科教学和中学、中专和高职不一样的地方在于，还是要非常强调“学术研究”，高校围绕“学术研究”发力，包括课程的教学、教学研究的方法、我们一直强调的要“授人以鱼，不如授人以渔”，也就是说并非只是一种知识传授，而是提倡传授思维的方法、探究的方法。高等教育目前最大的问题是在本科教学中靠“灌输”。如果把“四史”教育作为一种学术研究，把它作为一门科学来对待，可能思路还能更开一点。

二是中华民族历史上留下了极其宝贵的文化遗产，那就是《二十四史》。其中《史记》《前汉书》《后汉书》《三国志》是《二十四史》中前四部分，合称为“四史”。凡是学历史的，必须了解《二十四史》，学古知今，是很好的文化传统，《史记》《三国志》等流传了上千年经久不衰，人们可以从历史当中、从历史经验当中获取我们要用的知识。我们现在要求全社会要学习新四史，既然是学历史。就应把它当作一种科学的理论或者方法来探究，要用辩证唯物主义的观点来看待新四史，用科学的态度研究新四史。

三是现在全社会都加强“四史教育”，我们就更要注重在大学的教育中怎么样把“四史教育”当作一门科学，当作一种学术来研究。如果这样的话，可能学生受益会更多，教师也会产生很多新的教法、研究方法，当然还有教学原则。我很期盼我们大学里的各门课程，一定不要仅是从书本或者教条灌输，而是要充分发挥我们对研究功能的认识。在教师当中，如果用学术的方法来对待“四史教育”，可能会碰撞出更多的火花，取得更好的结果。

以上个人想法仅供大家参考。

在学校本科教学管理工作会议上的讲话

北京农学院本科教学督导组组长　沈文华

（2022 年 5 月 12 日）

一、近期督导组的主要工作

5 月 3 日，我在本科教学审核评估督查总结中转发了《文献综述的撰写与评价》，这是一篇很值得督导和老师们认真学习的专题文章，也很切合当下线上教学四年级毕业班的论文写作指导与审核评价。认认真真、踏踏实实做好本科毕业生的论文写作指导和督查，是我们的责任，也是当下局限于线上教学条件下必须做，也应该能够做好的重要工作。希望能展开一定层次的学习研讨，使我们的学生在新冠肺炎疫情防控条件下，努力提高论文综述的写作水平，用以弥补社会调研和实验实践不足的实际困难。

5 月 11 日转发了 5 月 13 日举行的一个公益报告会《本科论文自检工作专题研讨会》通知，欢迎督导和院系领导能抽时间观看，最好每个学院能组织相关教师进行收看，因为毕业论文的自检自查和新一轮审核评估，都已把这项工作以及完成的质量列入了必选指标，而毕业论文写作和答辩环节的自我评价报告也是教育部专家到校进行审核评估必看的自评自建的重要支撑材料。

关于论文查重，其根本目的不是为了弥盖学生论文写作中大段抄袭的缺陷，而是要引领学生能正确规范地引用他人的文献资料。关于 25%的查重下限，要解决一个认识上的误区，就是只要查重低于 25%的论文就是允许的。我们督导每次查重检查，主要检查的是毕业论文是否正确规范引用了他人的文献资料，以及查看论文查重中的问题指向，是在论文的哪一部分。应该说，在毕业论文的综述部分存在查重问题，相对而言问题不大，主要是摘引的标注问题和科学规范引用的问题，我们关注的重点是毕业论文的分析过程和结论是否存在不正当的抄袭和不规范的引用。督导在参加论文检查中，特别关注的是被列为优秀论文的查重结果，不局限在查重指标低于 25%或 15%，而是看优秀论文的写作中，是否在科学规范引用和标注方面做到了优秀，这是一条硬的检查指标，也是我们督导经过多次研讨后确定的统一认识。

二、通报近期督导组参加的几次院系教研活动

开学以来，督导组多次受邀参加相关学院（部）组织的线上教学研讨活动，仅我个人，已经先后受邀参加基础部（3 月 19 日下午）组织的四位优秀课程教师的说课和讲课预演；马院（3 月 26 日下午）思想政治教育教研室邀请督导参加以“四史教育”为重点的线上集体备课会；经管学院（5 月 7 日中午）组织的期中教学检查学生座谈会。参加这

些以提高教学质量为目的的教学研究活动，感到很振奋，也很有感触。

教师中蕴藏着很好的不断提高教学质量的积极性，需要重视、引导和挖掘。以体育教师路正荣为例，“24式太极拳”教得很好，经过几年努力，已经在校外的教学平台上取得以北京农学院署名的10项计算机软件设计著作权申请并已获得相应证书。我们为基础部的体育老师在线上教学和教学改革中的投入并取得的成绩感到振奋和骄傲，也希望学校各级领导能重视不同学科的教师、特别是默默无闻在公共基础课中日复一日、年复一年下功夫投入的教师们，鼓励他们不断凝练自己的教学成果，吸引教师们把各种教学成果摆上桌面，如同我们曾经鼓励教师们不断扩大横向科研课题，为自己、为学校增光添彩。

充分发挥教研室（课程组）集体备课的优良传统，需要大力宣传，鼓励并发扬。以马院思想政治教育教研室为例，教研室主任齐力老师以“四史教育”为重点，组织了一次很好的线上集体备课会，此次教研活动延续了三个半小时，教研内容丰富精彩。齐力老师特别邀请了北京化工大学马克思主义学院副院长于文博教授参会。年轻的于文博教授是北京大学哲学博士，曾荣获北京高校教书育人“最美课堂”一等奖、北京高校基础课教学基本功比赛一等奖、北京市三八红旗奖章、北京高校优秀共产党员、北京化工大学最高荣誉“校长奖”等光荣称号，她为北京农学院思政教研室老师介绍了北京化工大学2021年面向全校学生开设“四史”选修课程的情况，提供了宝贵的组织备课和教学经验，还把最新的“四史”选修课大纲转送学校马院做参考。齐力、兰岚、路文联、王红英、高英五位教师分别对“四史”融入“思想道德与法治”各章节的备课情况进行了介绍，教研室其他老师对“四史”集体备课情况进行了讨论并提出各自中肯的意见。我和李晓玲老师、马院领导、文发学院领导、马院其他教研室负责人应邀出席会议并发言。大家充分肯定了思政教研室教师的此次集体备课和会议的精心安排，并对“四史”教学进课堂提出相应建设性意见。难能可贵的是，会议结束后，不少参会教师又做了长时间的相互交流，对这种集体备课、相互启发、努力提高授课质量的研讨活动给予了高度评价。

经管学院抓制度落实，利用期中教学检查，组织召开由各系主任参加的学生线上座谈会，了解学生对目前线上教学的教学意见和教学建议。近几年，经管学院和文发学院都坚持定时召开各种教学座谈会，每次都邀请校院两级督导参加，各系的系主任也都参加聆听，很好！这也使我想起多年来经常受邀参加经管学院、文发学院组织的各种教研活动和不同类型的座谈活动。如要求各校外实习基地负责人参加学院组织的年末学生实习基地建设座谈会，有制度，能落实，持之以恒，是抓好教学质量各环节管理质量的重要保证。对于期中教学检查要提及的一点是，不仅要形式，而且更要落实，能发现问题、解决问题，在座谈会上，组织者要善于引导学生的发言，在不同的座谈会上，特别是学生座谈会，往往时间比较紧凑，每位学生发言也就三五分钟，能否把学生最关心的问题反映上来，需要会前做些功课，要设计几个问题。要围绕当前线上教学形势下，要重点了解教师们是否抓住了网上教学的特点，在教什么、怎么教、教得如何方面，有哪些改进和创新，也要了解学生在线上教学中注重的是学什么、怎么学、学得如何。要关注教与学中的两头，要善于总结和发现不同的教学典型。

三、对李志义督学报告的几点感悟

4 月 17 日、18 日，学校教务处质管科科长吴卫元老师和 9 名校院两级督导一起参加了线上“新时代高校教学督导工作实务培训班”，聆听了九场专题报告会。其中第一场报告是国家督学、国家级教学名师、沈阳化工大学原校长李志义教授所做的《OBE 理念下的教学督导要点》，报告内容很精彩，对 OBE 理念做了深入浅出、结合高校实际的讲解。其中对什么是大学课堂，大学课堂与中学课堂有什么根本区别，什么是金课和水课，如何反向设计做好人才培养方案的修订，如何利用反向设计上好一堂课，对督导和在职教师都有很好的启迪。我在会后追溯了李志义教授十年前发表在《中国高等教育》上的一篇重要学术论文，李老师提出目前高校在人才培养方面存在的“十化”倾向：培养目标空泛化、知识结构学科化、能力培养片面化、创新教育奢侈化、通识教育常识化、专业教育功利化、实践教育初级化、课程设计知识化、课程配置简单化、第二课堂边缘化。李教授对十个方面的揭示和解析都很透彻，很有普遍性和针对性。从当前高校通过对 OBE 理念的深入理解，来衡量高校对学生的培养，从课堂教学、课程体系调整、培养方案修订，都有很好的指导意义。

李教授在报告中指出，要改“听大学”为“读大学”。李教授在报告中列出一张中、美大学生读书数量的对比图。图片显示，中国大学生每周的阅读量小于 100 页，美国大学生每周的阅读量在 500～800 页。我们目前的大学生每周的课时安排依然不少，每周在 28 小时及以上，学生学习主要处于“听”课状态，课余读书时间和读书的要求太少，上大学变成了听大学。没有深度、没有难度、没有挑战度的课程太多，知识和技能的灌输、模仿成了教与学的主体。改变“听”大学为“读”大学，就应从根本上改变教学靠教材、讲课讲教材、学生学教材、考试考教材的现象。作为督导，在督导过程中，特别是核心课主干课的教学过程中，需要进一步关注教师给学生所列的书单，以及对这些书单的阅读要求。

李教授在谈到中小学教学和大学教学的根本区别，很值得大家深思。中小学属于义务基础教学，有统一的课纲和教学要求，从本质上，是为学生的学习打基础，课堂教学和课程作业的重点在于老师要教会、培养学生学会掌握主要知识点，是画句号的学习过程。大学本科属于高等教育，培养的是学生的学习能力和研究能力，从本质上说，是画问号，要不断地通过提问题、通过学生质疑和辨析问题，寻找解决问题的途径和方法，而不是以既定的答案灌输作为我们的教学目的。

四、通过学习和领悟对督导的启示

（1）不仅要看教师们教什么、怎么教、教得如何，更要看学生在教师课堂上、实验实践过程中，学什么、怎么学、学得如何。这是理解和贯彻 OBE 理念，转变督导对 OBE 理念理解的重要转折。

（2）在教学过程中，不仅看教师们如何进行知识传授，更要看在教的过程中，如何体现对成果（产出）为导向培养理念的理解和实践，要着重观察教师在教学中如何体现对学生批判性思维能力、深度学习能力、准确生动的表达能力、解决现实问题的能力、不断更新自我的能力、使用信息技术能力、团队协作能力提高的培养。

（3）引导教师们在课程设计中领会和进行反向设计。反向设计的关键是“设计问题”，一节课的问题不在多，而在精，如何针对问题展开教学、展开讨论，要教师习惯于精设、巧设所要提的问题，看所提的问题能否由浅入深，能否在设问、提问、追问、反问、互问互答中把课堂学习引向深入。

（4）要改变传统的说教与知识灌输方法，更多地引导学生思与悟，有些结论教师可以不给，甚至让学生在学完整门课程以后再来总结，辨别真伪。让学生通过自学、阅读、讨论来领悟和感悟。我想再次建议督导教师观看一次美国哈佛大学一年级学生的法学公开课“公正该如何是好”，从反向设计和课堂引导的角度，来学一学、想一想我们的教师目前所采用的教学方法与之存在的差异。

（5）督导的关注重点，除了课堂教学，也要关注实验教学和实践教学中 OBE 理念的贯彻实施。李志义督学提出，实验实践教学中有三个培养层次，第一层次为学中做，第二层次为做中学，第三层次为做中思和思中做，前两者中都有被动实践、照猫画虎的意思。督导要关注，在学校实验课设置和安排中，有多少实验课属于看实验、听实验。有多少局限在第一层次和第二层次，有多少是处于需要达到和追求的第三层次。

对 OBE 理念的学习是一个不断联系实际、不断深入理解的过程。通过督导工作重点的明确并广而告之，使广大教师们知道督导关心什么、重视什么，从而进一步带动广大教师在教育教学中的改革，我们也从中尽到了督导组的一份责任和义务。

在参加农经系学生党支部活动时的讲话

北京农学院本科教学督导组组长　沈文华

（2022年6月15日）

21世纪20年代，世界面临“百年未有之大变局”，让在座的老师和同学们赶上了，很迷乱，百年难遇。从国际看，各种国际力量分化组合，俄乌战争、国与国的关系进入了全方位角力新阶段，国际政治经济体系进入加速演变和深刻调整期。新一轮科技革命和产业链调整正在重塑世界经济关系，新兴市场国家和发展中国家国际影响力不断增强。面对世界百年难遇的时代大变局，机遇与严峻的挑战并存，我们要深刻认识国际格局演变与民族复兴、现代化强国建设目标的叠加性、艰巨性、长期性，以及科技创新、强国需求对人才培养的急迫性。与此同时，国内南方洪涝灾害严重；地震频发；唐山烧烤店打人事件、河南红码事件、北京天堂超市酒吧聚集性疫情引发全国甚至全球关注。其中，与师生校园教学生活直接相关的新冠肺炎疫情肆虐持续两年多，线上学习、居家办公渐成常态，数字经济、人工智能、深度学习、混合式教学快速推动高校教育模式的变革。“立德树人”成为国内教育的首选项，“为谁培养人、培养什么人、怎样培养人”成为我国高等教育的首要问题。

一、新冠肺炎疫情防控总体趋势及对教育教学的影响

（1）持续两年半的新冠肺炎疫情防控和本学期的在线教育，会对近几年的在校学生产生很大影响（学习方法、学习效果、特别是实验实践教学产生很大负面影响），这是客观事实。但我们要坚信以习近平同志为核心的党中央的正确决策，全面正确理解“疫情要防住、经济要稳住、发展要安全”的防疫方针，管住自己，抓好学习，全面规划，分步实施，达到能力自我培养和专项学习提升的效果。

（2）新冠肺炎疫情对全球经济和教育学习都产生了巨大影响，大家都处于同样的线上教育环境之中，机遇与挑战并存，起跑线相同，谁能适应环境的变化，做疫情防控条件下的积极学习者，谁就能赢得胜利。要特别关注，局部地区的疫情防控，大学生并没有完全失去实验实践学习的机会，看你是否有心，是否关心与自己相关的实验实践机会，目前比较多的是与网络平台和中小企业网上办公所需要的相关实验实践。

（3）2022年4月，美国高等教育信息化协会发布了《2022地平线报告：教与学版》，揭示了全球高等教育在新冠肺炎疫情防控下的新发展趋势、新的关键技术及其影响，值得关注。“地平线报告”每年发布一期，是从世界各国高校和教育信息化相关企业研究机构挑选的专家进行的滚动性、预测性的分析研究，已经坚持了20年，成为全球有影响、有权威的教育信息化分析报告。《2022年地平线报告：教与学版》与我们大学生学习相关的教育技术发展趋势包括如下。

首先，新冠肺炎疫情条件在线教育及其技术将从临时“应急”转向“更可持续和基于证据的混合或在线教学模式”，并在人工智能（artificial intelligence，以下简称 AI）和大数据等技术的支持下，持续推动教学实践的变革，这样一种转变，将持续影响今后的“教与学”。教师、学生和教育管理人员应进一步适应在线（混合）教学模式和管理模式，在此基础上培养新的教学能力、学习能力和管理能力。

其次，以上论述中包含了若干值得大家关注的趋势，将对未来几年的高等教育教学产生重大影响。一是基于 AI 的大数据学习分析，将助推教学方法的诊断与改进；二是基于学生自主学习的 AI 作为学习工具的快速应用发展；三是混合式学习空间与远程学习将越来越成为主流的教学模式；四是基于国际知名大公司越来越淡化学历、重视适合企业用人需要和学生求职需要、体现创新技术学习与能力体现的微认证的普及。

基于对目前全球性教育技术发展趋势分析，只有站得高，才能看得远、看得清、看得全，而且不能只看到眼前，还要看到未来 1—5 年的发展，才能激发学习的勇气和不断向上攀登的斗志。

二、如何克服并缓解焦虑和担心情绪

人的焦虑是一种自然现象和社会现象，有时甚至会有一定的周期性，只要正确认识，焦虑其实并不可怕。我近期也有焦虑，焦虑新冠肺炎疫情的发展趋势和走向，焦虑新冠肺炎疫情下中国经济的现状和发展、中小企业的困局与底层百姓的艰难民生，焦虑“三农”问题中农民的春耕生产、农民的权益受损，也焦虑自己最近一段时间处于学习和工作的低谷，不想干活，干不出活等。这种焦虑很正常，它会随着防疫形势和复工复产形势好转而逐渐淡化。对于每天的工作不出活，实际上是一种周期性的波动，顺应这种波动，适当转移注意力，转变生活方式和改变生活情趣中的关注重点，适当调节，相信也会很快度过情绪下滑期，重新进入下一个新的情绪周期。

三、对大三学生求职、考研等的思考和建议

每个同学面临的环境、条件不一样，不能一概而论。总的来说，要量体裁衣，看看自己具有（或自己的家庭、社会关系中）拥有哪些资源、哪些能力，自己的兴趣爱好是什么，擅长什么，适合什么？来决定是考研、考公务员、考教师资格证，还是准备社会面的各种求职。不管你的决定是什么，决定了就不要犹豫，不要彷徨，要有准备、有步骤去实施，你每付出一份努力，就会向目标前进一步。

在求职过程中，需要解决一个了解社会和了解自己的过程，即不是喜欢到什么行业或部门工作，而是要了解自己想从事什么样职位的工作，你具有从事你所想从事职位工作哪些方面的能力和优势？也可以试试提前写简历，通过写简历，反思自己还缺少哪些求职必备的能力，如果没有这些能力和优势，你准备如何进行培养、锻炼或恶补？

当前需要特别注意的是，新冠肺炎疫情防控期间，我们损失了参加学校重要课程的实验实践机会和第二课堂的实验实践机会，这是一个很大的缺憾，需要在疫情缓解的前提下，进行有意识的补充，特别是只有在社会实践中才能产生的很多能力方面的提升，诸如创新设计能力（good idea）、沟通能力、协作能力、文案写作能力、实际工作中发现问题

和解决问题的能力等。

找工作中遇到的难题无非两个：一是自己本身能力有欠缺，二是没有掌握基本的简历写作和面试技巧。前者是需要花时间积累的，不断提升自己硬实力；后者需要尽早做准备，一定要拿着自己所做最棒的简历，做好充分的面试准备，进入职场。

四、对一二年级学生加强学习能力培养和自身能力提高的期许

(1) 有三个学习推荐，一是自媒体“得到”，除了读书介绍、科技报告和各种锦囊推介，还有很多训练营，包括沟通训练营、职场写作训练营、演讲训练营、项目管理训练营、阅读笔记训练营、高效学习训练营等；二是国家开放大学“终身教育平台”(le. ouchn. cn)，向全社会免费开放。目前在这个平台上，有全国338所知名高校的课程资源，以及网易云课堂、京东读书、喜马拉雅等平台上的学习资源，共计50万门课，都可以免费学习。里面既有各类学科课程，也有烹饪、二手车评估、手机维修、电梯维修等职业技能课程，还有沟通、决策、Excel和PPT应用等职场软技能；三是上海简猎信息科技有限公司已经办了16年的“乔布简历”，全国超过500多所高校的学生参加过乔布简历的讲座和培训，简历不是写出来的，而是走出来和干出来的。如何写好一页纸的简历，它们有很多投写简历的技巧，值得学习甚至求得一对一的交流辅导。网址是cv. qiaobutang. com。乔布简历成立于2012年，目前已经和800所高校合作，为全国大学生提供简历指导。大家可以登录网站 http://cv. qiaobutang. com，在上面找简历模板参考。这个网站提供了商务简历模板和个性简历模板。它们做得不错的地方是，根据不同岗位、同学的不同特点制作了3 000多个专业的简历模板。特别是在8个热门岗位专题里，非常详细地写了每个模板适合什么样的同学。比如想应聘互联网大公司简历应该写成什么样，如果你是个缺少实习经历的“小白”简历应该怎么写，都有对应的模板可以参考。该网站不光可以成为同学们写简历的参考模板，还可以作为职业规划目标，知道哪些是可以写进简历加分的，更有目标地去做计划和努力。

(2) 居家学习，如何提升学习效率。第一，越是在家学习，越要把“家”和“学习区”分开。最简单的就是，单独在家固定一个学习区域，不要躺在床上学习，也不要在学习区看剧、玩游戏。同时，在家学习也要换上一身正式的课堂学习服装，制造学习的镜头感和仪式感，能让老师和同学看到你的在线学习形象，这是一种学习的自我鞭策、要能在在线学习过程中展现主动积极学习的良好形象。第二，越是时间自由，越要严格安排自己的时间。比如，起床、睡觉和一日三餐的时间一定要固定。再比如，专门留出的学习时间内不看微信、不看邮件，用来做深入的思考；同样可以专门留出一部分时间，集中回复微信和各种消息。还可以用“番茄工作法”，学习一节课，休息5分钟，之后再循环。努力提高单位时间里的学习效果。第三，越是独处，越要照顾好自己的身心。一边学习，一边也要有意识地提醒自己，多喝水、多运动。不要连续久坐，可以找地方站着工作一会儿。另外，别忘了每天专门拿出一点时间和家人、朋友通话，避免独处太久。

第九届本科教学督导工作总结

北京农学院本科教学督导组组长　沈文华

（2022 年 10 月 27 日）

大家上午好！

第九届校级本科教学督导组自 2019 年 12 日至今，我们已经工作了两年十个月。在学校领导、教务处领导的信任、支持和鼓励下，我们全面履行了本科教育教学质量保障体系赋予督导的职责，比较圆满地分阶段完成了各项督导工作任务。现在，我谨代表校级本科督导组，向会议做第九届本科教学督导工作汇报。

一、近三年的督导组工作回顾

1. 全过程参加本科教学各环节的督查

（1）近三年，我们以课堂听课为主要内容，参加了对各院（部）教学单位实际授课的检查，包括课堂授课、实验授课和校内外实践实习基地和实习情况的检查。完成了对基础课、专业课、专业选修课、公共选修课、体育课等各种类型课程的督查全覆盖。

（2）在连续三年面临新冠肺炎疫情防控的情势下，督导组加强了对在线教育教学技术方法、特点、局限性的研究与讨论，快速适应从线下到线上教学督导的评价方法转变、观察重点转变、评价指标体系转变。我们不断发现先进典型，寻找存在问题，为进一步提高线上督查和线上线下相结合的混合式教学模式总结经验，不断提出提高线上教学质量的意见和建议。

（3）接受教务处的委托，定期参加校外实习基地的座谈、抽检。同时接受各院（部）、系的邀请，参加期中、期末各项教学检查和师生座谈会，对年轻教师进行定向指导帮助。

（4）参加毕业班的毕业论文开题、答辩检查，坚持对毕业论文抄袭查重的检查，对毕业论文和优秀本科毕业论文进行抽检复审。

（5）受教务处和人事处委托，每年定期为申报高级职称的教师进行授课水平专项评价与评分统计。

（6）根据本科教学质量督查中发现的问题，我们以督导组的名义，先后向学校领导、各院（部）、系（教研室）的党政领导撰写并发布了 14 期督导工作通报。在校内外组织的各种会议上发表讲话、报告，提供可参考的意见、建议和发布各种学习材料几十篇。

2. 接受教务处、学生处、团委等职能部门和各学院的委托，加强对青年教师、学生辅导员、班主任教师的指导和培养

（1）参加各种北京市和学校组织的青年教师讲课比赛的指导与评比。

（2）受邀请参加对班主任、辅导员教研开题、结题报告会的评审、点评。

（3）参加学校组织的各种教学出版物的审核与评审。参加各院部组织的对基层教研室活动和对青年教师教学质量提高的座谈指导。

3. 加强督导组的自身建设，跟上时代发展步伐

（1）进一步加强督导组自身的学习和研讨，提倡在传统“督”与“导”的工作中，“占高位”“拓格局”。站得高才能想得深、看得远。督导组在教务处的大力支持下，加大督导的学习、交流频率，经常参加各种在线学习和在线交流，不断更新教育教学观念，不断学习，掌握新知识、传递新观念已成为督导工作的常态。

（2）和各院系主管教学的副院长、教学秘书交朋友。发现问题及时沟通、及时了解、提出意见与建议。截至目前，审核评估时建立起来的“督查总组”微信群持续发挥继续学习、继续引导高等教育新技术、新观念、新方法的宣传作用。

（3）认识到督学与督管的重要性。如果说，对教师的“督”与“导”已有比较成熟和充分的经验，对学生学习的“督”与“导”需要通过加强工作、并在探索研究中有所改进，对院、系两级领导管理教学工作的“督”与“导”，需要经历从无到有、自下而上、从泛到精的过程，这是本届督导组一直在思考和研究的问题。

二、近三年督导组取得的工作成绩

1. 坚持了党的办学方针

督导组始终遵循党的教育方针，特别是注重坚持为党育人、为国育才，全面提高人才培养质量。在集中力量督导办好、上好思政课程、突出课程思政方面，不遗余力。参加马院召开的思政课程集体备课研讨会并充分发表推广意见；帮助学校和教务处指导青年教师开展课程思政和提高课程思政的教学水平。

2. 坚持了教育教学观念的转变

从第八届本科教学督导组开始，第九届本科教学督导组总结并坚持了四项督导工作创新：一是工作理念“创新”，二是评价方法“创新”，三是反馈形式“创新”，四是分析方法“创新”。近三年，我们正是按照这样的思路来开展并不断完善督导组的工作。我们的督导工作经验交流，受到众多高校的重视，并产生了良好的社会效益。

3. 坚持了从督教向督学和督管的深化

按照OBE理念和督导组一直倡导并推广的北京农学院国际学院总结出来的“以学生的收获”为起点和终点，审视学校的本科教学督导工作，我们把督导的关注重点，逐步从督教向督学转变，在课堂教学评价指标体系中，从原来关注教师教什么、怎么教、教得如何，向更加关注学生学什么、怎么学、学得如何。从发现的典型经验和存在的问题中，更重视总结校、院、系三级管理中存在的问题，把督教和督学进一步向督管过渡。我们需要关注在全过程教学管理中，校（包括主要职能部门）、院、系三级领导在管什么、怎么管、管得如何。

我们也十分重视学校领导、教务处领导赋予督导组的权责，深刻认识到“‘有为’才能‘有位’”，充分利用督导组组长参加学校教学指导委员会、参加本科教学管理工作例会的机会，代表督导组充分建言献策，受到了学校领导、教务处领导和各院系领导的高度赞扬与好评。

近三年，督导组持之以恒，认真对待学校、教务处委托的各项工作，取得了很好的成效，也收获了校、院、系三级领导和教师们的充分信任和肯定。继 2019 年督导组被北京教育系统关心下一代工作委员会授予先进集体光荣称号，督导组主要成员又于 2020 年和 2021 年被中共北京市教工委授予“北京高校优秀共产党员”荣誉称号，在北京高校第十一届青年教师教学基本功比赛中荣获“优秀指导教师奖”，另有多位督导教师被学校授予“优秀共产党员”“老有所为先进个人”荣誉称号（值得一提的是，李晓玲老师于 2013—2015 年、2016—2018 年、2019—2021 年连续 9 年三次被评为校级先进个人。在 2016—2018 年评选中，督导组的孙祎振、于同泉、陈之欢、艾启俊、金瑞锋、李晓玲、李江、沈文华 8 人授获校级“老有所为先进个人”称号。自 2015 年至今，先后有张子安、沈文华、李晓玲、孙祎振 4 位老师 5 次被授予校级优秀共产党员称号。督导组在集体表现和个人表现中均体现了传统性和一致性，督导老师都是优秀的）。

三、对第十届督导组的工作期盼

在第九届本科教学督导组比较圆满地完成历史使命，将把学校本科教学督导工作重任移交给新一届督导组的时刻，我谨代表即将离开督导组的李晓玲老师、李江老师和我本人以及已经早一步离开督导组工作的柳振亮老师，向并肩工作了多年的督导组成员、向教务处多位热心服务于督导组工作的“大秘”（郑冬梅、王冠愚、吴卫元三位老师）以及一直以来关心、重视、帮助督导组工作的学校领导、教务处领导表示衷心感谢！是你们的信任和鼓励、支持和帮助，使我们坚持到现在，并取得令领导、教师和我们自己感到欣慰的成绩。

由于年龄原因，李晓玲老师、李江老师和我将退出新一届督导组的工作，我们相信，第十届本科教学督导组的各项工作能趁党的二十大的东风，面对世界“百年未有之大变局”，站在历史的新起点，从立德树人和教育质量文化建设的高度，努力拓展教学督导的新格局、新视野，紧盯全球高等教育技术发展新趋势，不仅关注不同类型高校育人方式的转变、更关注中小学育人方式的转变，特别是高中、初中阶段教学方式的转变，这些转变将极大地影响高校的生源质量并持续影响今后大学的教育水平和教育质量；加强自身学习交流，勇挑重担，完成督教、督学、督管的新使命和新担当。

工作感悟篇

完善督导工作的三点思考

金瑞锋①

摘要：督导工作是学校教学活动的一个重要组成部分，督导工作包括督教、督学及督管，本文深入分析了学校在督导工作中存在的问题及原因，相应从科学认识督导工作的理念、提高听评课质量及打造一支高效的督导队伍三个方面提出了行之有效的对策。

关键词：督导；现状；队伍建设

一、提高认识——督导工作是学校教学活动的一个重要组成部分

督导工作有广义和狭义两种含义。广义的督导工作是指在教学活动中以监督和引导为基本功能的教学环节的检查评定工作，是学校对教学实行的宏观调节管理的监控活动；狭义的督导工作是指学校为提高教学质量而以教学督导组为主体进行的听课、评课及反馈等一系列的督导活动。督导工作是学校教学活动的一个重要组成部分，绝不是可有可无的。学校工作千头万绪最重要的就是教学活动，教学活动的好坏直接关系到人才培养的质量，也关系到学校的声誉，因此，教学活动是学校工作的重中之重。要提高教学活动质量就要不断提高教学质量，提高教学质量的关键就是要有一支高质量的爱岗敬业的师资队伍，督导正是为提高学校的教学质量而设置的教学岗位。督导通过督教、督学和督管，使教师的教学工作质量大幅度提高，从而影响整个学校的教学活动，这正是督导工作的重要意义所在。

二、找出问题——目前学院督导工作的现状

1. 督导工作的理念问题

正如前述，督导工作由督教、督学及督管三个部分组成。督教是对教师教学过程的监督。教师在教与学的活动过程中起着主导作用，是提高教学质量的关键，因而督教是督导工作的重点。督学是对学生学习的监督。教学质量的高低不仅与教师的教学水平有关，而且与学生的学习态度密切相关。如果学生学习态度不端正，上课经常迟到、早退或者旷课，那么再好的教师也没有办法保证教学质量。因此，督导人员不仅要督教，还要督学。督管是对教学管理工作的监督。例如，教室利用、课程安排、多媒体教室的设备运行等，

---

① 作者简介：金瑞锋，1955年2月出生，男，教授，主要研究方向为刑法学，对刑事法学的其他学科也有一定研究。

教学管理工作和教学质量息息相关，它为教学活动的顺利开展起着保驾护航的作用。只有全面做好督教、督学和督管工作，才能增强教师和教学管理人员的工作责任心，激发学生的学习积极性，保证教学目标的实现，提高教学质量。长期以来我们在督导工作的理念上重督教、轻督学和督管，在具体行动上督教投入较多，督学及督管没有发挥作用或发挥作用不大。另外，即使在督教上也是重监督，轻指导、引导。产生以上问题的原因在于我们对督导工作认识片面。

2. 督导工作的对象问题

笔者从 2018 年下半年担任学校督导至今通过多次听课、评课，参加论文答辩等工作，对学院的教师队伍有了更深一步的了解，就学院的整个教师队伍而言，绝大多数教师都是能够胜任教学工作并且爱岗敬业的，但毋庸讳言也发现了一些问题，这些问题大致可归结为两大类：第一类违纪，例如，上课迟到、不关手机，擅自更改上课时间、地点后没有严格履行报批手续；第二类能力或态度，有的青年教师不能胜任所担负课程的教学工作；有的教师授课经验不足又不虚心学习，课堂上基本是照本宣科；有的教师教学态度不端正，完全是以应付差事的心态来讲课等。从学生的听课情况来看，整体听课情况一般，不论是大课上课还是小班上课都有个别学生不认真听讲，低头睡觉、交头接耳，玩手机等。以上不良现象涉及学院的教风、学风问题。

3. 督导队伍问题

学院很早就建立了督导制度，现有校级督导 13 人（其中一人为华北电力大学老师），基本上根据每人所学专业重点负责两个学院的督导工作。13 名督导由退休的副教授、教授组成，平均年龄在 65 岁以上、70 岁以下。此外，各个学院也设置了院级督导，具体负责本学院的督导工作。校、院两级督导制度建立以来，做了大量工作，例如，听课（线上、线下）、评课及反馈，参加教学评估及参与毕业论文答辩（线上、线下）等。从以上督导队伍的组成来看，既有优势又有劣势，优势在于爱岗敬业都有丰富的教学经验和充裕的工作时间，劣势在于年龄偏大、知识老化。随着知识更新速度加快、现代化教学手段的广泛运用等，督导在精力、体力或是脑力等诸多方面都会或多或少地跟不上时代的步伐；对现代教学理念的理解，例如 OBE 现代化教学手段运用等的指导能力也不能够满足实际需求，因此清一色由退休副教授、教授组成的督导队伍已不是理想结构。

三、解决问题——全面做好督导工作

1. 树立科学的督导工作理念

科学的理念才能保证督导工作的正确方向。首先，需要改变长期以来的重监督轻指导的理念。监督与指导两者之间既有联系又有区别。也就是说，在督导工作中既要检查、监督，又要指导，不能只监督不指导，也不能只指导不监督，在监督与指导的关系中，监督是手段，指导是目的。监督易，指导难，目前学院大部分青年教师都具有硕士博士学位，有的还是博士后，他们都是通过竞聘上岗的，尽管教学经验有所欠缺，但专业水平不容小觑，督导听课后能够准确地肯定成绩指出不足，让他们心悦诚服绝不是一朝一夕之功，需要督导不断学习，具有较高的理论水平及丰富的教学经验。其次，督学、督管也要引起相应的重视。督教是保证与提高教学质量的关键环节，理应成为督导工作的重点，但是重点不是唯一。督导工作在促进教师教学工作质量提高的同时，还要加强对学生学习的监督与引导。通过多次听课发现，有督导听课的课堂和没有督导听课的课堂学生的表现明显不一样，有督导听课的课堂学生多少有些顾忌，教师也更加关注学生的违纪情况；没有督导听课的课堂不遵守课堂纪律的学生明显要多。因此，对学生学习情况的检查、督促，除班主任、任课教师外，督导也责无旁贷。督导要通过多种形式对学生的学习状况、学习效果进行了解、分析，反馈给教学管理和学生管理部门。教学活动离不开教学管理，如果教学管理跟不上，也会影响和制约教学质量的提高。督导要将发现的教学管理问题及时反馈给教学管理职能部门，提出建议，不断健全和完善教学管理制度，促进学校教学的规范化建设，提高学校教学管理水平。

2. 有效提高听评课质量

听评课是学校督导工作的重中之重，通过听评课活动，一方面，能够直接了解教师的课堂教学情况，便于发现教师教学优点，并进行总结推广，对教师教学存在的问题直接给予指导；另一方面，通过听评课，对督导也是一种学习，使大家互相学习，取长补短，共同提高。所以，学会听评课是督导的一项基本功。在这几年的督导工作中笔者除了听本专业的课以外还听了很多不同专业的课，包括体育课和文艺课，笔者的初步体会是，听评课首先要端正态度，就是说不能用居高临下的态度去听课，而是要用平等的态度、学习的态度去听课。这样才能拉近与被听课教师的距离，达到更好的教学效果。其次，听评课也要掌握一定的技巧。听评课决不是被动的教师讲督导听，然后讲评填表。而是要眼到心到话到，所谓眼到就是指督导不仅仅听教师讲课还要仔细观察课堂情况，有多少人在认真听课、有多少人心不在焉、有没有迟到早退现象等；所谓心到就是指督导听课时要全神贯注边听边思考，教师讲得怎样、师生互动怎样、教师的讲课风格及特点等；所谓话到就是指督导在教师讲完一堂课后能够有的放矢、画龙点睛地给予客观评价。另外，专业课与非专业课、线上课与线下课、实验课与实习课、文艺课与体育课各有不同的特点和规律，需要联系和比较其相同和不同之处，这样才能听好课评好课。就听课的对象来讲，主要应当多听年轻教师的课，师生反映问题比较大的教师的课还需要重点听、反复听且多人听，这样才能发现问题，找出问题产生的原因，提出解决问题的方法。

3. 倾力打造一支结构合理、优质高效的督导队伍

结构合理、优质高效的督导队伍是做好督导工作的关键。督导队伍理想的年龄结构应当是老中青相结合。督导队伍要以中老年副教授、教授为主，以其丰富的教学经验引领教师成长，同时要吸收一定比例的青年优秀教师，他们先进的教育理念和现代化的教学手段具有明显优势。根据学院的实际情况，除以上 13 名专职督导外，可以考虑聘请各学院管教学的副院长做兼职督导，教学副院长都比较年轻，他们可以有限地参加督导工作，主要是在督导会议上汇报本学院的教学情况及与专职督导互动，这样就便于教学管理部门、督导进一步了解全校的教学情况，集思广益提出相应对策。为了进一步做好督导工作，每个督导都要紧跟形势不断学习，掌握先进的教育教学理念，学院有关部门也要为督导队伍的在职培训、对外交流等提供帮助和支持，督导队伍内部也可以互相交流，共同提高。

本科教学督导工作感悟

陈之欢[①]

笔者自幼喜爱读书和教给别的同学功课。恢复高考以后，笔者考上了河北师范大学生物系，四年学习以后，分配到北京农学院任植物学课程。一直到退休以后，参加了校级和院级的督导工作，担任了第七届和第八届的北京农学院的本科教学督导。下面把一些感悟写出来，请大家批评指正。总体感觉北京农学院本科教学情况越来越好。心中甚感欣慰，感谢在职老师的辛勤工作。

我开始做督导的时候，就是听听课，写写评语，对督导的认识很肤浅。后来知道了督导包括监督和评价也包括指导和咨询。

后来经过开会学习，知道了成果导向教育（OBE 理念）。知道了追求卓越教育的重要性。知道了要以学生为中心，通过教育过程，最后取得学习成果，使毕业生满足工作的需求。例如，林学毕业生应该具有植树造林等技能。知道了毕业生在毕业后能达到的职业和专业成就就是目标导向。

通过讨论明白了大学生一定要刻苦读书学习，掌握扎实的理论和工作技能，不能荒废了大好时光。通过讨论明白了教师要做好本职工作潜心教书育人，同时有科研任务的老师，在讲课时可以联系自己的科研实际，讲课会更生动，如果讲课联系人们的生活实际，讲课也容易通俗易懂。通过讨论明白了高校要培养建设者和接班人。明白了高校要教育学生有报国的思想。

通过学习知道了要引导学生乐学、会学、会做中学。要学会思中学：要学会举一反三，辩证思维。要学会创造性思维。要学会做中学，加强动手能力。做能工巧匠。

通过学习知道了教学理念；过去我们老师用的都是填鸭式教学，学生不会主动学习。现在我们让学生自学。现在我们教给学生自学的方法，尽量让学生以自学为主。要诱导学生主动学习。过去我们要求学生在课堂上进行聆听，现在我们要求学生提出疑问，善于发现问题和解决问题。

在听课时，能感受教师的讲课激情和学生积极的学习面貌。老师和学生都能积极地发现问题和分析问题。老中青传帮带很重要，青年教师一定要找到自己尊敬的年长的老师进行请教，快速成长起来。年轻教师讲课之前一定要试讲，请年长老师指出不足，加以改正。笔者一开始听课时，课间没有和教师交流，只是给老师写评语。现在课间可以及时告诉老师，老师声音大小是否合适，PPT 字体大小是否合适，进行及时反馈。开始做督导

---

① 作者简介：陈之欢，男，河北师范大学生物系本科毕业、副教授职称、讲授植物学课程。倾向植物分类，学校本科教学督导。

时，笔者只是检查学生的出勤率和抬头率，没有对老师的教学方法进行辅导。现在笔者力争用新的教学理念建议老师改进教学方法。笔者开始做督导时，大家都有惧怕督导的心理，怕评分太低。现在大家都很喜欢被督导听课，希望听到能不断改进教学的方法。新农学，新教改，有很多方面需要督导及老师不断学习提高。督导老师大多是退休老师，和在职老师已经没有直接的利害关系，因此其教学评价没有假公济私的问题，是公正的。督导以前也是老师，因此我们都尊敬每一位老师的教学劳动，都是提出建设性的改进提高的建议。对讲课好的老师，指出其优点，使其受到鼓舞，讲课精益求精。对需要改进的老师，问题说得越具体越好，方便理解和改进。

北京农学院的督导老师有发展学校教学的责任感，工作积极认真，取得了很好的成绩。笔者一开始也不会网上听课，现在由于努力学习网上督导的新方法，目前已初步学会了。督导都与老师们关系很好。督导工作受到了学校领导和老师们的重视。

在听课中笔者发现了一些很好的讲课老师。如动科学院齐晓龙老师在2020年北京高校“优质本科课程”项目评选中，其讲授的课程“饲料学”被评为“北京高等学校优质本科课程”。动科学院李艳玲老师在2021年北京高校“优质本科课程”项目评选中，其讲授的课程“兽医公共卫生学”被评为“北京高等学校优质本科课程”。李艳玲老师在“动物生产Ⅱ”讲课中，要求学生做笔记，很好。通过追问以前的课程内容，温故知新，很好。齐晓龙老师在“动物科学概论”课程中，PPT课前发到云班课，让学生预习。课中插入视频，内容丰富。学生课前预习，课上认真回答老师提出的问题。

园林学院尹洁老师在“建筑结构”课上，讲解生动，有趣，联系实际，联系科研实践。尹老师鼓励学生热爱学习，做笔记。大多数学生认真听讲，教室安静，学习气氛好，抬头率高。贾海洋老师在“环境设计”课上，认真讲课，仔细回答学生的问题，对个别学生进行辅导，与学生的交互很好。学生认真努力学习，认真操作计算机，认真做笔记，教学秩序良好。田晔林老师在“园林植物学”课上，PPT制作精美，图片漂亮，有英文图注。定义概念清楚，字体大小合适。教室安静，抬头率高，认真听讲，学生能积极跟上老师的思维。

通过对学生实习单位的参观，笔者逐渐了解到，学生实习的重要性，学生通过去科研单位和生产单位实习工作，掌握了很多的实际本领。对今后的人生道路影响极大。

笔者一开始在督导过程中，发现一些设备需要更新，也就是填在表上，并没有找相关部门直接解决。

近几年，线上课程很流行，有很多的优点。但是过去的线下课程，也有很多的好处。互相取长补短，一定会发展得更好。学院的老师多用腾讯会议软件进行网上教学。多用直播，也有的老师用录播，课下精心制作。也有引用网上资源的。网上教学要精讲，大部分内容让学生看书自学。可以利用快问快答与学生交流。也有的老师喜欢寓教于乐，受到学生欢迎。多用照片和视频进行讲课。网上可以利用翻转课堂让学生制作PPT讲课。讲课要有吸引力，吸引学生去深入学习。网上老师讲课时，一定要把每一节课讲好，一定要关心每一位学生，一定要微笑讲课，精神好，能吸引学生的注意力，积极思索。网上学生听课时。要认真听讲，和老师积极问答。上网课时，老师的房间一定要安静，光线要合适，背景不要杂乱。

教师是教育的关键力量，有了水平高一些的师资，容易培养出创新人才，产生高水平的成果。教师为学生传授知识。教师做学生的示范，促进学生全面发展，站在世界学术前沿，解决实际问题，学习新知识、新理论。北京农学院要培养农业实用人才。校级督导组（员）负责对教师的教学质量、学生的学习状态评估和指导。院级督导负责专业视导，提高教学质量。

善教者，使人继其志。老师一定要让学生继承其强国富民的伟大理想。北京农学院的老师就是希望毕业生在工作后，赶上世界农业先进水平。

因材施教，是很好的方法。每个学生的性格不同，遇到事情的处理方法也不同，所以老师的教育也不同。

研讨课堂，课堂分几个小组，对学术进行研讨，学生兴趣高，收获大。

培养自学能力，教师应从以“讲”为主变成以“导”为主。

引导大家动手动脑，获得实证的知识，发现问题和解决问题，学会学习。

板书感悟：一定要重点突出，布局合理，层次清晰，举一反三，产生联想。

督导看老师教学方法和内容好坏，学生参与氛围好坏。督导看学生有无收获，对课堂教学有无兴趣，是否有效参与教学中，是否善于表达和合作。督导看课堂氛围是否死板，学生是否走神，教师是否自言自语，教与学是否脱离。

督导为学院教学改革献计献策，把好经验宣传推广、帮助教师提高水平、帮学生提高学习能力。

本科教学督导工作的回顾与感悟

李　江[①]

摘要：本文梳理了10年担任本科教学督导的工作脉络，对工作内容、学习方面、参加会议、心得体会、怎样听看体育课、线上教学的建议、几点想法7个方面做了概括性的、言简意赅的回溯与探索，期待同行专家指正和参考。

关键词：本科教学督导；回顾与感悟；听看体育课；线上教学建议

从笔者在职时的2012年2月参加学校本科教学督导工作至今已10年有余了（第6届至第9届）。在不同时期和条件下对督导工作的内容、学习、会议、心得、认识、理念、方法等不断地有所深化，在此谨做一个回顾。

一、工作内容

（1）听课（开学第一周听课检查，线下听课，线上听课检查，听拟晋升职称老师的课，听实验课，听新教师的课等）。

（2）巡视督查（上课情况，实践教学，3＋1校外实习基地，期中教学，期末巡考等）。

（3）专项检查（参加本科生毕业论文答辩会，抽查毕业论文，抽查审核课程教学大纲，开展问卷调查等）。

（4）学校布置安排的其他工作。

二、学习方面

（1）参加学校"课程中心"应用等讲座的学习。

（2）参加学校青年教师教学观摩交流活动。

（3）参加线上青年教师讲课比赛视频的观摩学习。

（4）校外交流参观学习。

（5）参加各级各类督导业务学习与培训。

三、参加会议

（1）参加校际和校院两级督导座谈会。

---

① 作者简介：李江，1952年7月出生，男，教授，学校本科教学督导，主要研究方向为高等教育教学理论与实践。

（2）校院两级教学督导参加的学校质量保障体系建设经验交流会等。

（3）参加全国普通高校本科教育教学质量评估监测专题培训会。

（4）参加校院两级青年教师教学基本功比赛评委工作。

（5）参加院系集体备课活动。

（6）参加各级各类有关会议。

四、心得体会

（1）督导要善于学习，勤于思考，心系学校，当好助手。深化对 OBE 理念的学习与理解，指导教育教学和督导工作的正确开展。

（2）要督教、督学、督管、督后勤保障。实行督导“五个结合”，即日常与专项结合，一般与重点结合，课内与课外结合，理论与实践结合，过程与目标结合。

（3）要重点听课，监察倾向性问题和注意教学秩序，深入教学现场，培养自己善于发现问题和解决问题的能力。

（4）要重任在肩，心存感激，热心、耐心、细心地对待师生。

（5）要在“学”字上下功夫，在“督”字上动脑筋，在“导”字上做文章。修正自身、严谨做事、亲和待人，一直在路上。

（6）要精通业务、提高情商、处理好上下级、同行间、师生间的协调关系，便于开展工作。

（7）要以“导”为主，加强调研，团队活动，分工协作，挂牌上岗，严肃督导过程和行为。

（8）听课前后要与任课教师和学生进行必要的交流，交换意见，提出建议。

（9）坚持公道正派、求真务实，接受教职员工和学生的监督。

（10）不抱怨，多学习，团结协作，克服困难，办法总比困难多。

（11）尊重领导，积极汇报，不干涉政务。

（12）要注意身体，经常保持健康，才能比较顺利地完成督导工作任务。

五、怎样听看体育课

体育课教学直观、互动性强、应精讲多练、面对面指导、气氛活跃、安全第一。督导听看体育课至少有 10 个评价点 40 个字（每个序号紧跟的 4 个字），它们能较好地涵盖教学能力、教学效果和教学基本功。

（1）课前准备：着装，借器材，提前到场。

（2）示范动作：示范动作准确、优美，示范位置恰当。

（3）精讲多练：讲解简明、易懂。口令清晰，边示范边讲解边练习，重点、难点突出，让学生多活动。

（4）保护帮助：合理、到位。例如，体操、乒乓球的手把手练习、逐渐脱离帮助和保护。

（5）指导纠错：得法、有效。善于发现问题，能够解决问题，集体指导和个别纠错相结合。

（6）队形调动：合理、便捷。队列整齐，队形变换灵活、熟练。

（7）课堂常规：贯彻认真、得当。准备部分由学生考勤报数，带领跑步、做徒手操及专项热身，基本部分有复习、学习、练习，结束部分有放松整理活动、小结、布置课外练习、还器材。

（8）安全措施：得力、有效。有安全性的语言强调，提出练习的线路、间距，剧烈运动前的热身，中长跑途中的“极点”缓解方法，到达终点后的安全自保意识与措施等。

（9）突发事件：有预案，处理及时、正确。例如，天气、气候、场地、器材、伤病、见习、手机问题等。

（10）学生表现：积极与否，学得快慢，掌握得好坏，身体素质是否提高等。可纵向、横向对比。

六、线上教学的建议

（1）线上各种教学平台，有的没有老师讲解，督导很难听到他们的课。建议每位老师要整合线上教学资源，例如，都用腾讯会议上课，然后再结合新视野大学英语、班级微信群、雨课堂等其他平台。

（2）教师线上讲课要露脸，拉近师生距离感。

（3）线上同一门课不同的老师教学内容、进度不尽相同。课程组集体备课是解决各自为政，统一教学内容进度、线上平台、考核评分的好办法。线上教学应按规定的教学进度上课。

（4）线上体育课教学，建议使用腾讯会议，线上直播技术动作的示范讲解、师生互动练习，再结合班级微信群，让学生提交自己的练习视频作业，教师在腾讯会议里作线上点评。

（5）食品学院的很多实验课实际操作是难题。线上实验教学可先让学生看实验演示、看书思考、试写实验报告，预习和准备线下实操环节的到来。

（6）线上教学制作的PPT更需要高质量、生动有趣、图文并茂，能够吸引学生的注意力，提高学习兴趣。

（7）线上教学增加师生互动比线下更容易、更省时、更能提高学生之间的关注度。避免无互动欠生动的灌输式教学。

（8）线上教学前要有应急预案，防止卡顿等意外发生，影响讲课。

（9）线上教学的考核办法应早做准备，可提出指导性意见。

七、几点想法

（1）发挥各学院教学副院长听课的重要作用，与专职督导一起对所有任课教师的听课实行全覆盖，具体办法可参考北京农业职业学院的做法。

（2）线上教学的长处包括优质教学资源共享、讲课内容可以回放、师生互动交流更加方便省时。

（3）线上教学的短处包括不能直接掌握学生听课状况，师生不能面对面交流，教学工作量加大，教学进度会受一定的影响，学生的大学校园生活经历、体会和氛围不在了。

八、结语

本科教学督导组是开展教学督导和咨询的专家组织。负责全面督导学校的本科教学。及时发现教学中存在的问题并督促整改，指导和推进教学改革。督导工作坚持“以人为本、公正公平、以督促教、以督促学、以督促管、热心服务”的原则。本科教学督导员要在学中干、干中学，与时俱进，善于总结，深入现场，维护教学秩序，切实与师生沟通、交流，注意工作方式方法，及时汇报督导情况，成为学校教育教学主管部门的得力助手和参谋。

参　考　文　献

北京农学院，2013. 北京农学院关于进一步加强教学督导工作的实施细则［EB/OL］. https://jwc. bua. edu. cn/info/1164/1377. htm.

山东大学本科生院，2022. 山东大学本科教学督导工作管理办法［EB/OL］. https://www. bkjx. sdu. edu. cn/info/1067/33912. htm.

教学督导工作点滴体会

李晓玲①

摘要：笔者从事教学督导工作15年，从对督导工作意义的理解、如何开展督导工作、提升督导工作质量的建议三个方面浅谈体会，文中所涉及的案例均为亲身经历；紧扣主题所提建议具有可操作性。

关键词：督导意义；如何工作；建议

笔者于2007年6月退休，随即受聘担任教学督导至今已15年。在此，笔者要衷心感谢学校、教务处领导对笔者的信任，给予笔者发挥余热的平台；感谢同事们多年来所给予的无私帮助。下面笔者从督导工作意义、如何开展工作、几点建议三个方面谈谈自己的点滴体会。

一、教学督导工作对提高教育教学质量意义重大

受聘担任督导对笔者是个全新的课题，最初除了不知道如何开展工作外，还不太理解督导工作的意义。曾一度认为没有督导，围绕育人工程的学校教学管理、课堂教学、学生管理等方面工作，各院、系、教研室以及行政部门都会各司其职，周而复始有序进行，而督导员挂着牌走进教室那一刻，对老师和学生的印象是陌生和威慑，某种意义上充当了“课堂警察”的角色，正如武汉汽车工业学院副校长提到的，老师们背地里议论，要“防火、防盗、防督导”，反映了相当一部分人对督导工作意义的不理解。

（一）教育教学督导制度源远流长

翻阅历史，最早起源于17世纪美国马萨诸塞州的教师聘任和检查制度，为后来的教育教学督导制度奠定了基础。到18世纪，美国的学校督导组织和工作职责已经更加具体细化了。进入19世纪，法国、德国、澳大利亚、日本等发达国家的教育教学督导制度，都在改进质量、促进公平、提高效率、达到教育改革目标等方面起到了无可替代的作用。

我国的督导制度始建于1906年清朝末期，为适应国际教育事业发展的大趋势，从国民政府及至新中国成立后，都十分重视教育教学督导工作，尤其是在2020年2月，中央办公厅、国务院办公厅印发了《关于深化新时代教育督导体制机制改革的意见》，共28条，对于建成全面覆盖、运转高效、结果权威、问责有力的教育督导体制机制，产生了深远影响。

---

① 作者简介：李晓玲，1952年5月出生，女，研究生，高级政工师，研究方向为邓小平理论和“三个代表”重要思想。

（二）各高校的教学督导工作独具特色

伴随我国教育事业的发展，高校内部质量保障体系中的监督与评价系统，对促进教风和学风的提升，帮助教师更新教育理念、调整教学方式、提高教学效果都发挥着重要作用。因而各级各类大学相继成立了教学督导机构，进行有益的探索。

例如，上海大学、厦门大学、广州大学、长春理工大学、北京工业大学等高校，在相关培训会上所介绍的本校开展教育教学督导工作的经验可见一斑。同济大学教育质量保障体系有教育教学目标、教学资源管理、教学过程和教学质量监控四个系统，教学督导主要负责教学过程中的课堂教学质量监控与评价。清华大学教育质量保障体系有五大系统，即教学质量监控与保障系统、质量信息收集系统、质量评价与诊断系统、质量信息数据处理系统以及质量保障信息反馈系统，教学督导负责教学质量监控与保障系统的工作。辽宁建筑职业学院关于“职业教育智能化督导工作机制”等，都从不同角度反映了开展督导工作的具体做法与实效。

（三）OBE 理念对督导工作提出了新要求

伴随人类的文明进程，教育教学督导制度必将继续不断改革完善。当前，在以“成果导向教育能力、教育目标”作为标志的 OBE 理念，正是基于 20 世纪人造地球卫星由苏联抢先发射成功后，作为教育强国的美国，人们对其在科技方面的贡献及表现不满意，开始反思教育的实用性以及教育成果的重要性。在这个时代背景下，1981 年美国学者斯派狄（Spady）率先提出了 OBE 理念，被认为是追求卓越教育的正确方向，并以惊人的速度获得了广泛重视和应用。

国家教指委专家李志义在介绍 OBE 理念时，强调改变传统“教课”和“听课”的教学方式，提出要在教会学生学会学习上下功夫，他举例中国和美国大学生课后读书的时间和数量差距很大，指出中国大学生学习的自觉性远不如美国大学生，学校应该在“教学生有兴趣地学、会自学、非教而学会”上下功夫，从而达到预期目的。教育理念的更新必然呼唤督导工作要紧跟其后。

综上，教学督导制度有着悠久的国内外历史渊源，它是学校教学质量保障与监控不可或缺的重要组成部分。通过教育教学督导可以使领导机关掌握教育事业发展的实际情况，为决策提供可靠依据，并能起到协助基层改进工作，提高教育教学和管理质量的作用。

二、教学督导应该如何开展工作

为使学校教学质量保障与监控得到提升保证，作为教学督导，除了要具备高度的奉献精神、责任感、及时更新教育思想、敏锐的观察力和分析问题的能力、有以身作则的工作作风等基本素质外，督导工作的方式方法也要与时俱进。

（一）以诚相待，主动沟通

为缓解教师对督导进课堂时的紧张情绪，督导要将心比心，以平和虚心的状态面对听课对象。走进教室后，应主动到讲台前与任课教师打招呼，说明来意，咨询相关问题或核实人数等，使教师情绪松弛下来，缩小与督导的距离感。上课时，认真做笔记，相信有比学生还认真听讲的督导，教师讲课时心情会格外愉悦。下课后，应主动与教师交流，充分肯定其优点，诚恳指出不足，提出改进建议。让被听课教师视督导为自己的良师益友。

（二）牵线搭桥，传递信息

教学督导在听课过程中，会发现每位教师都各有所长，如果能够在课后交流时传递信息，会起到牵线搭桥、事半功倍的效果。有一次课后，笔者在与年轻的任课教师交流时，向她介绍并建议，不妨试一试把学生分组的方法。过了一个学期，有一天，这位老师兴奋地打来电话，告知采用分组的方式效果非常好，课程结束时，教室里响起了热烈掌声，学生们以此向老师表达满意的教学效果。具体做法是，老师按课程重点分 8 个专题，把学生分成 8 个组，每个组选择一个专题，组员分头查资料，交给专人汇总整理，做成课件，按教学进度在课上进行交流，老师讲评，各组长打分，作为每个组员的平时成绩。用这种方式组织教学，增强了学生们的团队意识、提高了其查找资料自主学习的能力，而学生们所查资料的数量和范围，比老师准备的资料还要丰富，因而师生均受益，起到了教学相长的满意效果。

这些年来笔者听过很多老师的课，发现能紧紧抓住学生注意力的课堂，都是老师课前准备了很多问题，课上最大限度引导学生们思考，这种方式很值得推广。

另外，一般课程都建有试题库，有的老师采用由学生参与的方式，修订充实试题库，即在课程即将结束进入复习阶段时，要求以组为单位在规定时间内，提交一套完整的试题和标准答案，最后由老师组合出期末试卷，这个过程，可以调动学生主动学习的积极性，达到会学、学会的预期目的。

（三）严格规范，一视同仁

教学督导在听课过程中，要关注教师“是否有活力、有激情，是否认真负责，是否以学生获得知识和学到技能为中心，内容导入的方法是否引人入胜、怎样循序渐进，教学手段是否有创新、哪些环节设计巧妙、有助于学生理解和掌握，哪些环节需要改进”等；关注学生“是否提前进入课堂、是否积极与教师交流、是否积极参与互动、回答问题是否正确、是否有创意”等；线上教学，关注授课教师“所处的环境是否安静、整洁，声音是否清晰，师生沟通是否顺畅，对平台各模块是否熟练使用并备有预案”等，这些都是督导评分的依据。

为提高教育教学质量，督导工作要坚持一视同仁、公平公正的原则，合理打分，实事求是撰写评语。

三、提升督导工作质量的建议

教学督导通过参与学科、专业培养方案修订过程，对课程实习、教学等环节进行实地考察调研，会发现教师教学、学生学习以及教学管理中存在的各种问题，获得各行政管理部门无法获得的第一手信息，通过对信息进行加工整理和评估诊断，以简报或会议形式提出相应的整改建议，会对相关部门决策提供参考意见，起到智囊团的作用。因此，督导组是一个特殊的群体，而在退休后（或兼职）受聘担任督导，对每个督导员来讲是一项全新的转岗，除了需尽快适应角色转换外，应尽快掌握督导的工作理念与方法，尤其是伴随 OBE 教学理念的不断深入，高校的教学督导工作将逐渐从“督”向“导”转变。由此可见，作为督导员必须有足够清醒的头脑，不断学习，努力做好所承担的教学督导工作。为此，笔者提出以下建议。

（一）树立全局观念，坚持业务培训

培训对于督导十分重要，分为“上岗”和“岗上”两部分。

首先，“上岗培训”。这对新督导十分必要，因为角色转换需要适应，通过培训，使新督导了解当前国内外教育形势、了解学校培养目标在北京经济社会建设中的特殊位置、了解督导工作的内容和方法，还可以参加所联系院、系的教学工作会议，了解相关专业培养目标、课程目标等，通过上岗培训树立全局观念。

其次，“岗上培训”。每位督导负责联系不同的教学单位，经常会遇到各种各样的问题以及好的教学典型，通过定期或不定期“以会代训”方式，大家共同交流，共同讨论，共同研究解决问题的方法，进而统一认识，向学校提交可行性措施建议。当前，针对新冠肺炎疫情防控期间的线上教学督导，有必要进行线上督导技术培训，以提高督导的工作能力等。

（二）建议修改听课评价表，使之更贴近实际

加大学生表现的权重，如学生迟到早退情况、听课专心程度以及抬头率、听课时座位分布集中靠前情况、课题或问题讨论的参与度、与教师互动程度等，注重从学生角度评价教师授课的水平，力求客观的效果评价。

（三）践行 OBE 理念，创新育人途径

从学校走出去的毕业生，必将成为社会建设的栋梁，为达到“使学生学会学习”的育人目标，逐渐改变目前很多大学生进入大学松口气的懈怠学习状况，进而使学生成为有担当、能担当的人才，建议创建一套完整的育人模式。

1. 入学时提交一份调研报告

具体做法：在给新生邮寄录取通知书的信封内，布置撰写一份社会调查报告的作业（自由命题、字数不限，要求真实数据和案例）。报到时提交，各学院收齐后可作为学生入学教育的素材，也可转交给“思想道德与法制”课程组，使任课老师清晰地掌握学生的文字表达能力和观察分析问题的能力。更重要的是提示学生，进入大学校门即进入了更紧张学习的新阶段。这个过程，可以看作是因材施教的基础性工作。

2. 培养学生爱读书的习惯

要求每个学生一个月（或规定时间）完成一份读书心得，具体做法：学生选择爱看的一本书，读完后撰写心得体会。由各班班长或学习委员负责，每个月召开心得交流会，择优交流。由于写作能力必将会影响学生一生，所以不分理、工、文学科（这一点是受美国某大学的做法启示）。

3. 跟踪往届毕业生，调研育人效果

为了检验学校的育人成果，各个学院定期或不定期应以座谈会或撰稿等形式倾听毕业生对学校教育教学的意见和建议，以此作为制定和改进未来育人方案的参考依据。

线上听课的几点感悟和建议

白荣凤[①]

摘要：笔者经过线上听课，了解到线上教学的优势、亮点、不足，提出教学改进方法。

关键词：线上教学；优势；不足；建议

春暖花开时节，在新冠肺炎疫情笼罩下的特殊时期，线上教学又重新开启。北京农学院从2022年2月28日线上教学开展以来，学院的老师们每天都在为上好网课而努力地工作着。他们借助于腾讯会议、雨课堂、中国大学MOOC、腾讯课堂、钉钉、新视野大学英语、微信群、学习通、课程中心、企业微信群等各种线上教学平台，有现场直播的、有录播的，采用各种教学方式，顺利完成了12周的教学任务。在全校教师的努力下，第四周线上授课平台方式汇总，共计893门（次）理论课搬到了云班课堂。很多教师为了使学生能够准确、快捷地掌握课程的知识点，熬夜录制视频，多方收集课程资料。教学资料准备充实，为后续建设线上优质资源课程，做了大量的课程资源储备，付出了辛勤的汗水。

经过这些天的线上听课、看课，笔者有一些心得体会，下面就和大家一起分享。

一、线上教学的优势和亮点

（一）优势

（1）线上教学可以不受地域和空间的限制。老师和学生只要通过电脑、手机就可以展开教学活动，解决了因新冠肺炎疫情防控而不能出行、聚集的问题，师生在家就可以完成教学任务。

（2）线上教学有利于整合优秀网络资源，提高教学内容的质量：网络资源丰富多彩，可以利用的教学平台多种多样，老师可以选择的范围很广，可以将优质的教学资源进行整合，从而得到最优化的教学效果。外语组的教师们刚开始采用的教学平台是新视野大学英语，这种教学平台是现成的教学课件，老师不用讲课，学生可根据自己的程度选择要学习的课文，学生的自由度比较大，学生学习的进度不统一，对于学生学习的重点、难点老师不能统一讲解，老师不用自己亲自讲课，老师就是答疑、检查学生的作业。经过一段时间的试用后许多老师感觉教学效果不是最佳的，所以又进行了整合，有的老师在此基础上又添加了腾讯会议、微信群、课程中心等，老师在腾讯会议平台讲课，在新视野大学英语答

---

① 作者简介：白荣凤，北京农学院退休教师，副教授，退休前任北京农学院基础教学部数学教师，现被聘为北京农学院本科教学督导。

疑、检查作业，这样一来，学生的学习进度可以统一了，学生可以在课程中心和老师互动，可以查看老师布置的作业、老师讲课的教案等，老师也可以亲自将要学生掌握的知识讲给学生。经过资源整合后使得教学效果比以前好多了。

线上教学史无前例，没有经验可循，老师们都是摸着石头过河，在教中学，边教边寻找好的方法和经验。

老师们为了取得好的教学效果，上一次课要用到两个或两个以上的教学平台，如腾讯会议＋课程中心、腾讯会议＋雨课堂、腾讯会议＋微信群、腾讯会议＋微信群＋课程中心＋新视野大学英语等，为了上好课他们想尽了办法、费尽了心思。

（3）线上教学内容可以回放，如果学生上课没有听懂或在直播时间无法参与学习，那么课后可以观看上课视频，学习所讲过的内容，将没有听懂或耽误过的课程重新补上，针对重要内容和不懂的内容可以反复听反复看，这样既给了学生一个自主学习的机会，又丰富了学生的学习方式。

（4）线上教学，师生互动方便，学生也没有线下那么紧张，可以将要问的问题打在屏幕上，老师发现后可以直接答复，老师提问学生直接连麦就可以，而且师生互动节省时间，尤其是集体提问。学生记笔记也方便，学生可以用截图、录屏等方式快速记下要记的内容。

（5）线上教学没有干扰。不管学生身处何方，线上有多少人，只要是自己安静地上网学习，就可以排除任何干扰，这对于那些自觉性比较强的学生来说，学习效率会更高。

（二）亮点

（1）线上授课逼着老师再学习新的知识并采用新的教学模式。这对老师来说也是一次新的挑战，老师有足够的知识储备才能迎接挑战。新的教学模式要求老师树立终生学习的目标，只有不断学习才能实现自身的可持续发展。

（2）线上授课，教师的教学资源储备拓宽了，尤其是课程中心的课件、作业、师生互动等内容更充实、更齐全了。笔者在检查中了解到许多老师在课程中心发通知、布置作业，课后答疑，也有老师将讲课的课件放在课程中心，以便学生查阅。

（3）线上授课，让学生由知识的被动接受者转向知识的探索者，让学生更具自主性、自觉性；学生可以根据自身的情况重点解决自己尚未掌握的知识，从而避免了以往课堂上已经掌握了知识的学生无事可做的被动局面。

（4）线上授课，学生回答问题的积极性要比线下高，回答问题也不影响老师讲课的进度。基础教学部教“线性代数Ⅰ”的教师甲讲课时经常是边讲边问，她问问题的同时学生就将自己的答案源源不断地展示在屏幕上，互动的学生数量也多，课堂气氛非常活跃。同时，老师还可以了解到学生的学习效果和听课状态，老师讲课的进度没有受到任何影响。

（5）学生出勤率高了，统计学生出勤情况也方便，老师不用一一点名，网上都有记载，同时督导听课也省事了，线下督导听课经常要统计学生的出勤情况，现在只要看平台的记载就可以了。笔者听了 31 节课，16 节都是全勤，其余出勤率都在 90％以上。

（6）学生更有礼貌了，当老师讲到精彩的地方时，学生会给老师献上一朵小红花或点赞，计算机学院教“数据结构”的教师乙和基础教学部教“线性代数Ⅰ”的教师甲的课都是在学生献小红花和点赞中结束的。下课时经常可以在屏幕上看到“老师再见”“老师辛苦啦”等字幕，这种场景在线下教学中是很难看到的。

(7) 老师检查学生的作业既快捷又方便。基础教学部教“线性代数Ⅰ”的教师甲和教“高等数学Ⅲ”的教师丙上课检查学生的作业时，每个学生都将作业展示在镜头前，谁完成了、谁没完成老师一目了然。

(8) 师生的互动交流频率增加了，师生的感情更加深厚了。虽然师生不能见面，但是只要有问题，就可以通过微信、课程中心互动等方式就可向老师去寻求解决问题的办法和答案。

(9) 线上教学可以培养学生自觉学习的能力和习惯。

二、线上教学存在的问题

(1) 线上授课，老师不能直接掌握学生听课状态，不能保证听课效率，尤其是对那些自制力比较差的学生，老师讲课时他可能在干一些与听课无关的事情。

(2) 线上授课，有时网络不佳、网络出现卡顿等现象都会影响学生的听课效果。

(3) 线上教学老师不能面对面地及时批改学生的作业。

(4) 师生缺少面对面的交流。

(5) 老师的工作量加大了。

三、建议

(1) 老师讲课时要出镜，给学生以亲切感。

(2) 老师制作 PPT 时尽量做得有吸引力，让学生体会到课堂的趣味性；争取让每个学生都能参与其中。基础教学部教“音乐鉴赏”课的教师丁的 PPT 制作精炼，图、文、音乐、视频相结合，给人以身临其境之感，看了其课件就像走进大自然，学生看（听）得聚精会神，当老师提问这是什么乐曲，乐曲中用了哪些乐器，乐曲中出现了什么动物的声音时，学生争先恐后地将答案一一展示在屏幕上，像这样有吸引力的课件学生上课是不会走神的。

(3) 在一节课的不同时段分别选择不同的教学形式，根据学生反馈进行选择，使课堂变得活跃而有序。外语教学部教“大学英语Ⅱ”的教师戊讲课时有激情，适时选用不同的教学形式调节课堂气氛，有领读、有练习、有提问、有点评、有练习听力，学生回答问题积极踊跃，互动频率高，课堂气氛活跃。教师戊要求学生回答问题时必须出镜，学生回答问题正确时老师表扬鼓励，和线下教学没有两样，学生的学习热情高涨，劲头十足，教学效果极佳。

(4) 互动少的或不互动的老师，应尽量增加互动。如果学生长时间听课看视频，缺少师生互动，即便老师讲得再绘声绘色，但学生看久了也会产生疲倦心理或注意力不集中，甚至脱课，教学效果也会大打折扣。所以，老师在讲课时要适时穿插一些问题提问，与学生互动，以便随时掌握学生的听课状态和听课效果，调节教学节奏，这样才能使教学效果得到保证。

(5) 线上授课要有应急预案，做到未雨绸缪、有备无患，使教学能够顺利进行。基础教学部讲“高等数学Ⅲ”的教师丙在线上教学期间，应急预案准备得当，遇到问题心中有数，稳而不乱，保证了课堂教学有序地进行，线上教学资源得到了充分合理的利用，做到了有备无患。

线上教学是教学新模式，也是未来的方向，尽管有很多不足之处，但经过老师们对网上资源的不断整合和逐步改进，教学效果教学质量正在逐渐提高。

教学质量是学校的生命线，督导工作任重而道远，所以要精益求精，顺应时代的需求，严格把好教学质量关，使学校的教学质量能够稳步提高。

教学督导感悟与建议

张子安

内因和外因

在教学活动中，学生是主体、是内因，老师是主导、是外因，内因通过外因而起作用。金一南在《苦难辉煌》中写道："人类的精神一旦被唤起，其威力是无穷无尽的。"如何培养激发唤醒学生的学习热情、学习兴趣，也是学校时刻关注的课题，"玉户帘中卷不去，捣衣砧上拂还来"。

线上教学不是始于新冠肺炎疫情，电视大学早已有之。在我国，通过"五大"，即电大、职大、业大、函大和夜大教育形式取得成人高等学历证书的大有人在。他们不脱产，边工作边学习，还要关照家庭等，非常辛苦，其中不乏一些优秀人才，许多精英都有这样的学历背景。

社会发展到今天，"互联网＋"创造了非常丰富的学习形式，不是单一的电视教学所能比拟的，但是我们要引导学生学习他们坚持不懈、克服困难、锲而不舍、咬定青山不放松、不达目的誓不罢休的学习精神。

我认为现在热议的课程思政，应该着重学风建设，培养学生家国天下的人文情怀，为中华崛起而读书。

共性和个性

（1）教学要有自己的风格特点，五颜六色的花才最美。非刻板的、教条的和形而上学的。从哲学的意义上说，这是一个共性与个性、普遍性与特殊性的关系。共性普遍性寓于个性特殊性之中，个性特殊性又受共性普遍性制约，形成各自的教学风格和特点，是个性特殊性。通常意义的教学活动是共性、普遍性，而开展的教学观摩和各类教学比赛就是个性特殊性。一般意义的教学要求，譬如小结归纳回顾、例题习题的选择，甚至板书的灵活运用是共性普遍性，在这个基础上形成个性特点风格，共性寓于个性之中。

（2）共性是相对的，个性是绝对的。人们主要靠自己的专长特长为社会服务。无视个人的社会不会繁荣，无视社会的个人无法生存。我们希望老师在教学工作中不拘一格有所创新，突出学生的个性化培养，挖掘和发挥他们的潜能。

教材和笔记

学生上课要有教材要做笔记，应该作为一项硬性要求写入课堂管理规定。回归初心，回归理性，继承发扬好作风好传统好经验。

听课检查过程中，发现有些课堂学生既没有教材，又不做笔记，手机拍照课后也很少进行整理，课桌上空空荡荡，听课学生无所事事手足无措，没有学习氛围。为此调查询问学生上课没有教材又不做笔记。复习考试怎么办？大部分学生都会说，按照老师划定的范围，分工在网上或通过其他渠道收集答案汇集后复习迎考，课前预习、课后复习以及平时作业敷衍应付，学习效果大打折扣。任课教师反映说，教材原来是统一购置，统一发放，后来又改为由学生自主选择，现在也不知道如何要求，索性继续由学生自己定吧。

大学四年，一本书和笔记都未留下，遗憾可怜。如果学生不使用教材，学校的教材建设也是一句空话，严重影响教育教学质量。

建议将使用教材和课堂做笔记与平时成绩挂钩，增大考核力度。教学管理部门也应该加强教材管理工作，为师生提供方便。

毕业论文（设计）答辩

参加历届的毕业论文（设计）答辩检查，总的感觉是存在的问题比较多，状况堪忧。形式上虽然都按学校规定成立了答辩小组，但是部分小组教师所提的问题仅仅局限于论文的形式，英文摘要、参考文献等，很少能深入论文内容。这反映出答辩前教师没有深入了解分析学生论文（设计）。有的答辩小组为了赶进度，随意压缩时间，答辩流于形式。学生有穿拖鞋短裤入场的，大部分照本宣科应付差事。

针对上述状况，提出以下建议：一是实行末尾淘汰制，即规定优秀率的上限，也实行末位淘汰制，成绩应符合正态分布。建议学校依据校情处理好学生毕业率同就业率的关系，保有一定的淘汰率，建立操作性强的重修重考制度，形成更好的学习风气。二是答辩过程中不能再出现方案类的错误，如果出现应问责指导教师。三是严格答辩程序。每个学生汇报完毕后，老师提 2～3 个问题，学生下去准备，答辩继续进行，规定时间到了后再上来回答问题。保证答辩工作的严肃性，同时也督促教师答辩前阅读学生论文（设计），否则针对学生论文（设计）很难提出有深度的问题。四是严格答辩小组分工。小组秘书不仅要协调教师和学生的答辩活动，更应该记录好答辩中问答的内容，这个记录是非常重要的教学工作的原始记录，教学评估这些既是支撑材料更是评价教学工作的重要依据。

认真上好第一节课

每门课都是人才培养方案的重要组成部分，都是实现培养目标不可或缺的要素。上好每门课的第一节课尤其重要。为此，笔者先后重点听了北京农学院植科学院和生资学院张国庆和赵汗青两位年轻教师的第一节课。他们两人都非常重视上好第一节课。他们课上用了一刻钟的时间，首先介绍了课程的考核方式，期中期末考试成绩占比，平时成绩所含的内容，互动教学，教材纠错加分，以及不带教材、不做笔记扣分。其次介绍了中外文参考书。包括这些书的特点、出处、作者和买（借）书渠道，以及所使用的教材特点变化，引导学生探索性研究性学习。再次介绍了与课程相关的第二课堂，大学生科技节，以及各类竞赛等隐性课程。此外，还介绍了课程的重点难点和学好课程的体会。

我感到这一刻钟是十分必要的，为上好这门课开了个好头，做好了铺垫。学生也从老师的态度感受到了学好课程的必要性，并做出相应的计划安排。

上课大如天

进一步强化全员质量意识，不断提高学校的教育教学质量，将质量标准落实到教育教学各环节，唤起每个“主体”的质量意识质量责任，将质量要求内化为学校的共同价值和自觉行为。这不仅是教学和教学管理部门的事情，也是全校各职能部门和所有教职学工的头等大事。

在督导检查的过程中，经常会发现这样的现象：尽管学校三令五申，还有相当多的学生将吃食毫无顾忌地带进教室，特别是上午第一、二节课尤甚。还有就是教师正在上课，突然走进来一些学生，一问才知是老师找谈话。诸如此类，不一而足。这些问题上课教师要管，辅导员班主任要管，职能部门要管，学生所在的院系也要管；平时要管，教学评估期间更要管。上课大如天，谈话选派志愿者等，都要以不影响教学为前提条件。

人才培养方案修改制定点滴

人才培养方案的讨论修改制订是学校工作的一件大事，特别是学校刚刚经历了审核评估，正在按照专家的意见建议进行整改。此前教育部还颁布了“专业建设国家标准”以及新农科建设等指导性文件，许多学校正在积极主动进行工科国际认证的大形势下，2020版人才培养方案修改制订的工作意义凸显。

有鉴于此，建议各学院应进一步充分讨论研究补充完善各自的方案，让每位教师都清楚各自所教授的课程在人才培养体系中的作用，更多地倾听业内专家的意见，包括大专院校科研院所和企业的专家，各学院教指委要严格把关，不留遗憾或少留遗憾。同时，建议学校党委围绕“人才培养方案”的修改制定，再一次开展教育观念大讨论，提升学校的人才培养水平。

在修改制定的过程中，对于一些学习难度大的课程是否保留的标准是后续课程的需要和人才培养方案的要求，而不是由学生学习难度决定的。“理论力学”和“材料力学”等课程，学不好挂科的人多，但是这些具有挑战性的课程又恰恰是设计类、食品机械类专业的重要课程，删掉这些课程是上述专业人才培养方案的重要缺憾。笔者听课过程中发现，由于删掉了这些难度大的课程，使得一些后续课程，比如材料结构类课程处于十分尴尬的境地，补充相关的力学知识学时不允许，不补充又很难讲下去。因此，建议课程及课程中的重要内容的删减一定要经过充分论证。

此外，要重视对系主任的培养培训工作。系是教学组织最基本的单位，直接影响学校的教学质量。人才培养方案的修改制订工作，都是系主任挑头在做，对于年轻的系主任来说，他们所遇到的问题是前所未有的，他们需要更多的理解、指导和支持。师资队伍建设应该对系主任这个特殊群体予以倾斜。

毕业实习

学生的毕业论文（设计）实习，不应该将学生限制在实习单位单一的工作岗位上。实习单位当然希望这样安排，这是因为学生工作熟练后可以顶岗为其产生效益。为此，一是要做实习单位的工作，对他们讲清楚实习的目的，大学的实习同技校和高职是不同的。大学的实习目的是开阔学生的视野，全面熟悉管理、生产和生产工艺等各个环节，培养应用性复合型人才，而不是一个岗位的熟练工。二是指导教师一定要熟悉学生的情况，重视学生实习和论文（设计）准备的每一个环节。并定期要求学生汇报实习、论文写作或毕业设计的情况，给予必要的批评指导，保证实习和论文（设计）的质量。

教学科研社会服务

从一定意义上说，教学科研社会服务是并行不悖、相互促进、相得益彰的。其所从事的科研社会服务工作通常都与其学科专业相关。我们都有这样的体验，一门课讲一遍比以其他方式学十遍收获还大、还通透，对科研的促进推动是巨大的。文学创作需要灵感，电光石火，自然科学也一样，科研工作的许多想法和顿悟，又可以丰富教学工作。处理好这三者关系一定会不断带来累累硕果。

教务思考篇

应用型本科院校线上教学质量监控与保障的实践和探索

吴卫元①

摘要： 在新冠肺炎疫情常态化防控的背景下，国内高校线上教学大规模推进。本文以北京农学院为例分析了线上教学的现状，介绍了北京农学院在线上教学制度建设、条件保障、联动机制、评价和反馈等方面的实践探索，并从加强教学质量监控的信息化建设、强化教学管理和教学督导队伍建设、推进线上教学"金课"建设、深化线上教学质量文化建设四个方面提出提升线上教学质量的具体建议，以实现线上教学与线下教学同质等效。

关键字： 线上教学；质量监控与保障；教学评价；质量文化

人才培养质量是学校的生命线。受新冠肺炎疫情影响，各高校按照教育部"停课不停教""停课不停学"的要求，结合实际情况开展了线上教学，使线上教学得以大规模推进、发展。2020 年，教育部高教司司长吴岩在教育部新闻发布会上表示："我们再也不可能、也不应该退回到疫情发生之前的教与学状态，因为融合了'互联网＋''智能＋'技术的在线教学已经成为中国高等教育和世界高等教育的重要发展方向。"虽然线上教学不受空间和时间的限制，但对教师的教学方式提出了不同于线下课堂的新要求，同时对学生的自律性要求也很高，因此如何保障线上教学的教与学质量成为中国高等教育面临的新难题。在此背景下，本文拟以北京农学院为例，分析线上教学的现状，力图探索线上教学质量提升的具体对策，以保障线上教学质量稳步提升。

一、线上教学的现状

1. 线上教学面临的问题

线上教学是远程教育的一种形式，它跟传统的以师生面对面直接、实时、连续互动交流为主要形式的线下课堂教学有本质上的不同。由于时空分离，教师与学生沟通、互动困难，且线上授课时容易出现网络崩溃、延时、卡顿甚至中断等现象；另外，部分教师的信息化教学能力不足，课程资源也存在不足等，因而线上教学的师生满意度并不高。可见，线上教学并不能简单照搬、沿用线下课堂的教学方式、教学安排，这就给教师带来了很大的挑战和压力。此外，教师还需提前准备应急预案，以在网络平台出现故障时能即时切换

① 作者简介：吴卫元，1982 年出生，女，硕士研究生，助理研究员，主要研究方向为高等教育研究与管理。

到应急模式。

2. 线上教学资源不足

教学资源是线上教学的基础。新冠肺炎疫情防控期间，北京农学院于2022年春季学期共开设各类课程1 100余门次，开课率为100%。北京农学院使用的线上教学平台主要有清华在线教育综合平台（课程中心）、腾讯会议、雨课堂、智慧树、腾讯课堂、微信群、钉钉、学习通、云班课、中国大学MOOC等。但从授课方式来看，90%以上的课程均采用了“视频直播+PPT”的形式，仅有少数课程开展了混合式教学。统计各类平台上所开课程的相关数据，本文研究发现北京农学院在2022年春季学期共引进校外优质在线课程43门、自建课程47门，存在课程资源针对性不强的问题。

3. 线上教学质量监控需要进一步完善

为保障线上教学平稳、有序地进行，线上教学质量监控应涵盖课前、课中、课后等全过程环节，确保授课教师能够按照课表安排和授课计划顺利完成教学任务。对此，线上教学质量管理人员应不断提高信息化技术应用水平，熟练操作不同教学平台，实时切换听课，全面查看授课教师的教学状态和教学过程，且在课后及时填报《线上教学评价表》，对课上存在的问题提出改进意见和建议，并及时反馈给各学院及教师本人。据此，教师总结、归纳线上教学的经验与不足，挖掘线上教学的亮点和特色，针对存在的问题提出下一步的改进措施等，将有助于提高线上教学的质量和水平。

4. 督导方式需进一步改进

目前，教学督导力量淡薄，教学督导方式单一，主要以督为主，“督”多“导”少。常规督导针对课堂教学过程的督导和检查多，缺少专项督导和专项调研。为进一步完善线上教学质量监控体系，构建多渠道教学督导信息反馈机制，保障并提高教学质量，高校应加强对线上教学各环节的质量监控，教学督导工作应坚持督导结合，以“导”为主，以“督”为辅，将“督”的压力转变为教师改进教学的动力。从“督教”为主逐步向“督教”“督学”“督管”三位一体职能转变，引导授课教师遵循“以学生为中心、以成果为导向、持续改进”的教学理念，创新教学方式、方法，确保线上教学工作取得实实在在的育人成效。

二、线上教学质量监控与保障的实践

线上教学实施以来，北京农学院不断从加强线上教学制度建设、强化条件保障、完善质量监控联动机制、优化教学评价与反馈等方面进行探索，旨在保障线上教学效果。

1. 不断加强线上教学的制度建设

结合学校特点，科学做好线上教学的顶层设计。2022年春季学期，学校先后发布了《关于做好2021—2022学年春季学期开学本科教学工作的通知》《关于学生未返校期间本科教学工作安排的通知》等文件，对线上教学期间课程教学、实践课程、退补选课与重修、转专业及学籍异动等教学工作做了具体的安排。除了常规的课程建设、实践教学管理、考务管理、学籍管理、教学运行管理、教学质量监控等覆盖教学管理全过程的管理制度外，学校还制定了《在线开放课程建设与管理办法》《线上教学管理规定》等文件，规范在线开放课程的建设和管理，以及师生线上教学的行为。鼓励广大教师利用本校在线课程资源，同时结合国内外优质课程资源，实施翻转课堂、线上线下相结合的混合式教学，在教学过程中真正实现以学生为中心。鼓励引导教师更加有实效地进行线上教学，坚决杜绝只下发材料安排学生自习、只播放线上资源，不跟进学生学习效果、只布置作业不批改不纠错等情况。要求学生必须尊重教师、认真听课、文明发言、按时完成作业，充分利用优质网络资源开展自主学习和深度讨论。

2. 不断强化线上教学的条件保障

线上教学的正常开展，首先要加强硬件配置和信息化建设。北京农学院通过维护和升级“在线教育综合平台”（课程中心）的服务器和操作系统，与学校企业微信对接，使师生通过手机端也能使用该平台，并解决了该平台内网网速过慢、卡顿和用户量过大等问题。同时，通过组建“北农在线教育”微信群，提供 7×24 小时“云服务”，为线上教学保驾护航。

此外，北京农学院还支持并帮助教师使用雨课堂、腾讯课堂、中国大学 MOOC 平台、学习通和智慧树平台上的优质在线资源，采用翻转课堂模式开展线上教学。为了提高教师的现代教育技术水平，提升其线上教学能力，使教师能迅速切换到线上教学工作模式，北京农学院连续组织了专题讲座，邀请“在线教育综合平台”、雨课堂培训部的技术人员进行专题讲座，不仅有效帮助了校内教师迅速熟悉并掌握在线课程建设方法、在线教学、混合式教学等多种教学技巧，而且帮助校内教师提升了在线教学能力。

3. 持续完善质量监控的联动机制

为推进线上教学各项工作顺利开展，北京农学院各级管理部门协调联动，通过以学校、学院、系为主体的三级督导体系，利用在线课堂可以“随机入场”的优势，开展线上教学检查和督导工作，确保教学“形式有变化、质量有保障”。

具体来说，在教学管理方面，北京农学院组建了由校领导、教务处、二级学院教学副院长、系主任、教学秘书组成的校、院、系三级本科教学管理队伍；在评价方式方面，北京农学院构建了领导评价、督导评价、同行评价、学生评价四位一体的教学质量评价机制，对线上教学开展全员、全方位、全过程的常态化管理。通过不定期地对线上教学进行抽查，定期发布教学检查工作通报，各学院（部）根据工作通报开展自查和整改工作，充分发挥教师的主观能动性进行教学设计，多措并举、最大限度地提升线上教学的效果和质量。

4. 不断优化线上教学评价和反馈

线上教学与线下教学的平台、模式不同，故教学评价指标也应有所差别。然而，目前很多高校尚未对线上教学、线下教学的教学质量评价指标进行区别对待。基于此，北京农学院提出的线上教学评价指标从教学组织、教学内容、教学方法、学习效果四个方面去考察，查看课前准备是否充分，选用的网络平台能否保证特定的线上直播、录播、讨论、答疑和校外资源等教学形式的顺利开展，并做好相应的预案，查看 PPT、视频和音频等制作质量；课堂组织实施能否按照课程大纲和教学目标选用优质的教学资源，丰富网上课堂教学；不拘泥于传统教学思维，强化过程化教学考核、突破应试化考核方法，无缝融入课程思政元素，准时上下课等。

值得一提的是，由北京农学院各级领导干部、校院两级本科教学督导组等组成的教学质量管理队伍深入了解线上课堂教学的实际情况，对教学内容、教学组织、学生学习风貌等进行全面评价，以把好线上教学的“质量关”。新冠肺炎疫情防控期间，北京农学院还升级了教师教学投入与教学质量评价系统，并将系统部署到学校企业微信端，使教学评价不再受时间和空间的限制。

三、线上教学质量监控与保障的建议

在当前面临的新冠肺炎疫情常态化防控背景下，各高校应根据线上教学的现状和实践探索，结合教育部推进线上教学的发展愿景，深入开展研究，从质量监控的信息化建设、队伍建设、课程建设、质量文化等方面规划未来线上教学发展方向。

1. 加强教学质量监控的信息化建设

互联网的快速发展促进了信息技术与教育教学的深度融合，教学质量监控与评价手段也日益信息化、智能化。然而，笔者综合分析多所高校教学质量监控方面的相关文献后发现，信息化建设仍然制约着教学质量监控与信息反馈体系。目前，在教学评价方面，90%以上的高校仍然采用传统的纸质版评价方式，评价内容只限于课堂教学质量评价的范围，且评价结果信息存在反馈不及时、共享不到位等问题。因此，高校亟须建立一套利用现代信息技术、基于课程教学全过程、实行全员评价且评价结果能全面且准确地反映教师教学水平和课程教学的线上教学质量监控与评价系统。

2. 强化教学管理和教学督导队伍建设

学校各级教学管理人员和教学督导团队是高校教学质量监控的主要实施者。建立健全分工清晰、职责明确的学校、学院和系三级教学质量组织管理体系，各级教学质量组织管理者上下联通、各司其职，才能有力地维护教学质量保障体系的有效运行。高校不仅要重视教学管理干部的进修和培训，提升教学管理的专业化水平，还要选拔在教学方面有经验、有造诣、懂管理的人员组建高素质督导团队，并积极聘请行业、企业专家加入学校本科教学督导组，落实教学评价在教师晋升、绩效和评价方面的结果运用。

3. 推进线上教学“金课”建设

课程是教学“新基建”的重要组成部分，而线上“金课”是具有“两性一度”（即高阶性、创新性和挑战度）的精品慕课。大力推动线上教学“金课”的建设、使用和学习，是提高人才培养质量的重要方法。高校教师应将信息技术与教育理念、教学方法和教学内容深度融合，积极探索如何充分发挥信息技术在提高课堂教学质量方面的积极作用，提升智慧教学能力，推动课程教学改革创新，以线上线下混合式一流课程建设为抓手，推进线上“金课”建设。

4. 深化线上教学质量文化建设

在高等教育的高质量发展时期，加强质量文化建设尤为重要。质量文化是指全体教师具有根植内心的质量意识、无须提醒的行为自觉、课后常态的理性反思、言行举止的自我约束和追求卓越的持续改进。线上质量文化建设是线上质量保障体系建设的灵魂。线上教学质量文化建设要深入课堂，挖掘线上教学的亮点，提供有推广、借鉴价值的优秀教学案例，以便教师取长补短、学习借鉴。此外，高校可以通过开展线上教学创新大赛、线上教学优秀案例征集等活动，通过官方网站、公众号等宣传与分享线上教学课程教学案例，组织线上教学相关培训和观摩活动，为广大教师提供交流互动平台，有效推广先进教学理念和优秀教学方法。

四、结语

线上教学任重而道远，教学质量监控与保障工作顺利进行关系到学校教育教学水平和人才培养质量。相关教学质量管理部门要积极探索新冠肺炎疫情常态化防控背景下以及“互联网＋”形势下如何做好线上教学的保障。授课教师要把线上教学工作当作一次挑战，不断反思自己的教学方式方法、问题与不足，进一步提升教学能力和水平。

参 考 文 献

汤鸣，刘宁，王美丽，2019. 应用型本科院校教学质量监控与评价网络平台的构建［J］. 教育现代化（79）：127-129.

薛茜，安颖，乔坛，2021. 新常态下高校线上教学质量监控与保障体系的构建：以西安理工大学为例［J］. 西部素质教育（21）：3.

赵通林，路增祥，徐振洋，等，2021. 疫情期间线上教学质量保障与实施效果［J］. 中国冶金教育（1）：3.

高校“教学过程质量管理中轴体系”的构建与实践

王冠愚[①]

摘要： 质量保障是本科教育体系中至关重要的一个环节。过程管理是质量管理的关键所在。本文以北京农学院的做法和经验为出发点，全方位分析教学过程的主客体作用，以学生发展需求为轴心，以督导综合评价为手段，以社会建设动能为标准，以教学过程结果为目的，论述了高校“教学过程质量管理中轴体系”的构建与实践，为高校教学质量管理和保障探索了一条有效的新路径。

关键词： 高等教育；质量管理；中轴体系

教学质量是高等学校的“生命”和“灵魂”。本科教学工作是实现和保证教育质量的基本途径和有效形式。随着我国高等教育规模的不断扩大和教学改革的不断深入，高校教育质量问题已越来越引起社会各界普遍的关注和重视。高校“教学过程质量管理”需要全方位分析教学过程的主客体作用，有效构建高校“教学过程质量管理中轴体系”。

一、以学生发展需求为“教学过程质量管理”的轴心

高校教学过程，是按照教学目的和要求，引导促进并控制学生知识和能力发展的过程。在这个过程中，尽管教师与学生互为主体，但是作为接受知识的动态人群——学生，必然是研究的重要主体人群。按照心理学的需求理论，学生的发展需求直接影响其学习热情，而学生的学习热情又作用于其学习方法，同时，这一切又将直接影响高校的教学质量。

研究、探讨学生的发展需求，调动学生的学习热情，引导学生从自我发展需求出发，将被动型学习转化为主动追求型学习，从而保证并促进教学质量的有效提升。因此，“教学过程质量管理中轴体系”的构建，必须以学生发展需求为轴心。

来自芬兰的瑞典语经济与管理学院的克里斯廷·格罗鲁斯（Christian Grönroos）教授认为，服务质量从本质上讲是一种感知，它是顾客的服务期望与实际服务经历的比较。根据格罗鲁斯教授的观点，高校教学质量应该是典型的学生感知质量，是大学生在科学知识、技术能力、社会认知等方面的改观质量。大学生对科学知识、技术能力、社会认知几方面的满意程度取决于学生的预期希望同实际教学水平感知之间的比价。如果学生对教学

① 作者简介：王冠愚，1985 年 2 月出生，男，助理研究员，主要研究方向为高等教育研究与管理。

的感知高于预期，那么他们就会满意；相反，如果对教学的感知低于预期，那么学生就不会满意。

近年，北京农学院各级领导，一方面从思想意识入手，端正学生积极进取的学习态度，一方面加强制度管理，满足学生的个性发展需求。学生可以根据自己的学习内容需要、未来发展需要、能力提升需要在一定范围内选择课程和学习方式，从而有效发挥了学生的主观能动性，提高了学习的积极性。

为了服务和保障学生的自主学习，北京农学院还建立了本科生导师制。导师负责指导学生制定个性化学习方案、学习计划，选择实习方向，完成论文设计。在这个过程中，教师与学生实现了主客体的转换，实现了教学过程中教与学的关系转换，实现了管理者与被管理者的转换。

为了有效确保以学生发展需求为“教学过程质量管理轴心”，北京农学院建立了学生教学管理信息统计员制度。统计员及时记录统计教学过程中的课堂教学秩序、教师讲课内容方法、课程安排设置、教学教材选用、教学必备条件、考核考试制度等方面的经验、问题。学生教学管理信息统计员制度对北京农院提升教学质量起到了较好的促进作用。

二、以督导综合评价为“教学过程质量管理”的手段

教学督导旨在促进教师的成长和发展。教学督导不仅是学校教学质量保障与监控体系的重要组成部分，同时是我国教育法规定的一项基本制度。实践证明，高校教学督导的综合评价是“教学过程质量管理”的重要手段，是加强高校教学管理和教学质量监控，强化校风、学风和教风建设，促进教学质量和教学水平改善，实现教学目的的一个极好方法。

高校教学督导是一项相对复杂的工程，不仅需要法律法规与体制机制的保障，更需要思想理念的铺垫与制度原则和实施方法的支撑。高校教学督导应包含两个层面，一是“督教”，就是对教师的教学进行监督和指导，重点是对教师的课堂教学进行督导，对教师课堂教学质量、效果进行检查和评估。二是“督学”，即对学生的学习活动过程及学习结果进行全方位的督导。

北京农学院在督导工作与督导队伍建设中开创了一条特色鲜明的道路，构建了以提升教育教学质量为目标，以强化督导队伍建设为基础，以全面督查本科教学为手段，以精准指导教育教学为重点的督导体系；形成了“强化队伍建设、紧抓关键环节、坚持严督实导”的督导工作机制；践行了以督导综合评价为“教学过程质量管理”的有效手段；实现了督导内容与方式的逐渐完善，督导监控体系与制度的闭环管理，督导精准反馈与指导的逐步规范。北京农学院督导工作在规范本科教学活动、培养青年教师、完善教学质量监控与综合评价等方面发挥了重要的作用。

具体做法主要有以下几个方面。

第一，培养专兼职结合的督导队伍，不断提升督导人员基本素质，根据督导人员学科专业背景及相关能力匹配督导对象。

第二，开展全方位的督教、督学、督考、督管、督业，实行“一条龙”督导。

督教：包括教学理念、教学方法、教学技术、教学内容、教学过程、教学档案、教学效果等方面。

督学：包括学生课堂听课状况、教室及图书馆利用状况、学生参加第二课堂状况、学生实习状况、学生掌握专业知识状况、学生技能提升状况、学生素养养成状况、学生三观认知状况等方面。

督考：包括考试内容、考试方法、考核标准、成效反馈、总结提升等方面。

督管：包括管理理念、管理方法、管理技术、管理成效、管理过程、管理满意度等方面。

督业：包括培养目标与培养效果的达成度，办学定位和人才培养目标与国家和地方经济社会发展需求的适应度，教师和教学资源条件的保障度，教学和质量保障体系运行的有效度，学生和社会用人单位的满意度等方面。

第三，根据督导综合评价与诊断定位，分析、把脉教师教学、科研发展的基本状况，定向把控一线教师发展趋势并给予教师针对性指导与帮扶。

第四，通过督导的全面信息反馈，多层次、全方位推广优秀教学经验、优秀教师形象、优秀教学成果。

北京农学院的督导工作促进了教师及其教学的平衡有序发展，督导队伍本身亦成为教师、教学发展的示范者和引领者。

三、以社会建设动能为“教学过程质量管理”的标准

社会发展的基本动能是人力资源。高等教育是人类社会所特有的培养高品质人才的一种实践活动，当代社会人才的发现与培养基本取决于高等教育的教学水平。因此，高校的教学质量要以为社会提供合格、优秀的人力资源为质量评价标准。

高等教育的主体是学生，由此决定了高等教育的产品生产、服务功能具有社会功效性的特点。从价值需求的视点看，大学生的发展实践行为是从现实社会需求与自我发展结合出发的。如何引导学生向社会期望方向前进，依从社会发展价值取向发展自我，是“教学过程质量管理”的重点。

北京农学院“教学过程质量管理”标准以社会建设动能需求，社会多层次、全方位需求来定位，让标准具有社会主体价值观定向，社会政治、经济、文化综合发展定向，社会多层次需求定向。

北京农学院在制定督学、督教标准上，从宏观质量标准入手，从社会发展需求角度出发，不断追求，力争达到以下水平：符合目的、满足需求，综合发展、效能为先，国际标准、学校特色，重点突破、追求卓越。

高等学校教育质量，不仅来自教育系统内部对师资教学水平、课堂质量、学习成就、满意度等方面的评价，还必须有来自劳动力市场对毕业生各方面表现和素质的评价，有来自社会成员或家庭成员对学校教育的评价。

我国高等教育质量标准“五个度”就是依据社会标准提出来的。五个度包括社会需求适应度、培养目标达成度、师资和条件保障度、教学和质量保障有效度、学生和社会满意度。其中，社会需求适应度、培养目标达成度、学生和社会满意度基本是围绕社会需求提出来的标准，或者标准中带有强烈的社会需求评价色彩。

社会实践、社会标准是检验高等学校办学水平和教育质量的重要标志。在督教、督学

过程中，学校必须高度重视社会发展与社会需求标准，充分发挥社会对高等学校教学质量的反馈和监督作用。

以社会建设动能作为“教学过程质量管理”标准，可以更好地加强和改善学校各级领导、各级行政管理部门对学校教学工作的管理；推动各级行政主管部门重视和支持学校的教学工作；促进各级各部门不断改善办学条件、加强教学基本建设。

深化教学改革，提高教学管理水平，建立学校内部质量保障体系，形成自我约束和自我发展的机制，不断提高教学质量和效益，是实现高等学校可持续发展的关键一环。

四、以教学过程结果为教学过程质量管理的目的

格罗鲁斯认为，服务质量应分为两部分：一是技术质量，即结果质量；二是功能质量，即过程质量。美国学者比特纳（Marry Jo Bitner）又在此基础之上，增加了服务环境组合质量（serviscape quality）的概念。根据格罗鲁斯和比特纳的观点，结合北京农学院多年教学过程质量管理实践，笔者认为，高校教学质量管理重点在于“教学过程质量管理”，而教学过程质量管理应该包含以下四个组成部分。

一是高校物质环境整体组合架构质量，包含学校物质设施、环境设施。二是高校人文环境整体组合架构质量，包括师资队伍建设、管理干部队伍建设、学生精神面貌建设。三是高校教学环境整体组合架构质量，包括教学过程质量、学生学习状态，这是高校全体教职工与学生在交融过程中摩擦出来的质量火花。四是高校社会环境整体组合架构质量，这是学校社会知名度不断增长的质量。

当代社会，高等教育比任何时候都密切关系着一个国家的发展质量。提高高等教育质量是立足我国现代化建设阶段性特征和国际发展潮流而提出的深刻命题，是当前高等教育改革发展最核心、最紧迫的任务，是高等教育发展的生命线。因此，重视高等教育质量、提高高等教育质量已然日益提到高校建设与发展的重心性议事日程。正如日本学者矢野真和所说，高等教育正从数量的时代向质量的时代转换。

第一次工业革命后，马克思在《共产党宣言》中是这样评价当时社会发展的，“资产阶级在它不到一百年的阶级统治中所创造的生产力，比过去一切世代创造的全部生产力还要多”。是什么推动社会如此快速发展？是科学技术，科学技术是第一生产力。科学技术靠的是教育、是高等教育。

北京农学院正是立足“质量第一”的理念，以教学过程结果为教学过程质量管理的目的。从某个角度上说，教学过程结果可以代表学生的整体质量水平。为此，北京农学院在“教学过程质量管理”上力求做到理念创新、管理模式创新、资源组合创新、产学研用创新，有效构建了富含都市农林特色的“教学过程质量管理中轴体系”。

高等教育是一个生产、传播、应用与发展高精尖知识与技能的阵地。从这个意义上讲，把北京农学院打造成以“教学过程质量管理”为中轴，为社会全面发展创造崭新社会动力，以创新驱动创造的现代高等农林院校是北京农学院始终坚持的办校理念和发展目标。

参　考　文　献

克里斯廷·格，2006. 服务管理与营销（第二版）[M]. 韩经纶，译. 北京：电子工业出版社.

潘懋元，肖海涛，2007. 现代高等教育思想演变的历程——从 20 世纪到 21 世纪初 [J]. 高等教育研究 (8)：6-11.

石中英，2007. 教育机会均等的内涵及其政策意义 [J]. 北京大学教育评论 (4)：75-82，185-186.

宋文红，2013. 中国高校督导制度探究 [J]. 新疆师范大学学报（哲学社会科学版）(6)：101-108，2.

孙国友，2015. 我国高等教育质量政策价值取向研究——基于《关于全面提高高等教育质量的若干意见》及其配套政策文本分析 [J]. 高教探索 (1)：39-42.

王铭，2016. 我国高等教育质量标准“五个度”的分析、评价与操作化研究 [J]. 高教探索 (11)：21-26.

杨宁，2018. 高校质量管理体系若干问题探讨 [J]. 经济研究导刊 (36)：176-177.

北京农学院基层教学组织现状及其质量监控思考

宋迎迎[①]

摘要： 本文以北京农学院为研究对象，总结了该校基层教学组织运行现状，认为基层教学组织建设存在管理落后、功能薄弱、职责不清的问题，并对其基层教学组织建设的改进措施进行了梳理，从出台管理制度文件、制定教学质量标准、打造高水平教学团队、建立有效激励机制、开展教学研究活动、构建基层教学组织质量监控体系等方面提出了合理化建议，为该校及其他高等院校推进基层教学组织建设提供参考。

关键词： 北京农学院；基层教学组织；教学质量

教育部在2019年发布了《教育部关于深化本科教育教学改革　全面提高人才培养质量的意见》（教高〔2019〕6号），明确指出"加强基层教学组织建设""激发基层教学组织活力""全面推进质量文化建设""完善提高人才培养质量的保障机制"。基层教学组织是学校教学有效运转的重要力量，在提高学校教育教学质量中发挥着极为重要的作用，决定着学校教学水平、人才培养质量和学校教育教学改革的成效。质量监控体系是学校教学质量持续提升的基础保障，构建科学有效的、针对基层教学组织的教学质量监控体系，对保障高校教育教学质量有着重要意义。结合国家政策和北京市文件的研读，笔者对北京农学院基层教学组织的基本情况和存在不足进行了调研分析，并提出了构建基层教学组织质量监控体系等一系列改进建议。

一、北京农学院基层教学组织运行概况

根据2021年高等教育质量监测国家数据平台数据填报结果，北京农学院共有11个二级学院及教学部，包括30个本科专业及教学系。其中，下属基层教学组织共计356个，包括教研室19个、教学团队60个、课程组（群）277个。其中，农科特色国际经济与贸易专业育人团队和设施园艺本科教学育人团队分别获得2019年和2021年北京高校优秀本科育人团队。近年，北京农学院基层教学组织下建设成果主要体现在以下几个方面。

开展优秀育人团队评选培育。充分发挥基层教学组织作用，积极组织开展优秀本科育人团队培育和评选工作，着力推动校级育人团队的建设和引领示范作用，大力培育市级优

① 作者简介：宋迎迎，女，硕士，助理研究员，主要从事高校教学管理和研究工作。

秀本科育人团队。目前，学院共有 2 个北京高校优秀本科育人团队。

发挥校级教学团队传帮带作用。教学团队作为课程建设的重要力量，其目的在于落实“质量工程”，培养有创新精神和实践能力的高素质人才，推进教学工作的老中青结合，发扬传帮带作用，培养可持续发展的教学队伍。学院目前共建设三批共 60 个校级教学团队，每个团队资助期四年。

围绕课程加强基层教学组织建设。以课程为单位组建课程教学团队和课程组，联系紧密的课程组建成课程群，制度化开展集体教学研究和教学改革活动。以经管学院和园林学院为例，经管学院 2019 年农科特色国际经济与贸易专业育人团队获得北京高校优秀本科育人团队资助，2020 年专业基础课“农村统计与调查”课程入选北京高校优质本科课程（重点课程）。园林学院以课程建设为核心，打造优质课程，“园林生态学”为市级精品课程，“植物学”为北京市级一流本科课程，“园林制图”等 3 门课程为市级在线开放课程。

在人才培养方案修订中发挥重要作用。学院于 2020 年 9 月全面完成新版本科专业人才培养方案的修订工作，课程组等基层教学组织在此次培养方案修订过程中发挥了至关重要的作用。各学院以系为单位，组织基层教学组织充分论证和落实人才培养目标、毕业要求和课程体系之间的支撑关系，以学生全面发展的需要、行业需求和专业特色为依据，使各环节达到“国标”和学校复合应用型人才培养定位的要求，完成了总学分调控，最终汇总形成 2020 版人才培养方案，推动了“农、工、管理、经、法、艺”的相互融合，有效推进了 OBE 理念。

指导学生方面取得一定成效。基层教学组织在教师指导学生参与第二课堂方面发挥了关键作用，取得了显著成效。以 2019—2020 学年为例，学院学生学科竞赛获奖 199 项，包括国家级 32 项，省部级 167 项；文艺、体育竞赛获奖 109 项，包括国家级 12 项、省部级 97 项；学生发表学术论文 9 篇，获准专利 3 项。

二、北京农学院基层教学组织存在问题

基层教学组织管理落后。在学院管理层面上存在着建制不明、管理文件和管理制度落后等问题。目前，学院没有明确管理文件对基层教学组织的形式、职责和权限进行界定，基层教学组织的运行程序模糊，建设理念和思路不符合学校教育教学实际和学科专业发展需要。

基层教学组织功能薄弱。目前，学院基层教学组织的教研功能弱化甚至缺乏，教研室的教研功能、课程群组的研究交流工作被系的行政化管理所替代。基层教学组织的工作机制不明确，在教学管理中的实际效果有待进一步总结和思考。教学团队功能浮于表面、难以持续，也难以真正发挥其合作功效。目前，教学团队的教学成果，往往是累积各学院的成果拼凑而成，这与加强基层教学组织的目标并不一致。

基层组织各层次职责不清。学院目前没有建立完善的基层教学组织管理体系，没有形成针对基层教学组织的质量监控体系和闭环质量管理系统。存在基层组织分工不清晰的情况，特别是教学团队建设力度不够，团队凝聚力不强，存在带头人兼职化、团队成员同质化、团队目标模糊化、团队绩效考核形式化等方面的问题。

三、改进建议

1. 出台基层教学组织管理制度文件

做好基层组织建设的制度建设，使基层教学组织建设有规可依，有章可循，使各项工作在制度的框架下规范有序地开展。通过研读国家和北京市文件，结合北京农学院自身发展特色，应尽快制定出台《北京农学院基层教学组织建设与管理办法》，要求学院（部）结合实际，建立教研组或课程组，要求所有任课教师进教研组或课程组，充分发挥基层教学组织作用，组织开展教学研究。

2. 制定基层教学组织教学质量标准

教学质量标准是为了衡量教学活动应达到的目标而制定的具体明确的标准，它对教学工作及其质量管理起着导向、诊断、基准等作用。为基层教学组织制定科学合理的质量标准体系十分重要，其标准体系的建立应以学生学习成效为中心，以促进学生的能力发展为准绳，并充分考虑标准的可评价性，主要包括基层教学组织工作质量标准、课程教学质量标准、教材选用质量标准、课程建设质量标准、课程大纲制定标准、课程大纲修订质量标准等。

3. 积极打造高水平基层教学组织

加强、完善校级教学团队的考核机制，推动校级教学团队的建设和传帮带作用，培育市级优秀育人团队。做好带头人的选拔与培养，完善团队沟通机制，增强团队凝聚力，使团队研讨常态化，注重教学团队合作文化氛围形成，注重团队考核、评价和反馈，积极打造高水平、高质量的优秀团队。

4. 建立基层教学组织激励机制

激励机制能够充分调动教师的积极性和创造性，建立科学完善的基层教学管理激励机制是高校教学管理研究的重点。在鼓励教师自我价值实现的基础上，关注教师的成就感和公平感，保证激励机制到位，提高基层教学组织负责人的报酬待遇、落实考核制度。

5. 开展基层教学组织教研活动

建立常态化教师教学培训体系，拓展培训资源，丰富培训方式，继续加强对教师教学能力、课程思政等方面的培训力度。充分发挥教学名师示范引领作用，设立校级教学名师奖、青年教学名师奖的评选机制、管理办法和考核要求，充分发挥优秀教师的传帮带作用，强化教师教学主体责任，激发教师开展教学改革的积极性，让教师争做教书育人楷模。加强对市级和校级本科教育教学改革项目的统筹规划，鼓励教师积极申报教学研究项目，通过申报项目助推课程改革，改变教学理念、重构课程体系、培育教学成果。

6. 构建基层教学组织质量监控体系

一个有效的教学质量监控体系应具备以下特征：以学生为中心，有明确的质量标准、清晰的组织体系、完备的工作制度、科学的质量评价。构建教学质量保障体系是完成课程目标、达成毕业要求、实现人才培养目标的关键所在。同时，也是建设一流课程和一流专业的重要组成部分。因不同专业具有各自不同的特点，由学校层面“自上而下”构建的教学质量保障体系不易体现普适性、高效性和灵活性。构建多层级、多结构的教学质量监控体系尤为重要，基层教学组织“自下而上”的质量监控体系可与学校“自上而下”的质量监控体系相融合、相呼应、相互补充。

参 考 文 献

冯燕珠，2022. 高校基层教学组织建设情况调研与分析：以广东白云学院为例［J］. 绿色科技（1）：275-278.

李兴扬，张荣莉，杨仁春，等，2021. 新时代专业认证背景下基层教学组织质量保障体系构建［J］. 中国现代教育装备（5）：69-71.

赵伟华，马虹，吴卿，2020. 高校基层教学组织质量监控体系的构建与实践［J］. 杭州电子科技大学学报（社会科学版）（4）：59-63.

高校五育融合育人体系的思考

吴雨桐①

摘要：本文介绍了北京农学院德、智、体、美、劳育人举措与其取得的成效，但在五育推行中尚存在相互分割、独立发展等问题。本文从课程教材建设、教学实践形式、教师队伍建设、教学评价体系四个方面提出了推动五育融合育人体系建设的思考，进一步促进学生德、智、体、美、劳全面发展。

关键词：五育融合；教学质量；督导评价

2018年习近平总书记在全国教育大会上强调，“培养德智体美劳全面发展的社会主义建设者和接班人”，指出五育融合是新时代高校提升素质教育成效和人才培养质量的有效途径之一。五育融合并非德、智、体、美、劳简单叠加，而是德、智、体、美、劳互融互通、交相呼应、形成合力。高校应针对不同专业的特色，在教学过程中适当有所侧重地运用五育元素。

一、五育融合育人理念

2019年，中共中央、国务院印发《中国教育现代化2035》，要求高校“更加注重全面发展，更加注重融合发展”，着力打造具有中国特色、世界先进水平的五育融合优质本科教育。

2020年教育部印发的《高等学校课程思政建设指导纲要》和北京市教育委员会印发的《全面推进北京高等学校课程思政建设工作方案》《北京高等教育本科人才培养质量提升行动计划（2022—2024年）》等文件要求在课程思政全覆盖的基础上，强化课程思政教学体系建设，以德育为根基，形成五育融合育人体系。中共中央办公厅、国务院办公厅印发的《关于全面加强和改进新时代学校体育工作的意见》中强调，高校应推动专业学习和体育锻炼协调发展，通过教学资源整合等方式，加强各专业有机融合，取长补短。国务院办公厅印发的《关于全面加强和改进新时代学校美育工作的意见》和教育部下发的《关于切实加强新时代高等学校美育工作的意见》要求坚持五育并举，培养学生审美观念和感知美、鉴赏美、创造美的能力，充分发挥美育在人才培养过程中的重要作用。中共中央、国务院印发的《关于全面加强新时代大中小学劳动教育的意见》提出，要发挥劳动的综合育人功能，以劳树德、以劳增智、以劳强体、以劳育美，把劳动教育纳入人才培养全过程。

① 作者简介：吴雨桐，1996年1月出生，女，研究实习员，主要研究方向为高等教育研究与管理。

二、北京农学院德、智、体、美、劳教学举措与成效

北京农学院积极响应五育并举的育人理念，充分发挥课程思政、体育、美育、劳动教育在本科人才培养过程中的重要作用，近年多措并举，取得了显著成效，为学校建设五育融合育人体系奠定基础。

1. 德育建设举措与成效

学校颁布《北京农学院关于推进课程思政建设的实施意见》《北京农学院本科教学课程思政建设实施细则》，从教学研究、教学实施、培训、评选、评价和激励机制等方面，制定了详细的实施措施和课程思政建设评估标准。2019 年学校开展课程思政建设试点工作，设置课程思政建设教学改革项目，探讨并摸索课程思政建设路径和方法。学校修订课程教学大纲，推动马克思主义理论研究和建设工程重点教材使用，增强课程思政与专业教育融合度。同时，学校组织全校的课程思政建设经验交流会，加强课程思政培训力度。在此基础上，学校开展课程思政示范课程、优秀案例评选工作，出版课程思政优秀案例集，强化课程思政评选力度。

2. 智育建设举措与成效

学校制定了《北京农学院本科人才培养质量提升工作方案（2022—2024 年）》，开展人才培养模式改革实践，推进实践创新教育改革，健全本科教学质量监控与保障体系。学校多次举办校级教师教学创新大赛和培训，召开优秀本科育人团队和优质本科课程等答辩评选会，为教师提供校内学习交流平台，帮助教师发现自身的不足，不断提高教学能力。此外，学校要求教师下基层、下企业、下社区，用实践经验丰富课堂教学内容。利用“双师型”教师教学方式，强化差异培养，提高学生的动手能力和岗位适应能力。学校关注学风建设，健全学生学业引导机制，通过下发《零作弊倡议书》、重温经典等活动开展诚信教育，营造良好的学习氛围。

3. 体育建设举措与成效

学校体育课程设置包括选项课、选修课（校代表队）两种形式。选项课根据学生的兴趣和学校实际情况开设了 17 个项目，主要分为奥运项目和中国传统项目。其中，龙舟课程被评为 2020 年北京市优质本科课程；校滑雪队队员入选国家大学生队，参加了第 30 届世界大学生冬季运动会。此外，学校将体育课程与传统文化、专业知识、学生需求有机结合，在传统体育项目基础上，设计了高尔夫、定向越野和啦啦操等新颖课程，在满足学生强身健体的同时，增强学生团队意识。

4. 美育建设举措与成效

学校共开设美育课程 8 门，构建课堂教学与课外活动相结合的美育教育。学校在大学生艺术团民乐团、女声合唱团、舞蹈团、戏剧团的比赛中多次获得省部级奖项，并获得国际级奖项两项。学校艺术教研室组织艺术团下乡演出、国际文化交流演出等活动，拓宽了学生的综合视野。

5. 劳动教育建设举措与成效

学校构建了劳动教育与耕读教育相融合的教育模式，下发了《关于加强耕读教育的指导意见》，组织编写《中国古代农业文化读本》等耕读教育教材。2022 年学校开展“以劳

动教育涵养‘三农’人才”活动，组织学生给校内的树木刷漆，根据秋季特点进行田地耕作、农作物种植、移植花卉草木等活动，引导学生在田间地头知农学农，利用校内外实践基地开展耕读教育实践活动。

三、北京农学院五育融合育人体系的思考

北京农学院德、智、体、美、劳育人取得了显著成效，但是仍存在缺乏顶层设计、五育相互分割、发展不均衡等问题。下一步应做好五育发展前瞻性研究，充分发挥学校的主导作用，统筹协调全校五育教学工作。构建五育融合课程教学体系，培育五育融合师资队伍，完善五育融合评价机制，逐渐摸索出符合学校特色、迎合学生需求的五育融合育人体系。

1. 加强五育融合课程教材体系建设

应将五育融合理念与课程设计有机融合，鼓励教师充分挖掘课程中潜在的五育元素，细化德育、智育、体育、美育和劳动教育的教学内容，立足专业特点和定位，修订课程教学大纲。同时，鼓励各专业围绕中华农耕文明、都市农业、休闲农业和农业现代化等主题，开设具有学校特色的五育课程。也可以通过五育公共微课评选的方式，优化现有课程，培育建设一批高质量的五育融合精品课程，在官网、官微等媒体上宣传展示，不断扩大五育融合教学理念的影响力。

此外，应鼓励各专业对五育融合教材的研究、编写和使用工作，设置专项经费支持建设《中国古代农业文化读本》《生态美学》等既符合五育融合教学理念，又能体现农林特色的教材。

2. 丰富五育融合教学实践形式

实践教学是推进五育融合理念最好的抓手之一，应积极探索创造具有时代特征、校园特色、学生特点、教育特质的校内五育实践活动形式。可以依托学生艺术活动中心，利用社团活动和文化节等方式带动五育校园文化活动，将五育实践与“第二课堂”相结合。同时，鼓励师生创作扎根时代生活、弘扬五育理念的优秀文艺作品，打造北农原创五育教育品牌项目，丰富五育文化内涵建设。此外，将五育融合与学生志愿服务相结合，可以进一步增强学生的服务意识，在新冠肺炎疫情防控、乡村振兴等方面，发挥学生群体的热情与力量。

校外也是实践教学的重要场所，因此拓展校外五育融合教育实施路径也尤为重要。应鼓励各学院在已有实践教学基地的基础上，开发拓展五育融合活动，遴选一批五育实践基地，将农林专业课堂开设到广袤的田野上，深入田间地头，促进学生知识、能力、素质有机融合，培养学生解决农业农村复杂问题的综合能力，为国家输送知农爱农的新型人才。

3. 提升教师五育融合教学能力

教师是五育融合理念最重要的传播者，应加强对教师队伍的培训力度，依托教师发展中心，每学年组织至少 4 次五育建设专题培训。搭建五育建设校内交流平台，探索五育融合视角下的专业建设方法，利用每周三下午集体学习时间，组织教师进行五育融合集体教研，提升专任教师的五育融合课程建设能力和综合素质。同时，可以在本科教育教学改革项目中设立五育专项，鼓励教师聚焦五育融合建设，深刻理解并运用五育融合教学理念，

改变教学方法，创新人才培养机制。

4. 优化五育融合教学评价体系

教学评价体系是学校持续推进五育融合育人体系的重要途径，应建立五育融合评价机制，完善五育融合教学效果评价指标，从五育元素对育人目标的支撑作用、五育元素和知识点结合度等方面对课程效果进行评价。以发展学生的综合素质、培养学生的特长及个性为目的，促进五育与各专业教学、社会实践和创新创业教育相结合。

同时，应充分发挥督导教学评价的重要作用，通过筛查、指导、评价、反馈等一系列手段持续推进五育融合育人体系建设。首先，应建立五育融合教学常态化督查机制，通过收集课堂教学、实习实验、考试作业、教学服务管理等一线教学信息，客观公正地分析各专业五育融合建设情况，为五育融合建设提出改进建议。其次，要创新督导评价方式，各专业五育融合教学方式存在个性化差异，要有针对性地开展专项检查或调研，及时发现并协助各专业解决五育融合育人过程中存在的问题。最后，督导应指导并帮助教师提升五育融合教学能力，帮助新教师挖掘课程中潜在的五育元素，探索符合专业人才培养目标、适合新时代学生特点的五育融合教学方式。

此外，应健全五育融合建设激励机制，增设五育融合类奖项评选，通过开展五育融合优秀课程、五育融合优秀专业和五育融合优秀单位的评选，激励教师持续推进五育融合教学体系建设。将教师参与五育融合建设情况和教学效果作为考核评价、岗位聘用、评优奖励的重要依据。

四、结语

五育融合是落实高校立德树人根本任务的重要举措，是新时代高等教育教学改革的实践方向。学校应科学系统地对五育融合育人体系进行整体布局，深化教学体系改革，创新人才培养模式，持续推进五育融合育人体系建设，为培养德、智、体、美、劳全面发展的农林人才贡献力量。

参 考 文 献

孙莹，2022. 应用型本科高校教学督导工作模式的探索与实践［J］. 产业与科技论坛（16）：230-231.

王莉芬，朱惠延，2019. 地方高校教学督导助推一流本科教育建设路径优化探析［J］. 长春大学学报（12）：71-73，81.

王雪，王喆，庞东贺，2022. “三全育人”视域下高校五育工作与学生专业能力提升融合研究［J］. 科教导刊（18）：7-9.

颜怡，冯益平，2021. 高校“五育并举”育人体系构建研究［J］. 学校党建与思想教育（20）：82-84.

张政文，王维国，2022. 新时代高校德智体美劳五育融合的哲学智慧［J］. 中国社会科学院大学学报（2）：20-40，144-145.

学院实践篇

“以学生为中心”北京农学院生物与资源环境学院教学质量保障体系的建设*

赵筱萌① 张子安 孙祎振 郭 蓓 赵汗青 赵晓燕 贾月慧 滑 静②

摘要：为科学有效地保障生物与资源环境学院本科教学质量，学院建设了立体化、闭环式的管理体系，充分发挥教学督导的监督、指导、评价作用，保障本科教学有序良性发展，下一步将完善多元化的评价体系，细化评价指标，扩大信息反馈体系，确保人才培养目标的实现。

关键词：教学质量保障；教学督导；教学管理

本科教学质量保障体系的定义是依据教育部“立德树人、教育为本”的教学理念，利用现代化技术手段和规范的管理制度，对教学环节的关键要素进行动态监管，使各教学单位的教学活动能够按照预定的规定和要求运行。系统建设教学质量保障体系对保证教学质量、提高学生素质、培养符合新时代中国特色社会主义发展要求的优质人才尤为关键，这也是新时期高等学校内涵式发展的根本要求。高等教育大众化使得高等教育规模不断扩大，如何保障高等教育质量受到社会各界和高校广泛重视，这也是打造高等教育强国的关键。

北京农学院生物与资源环境学院构建了科学、合理、高效的教学质量保障体系，完成对教学质量的监控与评价，实现了质量管理体系的闭环管理，确保人才培养目标的实现。

一、建设学院教学质量保障体系

（一）建设基本教学质量保障体系

每学期组织一次学院教师参加的教学观念讨论，树立“以学生为中心、以产出为导向、持续改进”的教育理念，并成立了教学质量保障工作领导小组，由院长担任组长，教学副院长、督导、系主任、教学秘书等为组员，制定、修订学院各项教学管理制度、教学质量评价标准、听课制度，做到教学质量保障体系实施的过程中有章可循。

教学质量保障工作领导小组实现全过程监控教学，强化教学过程管理，形成教学过程评价，理论教学与实践教学同等地位。同时从学生、教师、督导等多方面收集教学信息，

* 本文系 2020 年北京高等教育“本科教学改革创新项目”（编号：5046516646/010）。

① 作者简介：赵筱萌，1985 年 11 月出生，女，硕士，助理研究员，主要从事本科教学管理。

② 作者简介：滑静，1962 年 4 月出生，女，学士，教学副院长，主要从事本科教学管理及改革。

将收集到的问题及时反馈到系、课程组、教师，引导教师进行整改，以提高下一轮的教学质量，从而建立健全了评价信息反馈与再改进的闭环管理机制。

教学管理过程要同时具有监督、调控和改进功能，真正实现“监控—评价—反馈—改进”的闭环管理，即通过监督功能发现问题，通过调控功能纠正错误，再通过改进功能分析产生这些问题的原因并改正。

（二）构建立体化教学质量评价体系

立体化教学质量评价体系主要包括学生评教、同行评价、督导评价、用人单位评价。评价对象多维度，包括评价教师与评价学生相结合、结果性评价与过程性评价相结合、校内评价与校外评价相结合。

（三）建立理论教学质量保障及闭环管理体系

建立以学生为主体，学生自发参与教学过程，以改变传统教师为中心的教学模式，激发学生自主学习的动力，培养积极主动的学习能力。构建科学合理的课程体系对学生达成学习效果至关重要，由于课程教学是培养学生能力的重要途径，所以被列入培养方案中的每一门课程都要对培养目标的达成有明确的支撑度。

各专业将所授课程内容相关联的教师按课程内容方向划分成若干个课程组，由课程组组织任课教师们集体研讨、互助，共同研究课程内容如何讲解。同一课程组的教师根据本专业人才培养目标和学生毕业5年后要达到的用人单位需求，制定课程教学大纲，再由任课教师撰写教案、制作课件，这种做法可以有效避免同一知识点的重复讲解或遗漏，也能关注到相关课程内容的衔接。同时，课程组在期中、期末都要开展教学研讨，对教学设计、教学内容、教学方法、线上线下混合教学及课堂讨论、教学互动等展开详细研讨。

为保障学院本科教学质量，采用了“闭环管理”机制。在授课过程中充分尊重督导的意见，督导进行听课评价，同时与学生进行期中座谈和问卷调查及随机交谈。学院收集督导、领导、同行听课意见和学生调查问卷结果，督导、院系领导、青年教师成长导师、课程组与综合排名后5%的教师共同分析其教学过程中存在的不足及原因，给出相应的改进建议，该教师对自己的教学内容、教学方法以及教学设计进行整改或完善，在下一轮的教学中实施整改方案，督导在下一轮教学过程中会针对已存在的问题进行重点听课，检查是否有所改进，这就实现了教学过程的持续改进。专业也会根据培养目标的达成情况和用人单位的反馈意见，进一步完善课程大纲，定期修订培养方案，实现“以学生为中心”的“监控—评价—反馈—改进”闭环管理，实现人才培养目标与社会需求的和谐统一，从而不断提高学生的培养质量。

二、教学督导在教学质量监控体系中的作用

教学督导是教学质量监控体系的重要组成部分，发挥着极其重要的作用。教学质量监控的定义是：学校、学院根据高校教育教学规律，分析和评审教学目标、教学组织、教学活动、教风学风等因素，通过教学信息的反馈，对教学工作进行持续且有效的调控，从而促进教学质量的提升。教学督导主要发挥以下三个方面的作用。

（一）监督作用

检查课堂教学、教学档案、实验实习等内容是教学督导工作中最主要的一项任务。通常情况下，教学督导会重点考察新入职3年以内教师的课堂表现，并在课下与教师进行及时的沟通交流，帮助其找出授课中存在的不足，提出改进建议，促进教师教学水平的提高。除了新入职教师外，教学督导会根据教学质量监控体系的反馈，对上一教学周期教学效果不佳的授课教师进行“复查”式听课，听取其教学方法、授课方式是否有所改进，学生反映是否良好。针对教学档案的检查包括教师的课程档案、学生的毕业论文、实习总结以及试卷等，同时还会重点检查有职称评定需求的教师的课堂教学。

（二）指导作用

教学督导多由退休教师担任，这些教师多年奋战在教学一线，对学校、学生具有很深的感情，对校内课程及教师等情况了解全面、精准。教学督导来自全校各专业，他们教学经验丰富，能够利用自身所掌握的专业知识和经验，指导在职教师的教学设计和课堂授课、学生的毕业设计。教学督导还可以将收集掌握到的教学信息反馈到学校领导层，为学校政策决策提供意见、建议，为高校办学方向的调整和人才培养提供有力支持，有效推动高校教学改革的深入开展。

（三）评价作用

教学督导独立于教学管理机构之外，可以将教师课堂教学的效果客观公正地反映出来，具备客观性。教学督导所设计的教学考核体系科学严谨，可以最大程度地保障考核评价结果的可靠性。在教学督导评价公正客观的基础上，将评价结果和教师的职称评审、福利待遇挂钩，可以有效督促广大教师对教学中的不足之处进行改进。

三、对学院建设教学质量保障体系的展望

（一）多元化评价指标

将课程思政运用效果列为教学质量监督与评价的指标之一。将课程思政效果列为教学质量评价指标，是监控学生综合素质，实现对学生德行培养和价值塑造效果评价的重要依据。课程思政是落实高校立德树人根本任务的战略举措，也是全面提高人才培养质量的重要抓手。

将学生对于教学目标和人才培养方案的理解程度列入教学质量监督与评价指标。教学目标和人才培养方案是专业依据国家质量标准、行业就业需求制定的纲领性文件。但是在目前的教学中，大部分教师仅仅是在课前介绍了本课程的教学目标，许多学生对课程开设的意义并不清楚。对于专业人才培养方案，学生更是处于了解不透彻的状态。所以学生在学习过程中就会存在目的性不强、抓不住重点、学习效果不佳等情况。将学生对于教学目标和人才培养方案的理解程度列入教学质量监督与评价指标，有利于学生在各类课程学习中高效掌握专业理论知识，提高实践能力和专业素养。

（二）细化评分标准

在一门课程教学过程中，可按课程内容、章节设置多次学生评教，依据多次评教结果评价教师的教学情况。还需要依据不同学科和课程的特点，细化评分标准。加大学生评教在教学质量监控与评价体系中的比例，依据学生反馈，及时督促教师进行整改。

（三）扩大信息诊断反馈体系范围

首先，应延长评教时间，对学生评教进行跟踪，设立为期5—7年的评教体系。其次，对于已经毕业的学生进行为期3年的跟踪评教，可以高效收集学生知识结构和知识内容对其就业、从业的影响。因为毕业生在从业过程中能够清楚地认识到，自己所学习的专业知识在应用中存在哪些短板，所以通过持续跟踪评教，及时更新教学内容，监控教学质量，才能培养出符合时代与社会需求的专业人才。对合作企业的跟踪调研可以辅助反馈学生对于某些专业知识的掌握程度以及需要调整的方向，也是完善"以学生为中心"的良性信息诊断反馈体系的重要手段。学生和企业的长期跟踪反馈将有利于合理评估教学质量，优化教学内容和教学方向，也是"以学生为中心"教学理念的充分展现。

"双一流"建设高校本科人才培养与质量保障双向互动的实证研究

郑　桐[①]　韩莹琰

摘要：随着社会的高速发展，我国在教育方面作出了较大的突破和创新。现如今，高等教育规模日益庞大，备受社会各界关注，全面落实高等教育质量保障，是推动我国现代化高等教育发展的重要前提，是实现高校本科人才培养的重要措施。"双一流"建设主要是为了全面提高高校本科人才培养能力，体现出高等教育的内涵式发展，从而全方位提高高等教育的整体质量。就目前来讲，我国各大高校都在不断建设质量保障体系，但就整体而言，出现了较为严重的问题，尤其是质量建设与质量保障难以协调，为全面解决这一问题，需要了解人才培养与质量保障的关系。基于此，本文主要就高校本科人才培养与质量保障双向互动展开全面分析。

关键词：双一流建设；人才培养；质量保障；双向互动

在当前时代，我国教育不断发展更新，尤其是高等教育，近几年规模逐渐扩大，入学率也在不断增长，如今，已经实现了高等教育的普及化。为全面提高我国高等教育质量，确保高校长足发展，建立优秀的人才培养质量保障体系已成为主要措施，各大高校都有特色专业。以北京农学院为例，这是一所以"农林类"为主的大学，是北京市属农林高校，早在2014年，就提出了"卓越农林人才教育培养计划"，如此可见，落实本科人才培养计划是重中之重。现阶段，有部分高校对质量保障体系存在一定理解误区，导致体系成为日常管理模式和手段，从而与高校本科人才培养的部分渐行渐远，最终使得高校出现质量建设与质量保障难以协调统一。就高校本科人才培养与质量保障而言，两者关系应相辅相成，共同促进，形成双向互动，进而保障高校本科人才培养，确保质量保障体系得以完善，从而推动我国高校本科人才培养进程。

一、高校"双一流"建设的实际价值

我国一直坚持走可持续发展道路，科教兴国一直是实现中华民族伟大复兴的重要途径，现如今，高等教育呈普遍化发展，高等教育规模也在不断增长，为全面落实科教兴国战略，实现中华民族伟大复兴，高等院校"双一流"建设是重中之重，这是提高高校教学质量的重要途径。我国一直以来就是农业大国，农林院校作为培养专业人才的重要场所，

---

① 作者简介：郑桐，1989年1月出生，女，助理研究员，主要研究方向为本科教学管理。

在当前环境下，为推动我国农业现代化发展，实现高校的“双一流”建设是重要的方式。只有逐步形成一流大学，才能落实一流学科，因此，必须加快“双一流”建设步伐。在当前社会，对于高等人才的需求不断增加，从理论上讲，国家的发展与和谐与一流大学建设有着密不可分的关系，而对于高等人才的培养，更离不开一流大学建设，所以只有全力打造“双一流”建设，才能提高我国高等教育水平，确保我国综合国力的提升。此外，当前市场变化无常，国际竞争更是日趋激烈，为巩固我国国际地位，提高我国竞争价值，对于高质量人才的需求必不可少，只有拥有高质量人才，才是巩固我国综合国力的前提。高质量人才培养的主要场所是高等院校，因此，只有落实“双一流”建设，才能培养出高质量、高素质、高思想人才，才能为我国建设发展贡献出主要力量，进而实现中华民族伟大复兴的中国梦。

二、人才培养与质量保障基本内涵

1. 人才培养

对于农林院校而言，在人才培养方面主要是以学生作为培养目标，这既是高等教育的基本要求，又是为了落实国家教育计划目标。人才是最基本的创造者，只有培养优秀的人才，才能促进我国农业技术以及各领域的进步。人才具有极高的道德素质和思想内涵，并且还有着较高的能力，当人才运用个人能力创造出劳动成果，为社会做出贡献时，便实现了个人价值，形成了高素质、高思想、高能力型人才。不过，就对于人才培养，要同时满足两个条件，一方面，需要具备优质的教育环境，另一方面，则需要充足的培养时间，只有同时满足以上两个条件，才能开展人才培养计划，进而满足社会需求，实现人才个人价值。

2. 质量保障

质量保障是高校本科人才培养的基本要求，同时，也是确保高等学校办学规划和长足发展的保障。在高校建立质量保障体系，通过一系列管理手段按照计划进行人才培养，以此确保人才的高品质、高能力。通常来讲，高等院校质量保障体系主要分为两个部分，首先是内部质量保障。这一种质量保障体系主要是高等院校人才培养管理层采取正确的培养计划，实现培养目标。其次是外部质量保障。外部质量保障主要是针对高等院校本科毕业生的就业市场，指高等院校采取相应的管理措施培养符合社会、就业市场需求的实际人才。

三、高校本科人才培养与质量保障双向互动现存问题

1. 高校发展方式与高等教育发展理念不符

就高等教育发展理念而言，主要是遵循“人本理念”，以学生为人才培养的中心，不过就目前来讲，有部分高校发展方式完全与高等教育发展理念不相符。如北京农学院在人才培养质量方面，虽有着较为明确的目标和方向，不仅会强调基本建设方案，还会强调实践和创业等内容，同时，还会广泛运用高新技术，以此契合行业发展，发挥行业特色。不过对于以上建设方式而言，大部分高校都与之相同，着重于资源的挖掘，无论是招生还是教师的引进，都以优质为前提，体现出高校的质量建设往往以资源为核心。高等教育未来

发展趋势必然是大众化、普及化，随着升学率的不断增加，对于高等学校而言，投资主体也在不断发生变化，在这之中既有家长，也有社会，甚至还有学生，对于这部分人群，高校人才输出显然已成为全新的质量保障。除此之外，高校过分注重输入资源，便会逐渐偏移以学生为主体的教育理念，无法满足学生日常学习需求，必然会忽略学生是否真的学到了有价值的东西。尤其是在当前时代，如果高校一味重视资源输入而忽略质量输出，那么面对日益变化的市场，高校势必会失去竞争价值。在这种情况下，导致高校人才培养与质量保障，未能将学生作为发展重心，着重强调资源投入，从而导致难以形成人才培养与质量保障双向互动的基本条件。

2. 高校过于忽略学习结果测评

在高校质量保障体系建设中，测评环节是必不可少的内容之一，同时，良好的测评也是高校人才培养模式中最为基础的框架，良好的测评机制有利于促进人才培养以及质量保障的双向互动。不过就实际而言，在落实学习结果测评方面略显不足，学习结果测评是人才培养模式中重要的环节，缺少对这方面的测评，那么必然会导致人才培养模式不完整。在现代化教学理念下，重视学生学习结果的评价，是提高高校教学质量的关键。一旦忽略了学生学习结果的评价，那么必然无法捕捉到学生学习动态以及学习收获，从而不利于后期专业课程的开展，难以实现基于课堂的质量保障。有部分高校未能全方位掌握学习结果测评的作用，仅仅只用作于学生选拔等方面，忽略了对教育教学的质量保障。

3. 问题改进机制缺失

对于高校质量保障体系而言，质量报告是质量保障结果的重要体现，尤其是对于报告中的“问题与改进”方面，落实好这一方面，才能确保高校人才培养模式不断完善创新，这是人才培养与质量保障双向互动的基础。对于农林院校而言，在发展过程中必须抓住问题，形成反馈，从而不断改进，同时还需要向外界不断展示自身教学成果，所以质量报告极其重要。不过就实际而言，高校着重关注质量报告中课堂教学质量的提升，忽略了对于问题的改进和优化，在这种情况下，难以发挥出质量报告的最终价值，使得高校教学改进无从入手。

四、高校人才培养与质量保障双向互动的有效策略

1. 积极转变发展观念

为全面推动高校人才培养与质量保障双向互动，对于农林院校而言，必须转变传统发展观念，建立“输出型”“结果型”的质量保障。随着我国高等教育的不断发展，规模逐渐扩大，教育质量模式已全面转型，现如今，着重强调对于学生学习结果的评价。我国部分高校在质量保障中较为关注“输入资源”，显然不符合当前高等教育理念，所以高校必须积极转变发展方式，要以学生学习结果为主要评价方式。首先，关注学生学习行为和学习结果，制定相应的评估方式，对学生学习进行定位追踪，从而全面了解学生学习情况，为提高高校教学质量做好铺垫。其次，高校可成立专业的评价组织，并定期组织培训活动，以此提高评价组织专业能力，确保学生结果评价工作有效开展。最后，高校须建立专业的学习支持机构，以此满足每一位学生的学习需求，为学生制定学习目标和发展方向，使每一位学生都能全面发展，也进一步提高高校人才培养和质量保障的落实。

2. 构建长效激励模式

有效的评估是确保人才培养的重要方式，有部分高校在开展评估工作时，往往会让专业评估人员和学术人员开展工作，忽略了教师的重要性。因此，高校需要贯彻落实评估工作，并建立长效的激励模式，鼓励每一位教师主动参与到评估工作中，并且与专业评估人员有效合作，从而制定具有针对性的评估方案。首先，保证激励模式的长效性，评估工作并非一朝一夕，只有建立长效的激励模式，对表现优秀的教师给予奖励，才能确保每一位教师主动且积极地参与到评估工作中。其次，需要建立完善的评价体系，赋予评估教师相应权利，将责任落实到个人，以此开展评估工作。最后，高校要给予评估教师技术支撑，以此提升评估工作的效率和科学性。

3. 以学生为主体，促进学习反馈和优化

在当前高等教育理念下，要遵循人本理念，发展以学生为主体的各项教学活动，所以高校必须以学生为主体，建立面向学生的评价结果反馈机制。为切实提高我国高校评价机制，需要摒弃传统考试评价方式，在此基础上建立多元化的评价模式，例如学生日常学习情况、平时学习表现等方面，采用这种方式为学生提供更多科学性的学习反馈，使学生在学习中不断完善自我，形成良好的学习规划和目标。同时，高校需要进行教学工作优化探索，在这一层面上需要循序渐进，不断完善。例如先以课程为主，再到专业，最后再到学校，以此形成优化闭环，自下而上地进行教学优化，从而保障高校人才培养目标贯彻落实。此外，高校还需不断加强教学工作优化方面的沟通机制，邀请全校教师参加，对教学问题进行分析总结，并对难点进行详细沟通，以此全方位改进高校教学工作，确保教学质量得以提升。

综上所述，在当前高等教育环境下，高校需协调人才培养与质量保障的关系。就分析而言，我国部分高校在人才培养与质量保障双向互动方面存在诸多不足，如过分关注资源投入、忽略学习结果测评等，为此，高校需要积极转变发展观念，采取科学合理的发展方式，以学习结果为导向，遵循“人本理念”，同时，还需构建长效激励模式，打造完善的评估体系，全方位提高高校教学质量，促进人才培养目标落实。

参考文献

陆晓静，罗鹏程，2020. “双一流”建设高校本科人才培养与质量保障双向互动的实证研究［J］. 湖南师范大学教育科学学报（3）：11.

吕博，2016. 高校本科人才培养质量保障体系建设的实践与反思［J］. 湖北经济学院学报（人文社会科学版）（10）：2.

高水平应用型大学二级学院教学质量保障体系的构建与成效*

王星星[①]　郭　玮　李焕荣

摘要： 教学质量保障体系是由质量标准、质量评价、质量监控、信息收集、反馈调节等若干部分组成。建立健全的教学质量保障体系是保障和持续提高高校教学质量的重要手段和关键因素。本文从建立符合学院定位的本科教学质量标准、建立适合高水平应用型大学本科教学质量保障体系、教学基本数据常态化采集和收集三个方面阐述了动科学院教学保障体系的建立，并总结了通过该体系的运行保障，动科学院本科教学质量取得的成效，以期为其他高水平应用型大学二级学院提供借鉴和参考。

关键词： 应用型大学；二级学院；教学质量；保障体系

北京农学院作为一所都市特色的高水平应用型农林高校，以服务首都城市战略定位和都市型现代农林业为己任，培养适应国际一流和谐宜居之都建设、具有创新精神和创业能力的复合应用型农林人才。教学质量是培养高水平人才的核心因素，而健全有效的教学质量保障体系则是保障和提高教学质量的重要手段。动科学院涵盖两个动物类专业——动物科学（原畜牧专业的扩展）和动物医学专业（原兽医专业的扩展），是北京农学院最早开始招生的两个传统的专业，培养的人才在高品质动物源食品安全供应、公共卫生和健康、生态稳定等方面举足轻重。北京“四个中心”首都城市战略定位、“以首都为核心，雄安新区与城市副中心为新的两翼，推动京津冀协同发展，继而建设世界级城市群”的规划等，如何保障都市型动物类专业人才培养质量在学校有立足之地一直是学院关注的焦点。经过多年的探索与实践，形成相对适应学院发展的教学质量保障体系。现将相关情况、效果与经验总结如下。

一、动科学院教学质量保障体系的构成

（一）建立符合学院定位的本科教学质量标准

建立具有科学性、系统性、专业性和可操作性，符合学院专业定位的教学质量标准是提升应用型高校教育水平的基本保障。参考普通高校本科专业类教学质量国家标准，结合

* 本文系北京市教改项目“新农科背景下都市特色动物类本科专业实践教学体系构建与实践”；国家级教改项目“基于信息化智能化畜禽全产业链安全打造新型大都市动物类专业”。

① 作者简介：王星星，1985年12月出生，女，助理研究员，主要研究方向为本科教学管理。

北京市农业发展特色和“十二五”“十三五”国家战略发展要求，考虑行业用人单位对专业人才需求，同时对学院各专业人才培养过程和各个环节进行深入研究与探索，在以下几方面进行了学院质量标准的建设。

1. 明确动物类人才培养要求，制定相关培养环节的评价标准

结合学校办学定位，及时修订学院各专业的培养方案，明确了都市型动物类人才培养目标和能力达成要求，通过培养方案专项评价、培养方案制定修订过程中论证、大学生综合测评、教学单位年度考核、学业预警、毕业审核与学位授予等措施对人才培养目标、培养方案、专业知识体系、实践创新能力培养体系、培养方案执行等环节的质量要求进行评价，以确定人才培养是否达到标准。

2. 强化各项规章制度建设，细化主要教学环节的质量标准

教学管理的制度化、规范化是提高教学管理效率的根本，保障教学质量基础。根据学校教学管理的制度与要求，结合学院专业特点，每4—5年根据国家和北京市高等教育纲领性文件、政策以及学校的发展规划，结合行业对人才需求，适当调整专业培养方案和课程体系。针对本科教学各项工作，如教学计划、开课计划、课表管理、计划调整、课程变动均按照学校与学院审批程序要求进行；考试管理方面，严格履行试卷、阅卷管理，对考场违纪、作弊学生，遵照规定及时向学校职能部门通报；严格执行学籍管理制度、成绩管理制度、毕业资格审定制度；严格执行教师教学考核制度，在教师职称评定、年终评优及其他各种荣誉评定等执行教学质量一票否决制，优先表彰和奖励在教学方面有突出贡献的教师。

3. 实验教学方面

加大对国家级示范中心经费投入和建设，重视学生专业实践能力的培养；在制定培养方案中加大实验课的学时比例，除验证性实验外开设综合性、设计性实验课和实习训练课；对实验项目、实验教学准备、组织实施、实验考核等各个环节均有相应的要求；通过校、院、系三级领导与校院督导期中检查与专项检查督查以评价实验教学环节。动医专业主干专业基础课程的实践教学部分均实行技能操作考试。

4. 专业实习与毕业实习制度化、规范化，毕业论文质量标准化，保障高质量的实践教学

上一轮教学评估之后，学院根据评估建议进一步完善实习基地，规范校内外导师管理制度，明确各自职责，明确专业实习内容、实践技能训练等环节质量要求和评价标准等，保障了专业实习质量；将毕业实习与就业相结合，提高就业质量；细化毕业论文工作，制定毕业论文写作规范、评审标准以及优秀毕业论文评定标准。

5. 教学文档资料归档管理与质量

按照学校对教学文档管理方面的规章制度和要求开展了一系列的教学文档管理工作，所有教学文档存在学院专设的教学资料档案室，由专人负责管理。

（二）建立适合高水平应用型大学本科教学质量保障体系

1. 加强质量保障体系组织建设

建立完善的教学质量保障体系组织及结构，成立学院教学指导委员会，负责把控学院本科教学质量保障体系的制定、修订和实施，对全院教师的教学情况进行检查与监控；成立由教学院长、系主任、教研室主任组成的运行管理系统，职责为按照学院要求对教学运行与管理进行组织、安排和部署；建立由教学督导、教学管理人员、学生信息员组成的质量监控系统，负责信息的反馈、收集、汇总和整合。

2. 构建严密的教学质量监控体系

建立了以教学督导、学生信息员、教学检查、实践教学环节检查、考务工作、听课、评教评学、专业评估、毕业生跟踪反馈、用人单位反馈等环环紧扣、面面俱到的教学质量监控体系。

3. 实行 PDCA 闭环教学质量保障机制

构建了教学过程—信息采集—分析处理—持续改进四个环节组成的闭环教学质量保障机制。其中信息采集主要来源包括教学督导、领导听看课、教师相互听课、学生信息员反馈、学生评教、校外实践单位、校友、毕业生用人单位、第三方教育机构等。本科教学管理办公室管理人员对采集的信息进行整理分析，形成报告，反馈给教学指导委员会、各系、教研室及全体教师，并对存在的问题进行整改和落实。经过 PDCA 循环不断前进，教学质量得到不断提高。

4. 建立提升教师教学能力体系

教学质量的保障和提升，教师教学能力是关键。学院通过以下几个方面构建教师教学能力提升体系。①制定教学管理规章制度，规范教师教学行为和教学管理，促进师德师风建设与教学发展。②教师教学质量评价，包括学生评价、督导评价等，把教学质量评价结果和晋升职称关联起来。③组织学院内部培训，形成教师之间互助培训学习、参加学校培训、外请专家培训、挂职锻炼、校外实践基地培训、出国进修等多层次、立体化的教师教学能力培训体系。④注重青年教师培养，实行有经验的优秀教师带徒弟的“传帮带”形式，组织青年教师教学基本功比赛、参加学校青年骨干教师培养，鼓励青年教师申请教改项目等。⑤提高奖励机制，建立讲教金，表彰和激励全院教师。⑥提高人才引进标准，在源头上把好关。

（三）教学基本数据常态化采集和收集

建立教学基本数据状态数据常态化采集与收集制度。教学管理人员及时、有序地收集学院各类教学文档、教学信息，进行教学计划、教学大纲、开课情况、教学日历、成绩表、试卷等归档工作，及时有效地加以汇总、分析，如实向各级各部门反馈相关信息，通过学院网站及时公布人才培养方面的相关成绩信息，通过站内邮件、微信等发布师生们关心的各类信息，如学期初、学期中教学检查，考试试卷提交与印刷及归档、教材选用、考试监考、学生学籍与学分、学业预警等。本科教学管理系统，涵盖学院每学期教学任务、专业推荐课表查询、教师个人课表查询、选课情况、教学质量评价、考试安排、培养计划、教室查询、教师评学等，不仅任课教师可及时了解，也便于随时抽查，了解各种信息。

二、动科学院本科教学质量保障体系实施成效

近 5 年，动科学院本科生培养质量持续提高，学院学生多次获得省部级荣誉，包括学科竞赛、科技创新、科技发明、优秀论文等方面，尤其在学科竞赛方面表现尤为突出，获得奖项 700 余项。连续 5 年本科生就业率超过 98%，学生考研上线率从 22.03%提升到

42.61%；学院生源质量稳步提高，毕业生社会满意度高。动物医学专业连续5年第一志愿填报率100%。毕业生对母校、教学、学生工作和生活服务等满意度呈上升趋势；校友对本专业综合评价指数为92.1%，用人单位对毕业生满意度达到98%。学院教师在教学比赛、教学改革、教学技能大赛中取得令人瞩目的成绩，1名教师被评为北京市青年教学名师，2名教师被评为北京高等学校优秀专业课（公共课）主讲教师，2门课程被评为北京高等学校优质本科课程，获得市级教学成果奖4项，校级成果奖5项；北京市优秀本科毕业论文指导教师10余名。2019年动物医学专业入选北京市一流专业本科建设点，2022年动医专业入选国家级一流本科专业建设点，动物科学专业入选北京市一流专业建设点。

三、结语

对高校人才培养质量和教学质量保障体系的要求更高，建立系统、科学、有效的本科教学质量保障体系已经是所有高水平应用型大学重中之重。尽管学院通过多年探索和实践，建立了一套行之有效、科学系统的教学质量保障体系，但随着北京市“十四五”农业发展，尤其是在畜牧业规划上的变化，结合新冠肺炎疫情和动物疫病防控的新形势，动医专业和动科专业分别获得国家级和北京市级一流本科建设点，更需梳理有特色的行业内知名度高的校外基地，形成学院—系—基层教学组织的动物类专业三级教学管理模式，构建分类管理—制度约束—责任到人—效果评价等现代信息化管理与评价体系；以学院教学指导委员会为本科教学顶层设计与组织机构，明确技能训练内容及实践能力的目标和考核标准，制定教师的培训计划、学生技能训练内容和考核实施，尤其是临床实践经验方面的培训，需重点关注并引导到动物医院坐诊等，力争在“十四五”期间达到一流专业本科建设目标，为北京城市建设和京津冀协同发展输送更多的高素质复合应用型畜牧、兽医人才。

北京农学院经济管理学院教学质量保障体系建设探索与实践*

刘笑冰[①] 刘 芳[②] 王兆洋 李 靖

摘要：在教学改革的要求下，以 OBE 教育理念为指导，全面提升高校二级学院人才培育质量，建立健全教学质量保障体系，提高教育教学质量势在必行。北京农学院经济管理学院在成果导向教育理念指导下，以实现人才培养为目标，通过构建三级教学督导体系完善管理制度，建立内外部质量监控模式完善评价机制，建立持续改进机制完善质量管理体系，持续贯彻"质量立院"战略。在此基础上，提出未来建设展望：以教师为主体推进质量保障体系建设，以学生为中心改进质量保障体系建设，以文化为内核促进质量保障体系建设。

关键词：OBE；教学质量；保障体系

教育是党的事业发展的重要保证，是国家兴旺发达的根本基石，是民族振兴的奠基工程。2021 年 3 月，习近平总书记在全国政协十三届四次会议发表讲话强调，"教育是国之大计、党之大计"。2022 年 4 月，习近平总书记在考察中国人民大学时强调，"为谁培养人、培养什么人、怎样培养人"始终是教育的根本问题。人才培养是我国高等教育的根本任务。近年，我国高等教育发展迅猛，人才培养模式已从"规模效应"向"质量效益"转变，如何保障并推进高校教育教学质量保障体系以提升人才培养质量已成为重要的研究课题。OBE（outcome based education，简称 OBE）作为当代教育教学的一种全新理念，遵循产出导向原则，认为教育应以学生的最终学习成果作为评价标准。为此，本文以北京农学院经济管理学院为例，探索分析其在成果导向教育（OBE）理念指导下质量保障体系的建设现状、成效与展望，以全面保障提升教育教学质量，加快教育改革进程，完成高等学校人才的全面培育。

一、经济管理学院教学质量保障体系建设现状

OBE 理念意义重大、影响深远，目前该理念的理论体系已逐步成熟。立足于该理念，

---

* 本文系北京市高等教育"本科教学改革创新项目"：OBE 理念下都市农林高校经管类农林人才培养体系的研究与创新。

① 作者简介：刘笑冰，1981 年出生，女，北京农学院，博士，教授，主要研究方向为农林经济管理。

② 作者简介：刘芳，1973 年出生，女，北京农学院，博士，教授，主要研究方向为都市现代农业、畜牧业经济。

“质量”是指人才培养过程与教育教学活动反映到学生身上的最终产出成果，以及建立产出导向、学生中心、持续改进的质量运行与保障机制。基于 OBE 教育理念，经济管理学院建立了“三层次、三阶段、多环节”的教学质量保障管理系统和“三位一体”的院级教学质量保障体系，不断探索适应地方高校专业的人才培养模式，以提高人才培养质量。

1. “三层次、三阶段、多环节”的教学质量保障管理系统

相对完善和运行良好的教学质量保障管理系统是高等学校实践 OBE 理念、提高教学质量的关键。经济管理学院质量保障管理工作的主线是明确人才培养目标定位、规范人才培养全过程、提升人才培养质量。为确保人才培养目标顺利实现，学院通过建立“三层次、三阶段、多环节”，即学院、系、课程组三个层次，期初、期中、期末三个阶段的责权明确、分工合理、协调有序的全方位教学质量管理系统，对教学效果、学生学习、教学管理、就业质量等多环节开展了教学质量评价和诊断，如图 1 所示。

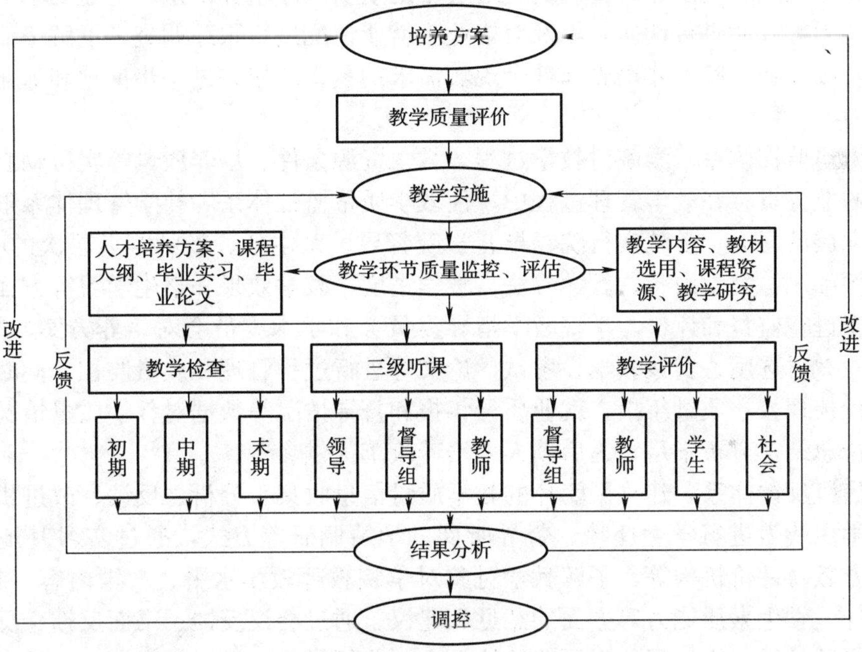

图 1　经济管理学院质量保障管理系统

2. “三位一体”的院级教学质量保障体系

（1）制度保障体系。

首先，教学工作例会制度。学院通过召开“三会”，即教学工作例会、教学指导委员会、党政联席会召开教学活动会议，院长、院党总支书记、副书记、副院长、各系主任、副主任及相关人员参加，探讨学习教育教学有关政策举措和主要精神，通报总结教学过程中存在的问题，建章立制，实施科学化、规范化教学管理工作，加强教学管理水平，确保学院教学工作顺利有序进行，以保障教育教学质量和人才培养目标的实现。

其次，综合教学检查制度。学院实行平时检查与集中抽查相互统筹结合的方式进行教学检查，除“期初”“期中”“期末”三个阶段的教学检查外，还包括日常教学检查及随机教学检查。期初教学检查是对开学前各项教学准备工作和授课情况的全面检查，期中教学检查是对教学工作执行情况、教学目标完成情况和学生学业情况的阶段性检查，期末教学检查是针对教学任务完成情况及效果的检查或期末专项检查等。

再次，教学督导评教制度。建立"评教、评学、评管"三位一体，校院督导与院系检查相互协调补充，形成常态化、长效化的教学质量保障工作机制，将质量保障工作贯穿教育教学全过程、各环节，努力建设和打造高水平复合应用型一流本科专业。

从次，内外部评估制度。教育评价改革是一个复杂的系统工程，既需要教育系统内部的改革创新，也需要社会评价的系统性变革以及全社会的广泛参与。内外部评估制度采用内部评价和社会评价相结合的方法，通过教学审核评估、专业建设评估、《教学质量年报》《就业质量年报》《督导情况通报》等将教学基本情况、师资条件、教学建设与改革、学生学习效果、毕业论文质量等进行评价，以验证教育教学的效果，为改进提供科学依据。

最后，毕业生质量跟踪调查制度。通过不定期从人才培养体系、毕业要求、毕业生的综合素质能力等方面进行调研，以及对毕业生就业情况进行跟踪调查，了解毕业生就业发展情况等，以加强学院人才培养和社会现实需求的紧密衔接，进一步推动和深化了学院教学改革。

（2）质量监控体系。学院对教学过程、教学资源条件、培养质量等实行动态监控，将教学质量的监控贯穿在教学管理过程中，使教学质量监控体系和教学管理体系形成良性互动、循环发展的局面。学院实行院领导、学院督导、系主任、教师等多层次的听课制度，从教师师德师风、教学内容、教学方法、教学进度、教学效果和学生学习等方面对教师教育教学工作进行监督和评价。学院教学指导委员会和学术委员会对培养方案、教学大纲、课堂教学、教材选用、实践教学、考试、论文等进行过程管理和质量监控。同时，学院每年通过分析梳理教学质量年报、就业质量年报和督导情况等数据对教学质量情况和学生就业情况进行总结，分析不足，为后续人才培养改革提供参考。

（3）信息反馈体系。建立了闭环的教学质量信息收集、分析、反馈、改进机制，学院通过抽取学生代表进行学生座谈、督导听课、学情调研等方式，通过实习基地、用人单位、第三方教育评价机构等，了解教学对象对学院教师教学水平、教学内容、教学资源、实验室条件、学生素质能力等方面的意见和建议。通过会议反馈、书面反馈、交流反馈等多种形式将监控过程中发现的问题传达给师生，分析成因，探讨解决思路。同时，及时地将信息反馈到各系或课程组，系主任组织教师研讨，整改并落实，形成闭环，有效保障了教学质量的持续改进与稳步提升。

二、经济管理学院教学质量保障体系建设成效

1. 构建三级教学督导体系，完善管理制度

三级督导是一种自上而下的督导体系，学院形成了由院、系、课程组构成的三级监控组织，根据管理的职能，在不同层面上制定相关制度并实施质量监控，如图 2 所示。首先是学院，学院是组织教学管理的主体部门，负责人才培养目标的审定，以及对人才培养过程和人才培养质量进行监控、考核和评价。其次是系，系是实施教学管理的主体，主要负责人才培养目标的制定，以及实施人才培养过程，系也是实施教学质量监控的重要组织。

最后是课程组，课程组是最基层的教学单位，也是实施课程建设的主体，主要负责课程的建设和教学任务落实。学院通过三级体系，严格执行学校和学院制定的各项教学管理制度，形成合力，提高教学质量保障体系的运行效率，确保教学管理的科学化、规范化和制度化。同时，学院不断加强质量文化建设，营造质量管理氛围，每年提供专项经费支持、鼓励每位教师参加校内外培训，不断提升教师教育教学的质量和水平。

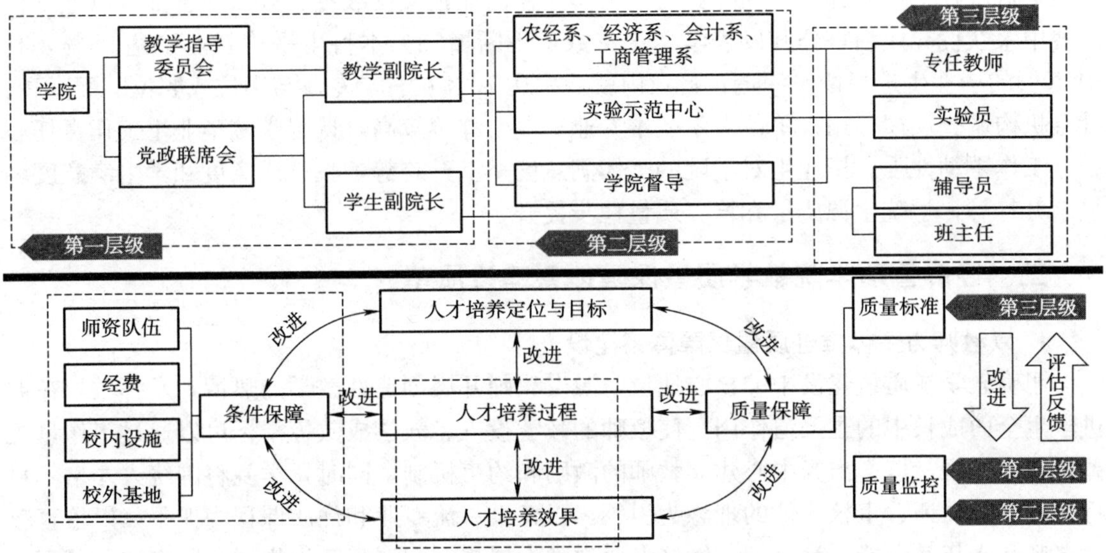

图 2　经济管理学院三级教学督导体系

2. 建立内外部质量监控模式，完善评价机制

在检查、评估、反馈和改进机制的基础上，学院建立了“三查三评三反馈”的教学质量保障模式。其中，“三查”是指期初、期中和期末三个阶段的教学检查；“三评”是指评教、评学、评管；“三反馈”包括向院领导、向各专业、向教师反馈。此外，通过走访用人单位、走访校企合作交流、组织访谈和调查问卷等多种方式，开展在校生、毕业生和用人单位满意度调查，深入了解和分析学生的成长情况和对学院教育教学的满意度，并通过客观公正地分析毕业生的就业形势和就业情况，以及毕业生表现与发展情况和用人单位的反馈情况，对学院的人才培养质量进行评价和监测。

3. 建立持续改进机制，完善质量管理体系

首先，通过教学工作例会、教学指导委员会、党政联席会等形式，集体研讨办学定位、人才培养目标、培养模式、人才培养方案、创新创业教育等重大事项，修订完善人才培养标准和相关规章制度等顶层设计。其次，为调动学生学习的主动性，开展强化课堂教学互动和考核形式多样化的课程改革，并通过专业评估、审核评估以及后续整改措施，梳理解决专业建设中存在的问题，进一步提高教师对教学设计、教学过程和教学效果的重视程度。最后在各种评优评奖中以教学质量作为重要参考依据，通过职称评审、职级晋级、年度考核、教学奖励等方式，引导教师深耕教学、重视质量。同时，根据相关文件，对违反教学管理规定的教师给予惩戒，对学生评教和督导评分在学院排名后 5%的任课教师，院系领导谈话，分析原因，研讨教学设计，改进教学效果，提升教师教学能力。

4. 教育教学成效显著，本科生培养质量稳步提升

近年，学院三个专业获批国家级或北京市级一流专业建设点，教师教育教学水平明显提升，学院在北京市级优秀育人团队建设、市级优质课程建设、市级课程思政示范课程、教育部和省部级教学改革项目、北京市教学创新大赛中纷纷取得佳绩。近三年，学院有近千名本科生在“挑战杯”“互联网＋”“全国高校商业精英挑战赛”等多项省部级以上学科竞赛中荣获优异成绩，公开发表学术论文数量不断增加。本科生平均就业率达96％，其中20％的毕业生选择读研深造，行业内就业率达70％左右，专业与岗位或职位匹配度高。社会机构调查反馈，用人单位对学院本专业毕业生评价较高，认为学院毕业生工作责任心强、工作主动性强。毕业生对学院的整体满意度呈上升趋势，教学满意度和学生满意度均呈上升趋势，学院生源质量和培养质量稳步提升。

三、经济管理学院教学质量保障体系建设展望

1. 以教师为主体推进质量保障体系建设

明确教学在质量建设中的核心地位，激发教师开展创造性教学的热情，发挥教学在促进学生全面成长中的主渠道作用。使教师的教学投入、教学成效等指标可以通过工作量等差异量化体现，以产出为中心建立教师的激励和约束机制。同时，学院将围绕人才培养目标，以专业认证、审核评估的理念为引领，以建设一流专业和优质课程为抓手，以培育教学名师和青年教学能手为目标，做好专业教师发展规划和课程建设规划，制定课程负责人岗位职责，多元化地评价教师教学投入和教学质量，打造高水平的教师队伍，突出质量导向，引导教师注重立德修身，严谨治学，做学生为学、为事、为人示范的“大先生”。

2. 以学生为中心改进质量保障体系建设

教学质量保障体系中要突出学生的中心地位，关注学生发展、学习和学习的效果，形成关心关爱学生、关注学生成长成才的政策导向，让学生充分地知情和参与到质量保障建设的各个环节。此外，不仅在教学各环节中重视督导和学生对教师和教学质量的评价，对学生的学习状态和学习效果进行评价也非常重要。加强对课堂表现、作业完成情况、学业成绩、素质能力等方面的监督评价，构建以学生为中心、学习成果为导向的多元评价体系，注重学生的全面发展，强化对反馈问题后续改进的跟踪，推进教学工作从“教师、讲授”为主体向以“学生、学习”为主体转变，使学院教学质量保障体系不断升级，促进学生知识、能力和素质的全面提升。

3. 以文化为内核促进质量保障体系建设

质量文化是质量管理的内核和动力，学院要从质量保障建设的制度层面向文化层面转变，营造重视质量的教育理念和价值追求，始终把人才培养质量作为学院发展的生命线。增强师生对学院发展使命感和责任感，促进教职工强化质量保障意识和质量管理的理念，充分认识教学质量保障体系的长效机制是不断提高教学质量的持续动力。同时，深化全员质量管理模式，保障师生的知情权、参与权和监督权，让师生共同参与质量保证体系的制度建设和运行管理等质量保证活动，使质量保证的理念和行为成为师生员工的自觉行动。

参 考 文 献

高恩泽，牟杰，周成华，2018. 专业认证背景下院校教学质量保障体系的构建、运行与评估：以徐州医科大学临床药学专业认证为例［J］. 医学教育研究与实践（3）：373-376.

韩建华，2020. 普通本科高校内部质量保障体系建设的成效、问题与对策：基于31所普通本科高校2015—2016学年度“本科教学质量报告”的文本分析［J］. 高教学刊（2）：187-189.

胡涛，陈平，王晓川，等，2021. “双一流”背景下综合性大学本科教学质量保障体系的探索与实践：以郑州大学为例［J］. 大学教育（1）：27－29.

黄悦华，薛田良，2021. “课程思政”的跨界协同“三全育人”体系探析［J］. 三峡大学学报（人文社会科学版）（2）：81-84，93.

澎湃新闻，2021. 蒋洪新：高校教育评价改革应把握“三个关系”［EB/OL］. https://m.thepaper.cn/baijiahao_15448205.

王嘉毅，封清云，2021. 坚持系统观念：“十四五”教育发展的重要实践遵循［J］. 国家教育行政学院学报（2）：3-9.

吴恩启，钱炜，2016. 面向卓越工程师计划的校企联合培养模式研究［J］. 教育教学论坛（35）：214-215.

吴岩，2022. 深化“四新”建设走好人才自主培养之路［J］. 重庆高教研究（3）：3-13.

新华网，2022. 习近平在中国人民大学考察时强调　坚持党的领导传承红色基因扎根中国大地　走出一条建设中国特色世界一流大学新路［EB/OL］. http://www.xinhuanet.com/politics/leaders/2022-04/25/c_1128595417.htm.

杨源，2022. 习近平教育扶贫观的三重论域［J］. 继续教育研究（7）：99-103.

翟博，2021. 深刻理解习近平总书记关于教育的重要论述核心思想和精髓要义［J］. 中国高等教育（1）：20-28.

赵金坤，李惠男，罗逸文，等，2022. “以学生为中心”理念下高校内部教学质量保障体系建设的思考［J］. 哈尔滨学院学报（4）：124-127.

N. J. Rao，2020. Outcome-based Education：An Outline［J］. Higher Education for the Future（1）：5-21.

园林学院教学质量保障体系的构建与实施

胡增辉[①]　张红梅

教学质量是高等教育的生命线，不断提高教学质量是高等学校永恒的主题。健全的教学质量保障体系是保证教学质量，实现学生培养目标的关键。在普通高等学校中，二级学院承担组织和执行教学活动的任务，是人才培养的实施主体，既直接组织教学活动，又参与监督教学活动，也是教学效果的监控者，其教学水平关乎高校人才培养整体质量。作为北京农学院的二级学院，园林学院在学校教学质量保障体系的基础上，构建教学质量保障体系，是学校进行教学质量管理的必要手段和方法，对于提高教学质量具有重要意义。园林学院在贯彻落实学校“五位一体”教学质量保障体系基础上，经过多年的建设和发展形成了自己特色的教学质量保障体系。

一、“三核六段”教学质量保障体系

园林学院围绕人才培养目标、人才培养过程、人才培养效果，建立了全员参与的“标准—执行—检查—评估—反馈—改进”的循环闭合、持续改进的“三核六段”教学质量管理体系（图1），确保教学质量保障系统运行有效。

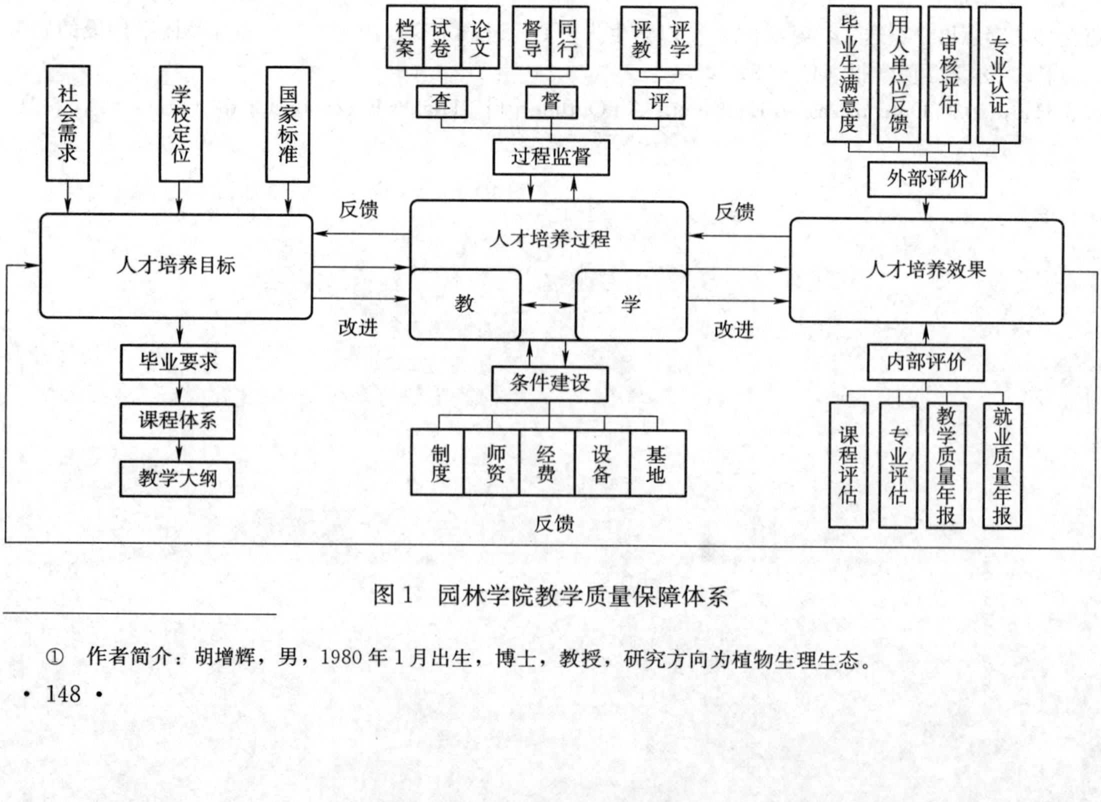

图1　园林学院教学质量保障体系

① 作者简介：胡增辉，男，1980年1月出生，博士，教授，研究方向为植物生理生态。

1. 制定人才培养目标

根据社会需求、学校定位和国家标准制定人才培养目标，设定毕业要求，设置课程体系，撰写课程大纲；根据本科专业类的教学质量国家标准和学校相关文件规定，完善并制定学院各专业建设标准、课程质量标准、各主要教学环节质量标准、教学质量评价标准等各种标准。同时也明确了学院各层次、各类管理和督导人员的权利和责任。

2. 监督人才培养过程

人才培养过程是实现培养目标的关键，包括教师的教和学生的学的过程。以制度、师资、经费、设备、基地等条件建设作为保障，为人才培养提供必要的条件保障。通过查、督、评对人才培养过程进行监督，并进行反馈。

3. 评价人才培养效果

人才培养的评价包括课程评估、专业评估在内的内部评价，以及审核评估、专业评估在内的外部评价，通过评价的结果分析学生是否达到培养目标，对人才培养目标进行反馈，而后不断调整改进。

4. 主要举措

园林学院根据社会对需求的不断变化，依据《普通高等学校本科专业类教学质量国家标准》修订人才培养方案，优化课程体系、更新教学大纲、丰富教学手段、改革考核方式，持续改进，保证教学环节和专业培养质量符合国家标准，确保人才培养质量适应经济社会发展需求。教学管理制度涵盖专业建设、课程建设、教学运行、平台建设、经费保障等，严抓各项教学管理制度的贯彻落实，各教学环节运行严格有序。采用常规教学检查、课程评价、专业自评、教学质量年报等校内方式，及麦可斯公司评价、校外专业评估的校外方式，对教学质量进行监控。利用校院两级督导机制，结合教师互评、学生评教对教学效果进行评价，及时反馈存在的问题，通过改革教学手段、更新授课内容、明确奖惩机制等方面进行及时整改。

二、教学质量保障体系的组织和制度建设

学院在书记、院长统一领导下，教学副院长具体负责本科教学的日常工作，具体负责贯彻学校的教学质量管理精神，保证学院教学质量保障体系的有序运行，督促检查教学质量管理工作的完成情况。学院的教学指导委员会负责确定学院人才培养总目标，制定教学发展规划，决定重大教学与教学管理改革事项，有效发挥教学质量保障体系的作用。学院设有教学督导，由经验丰富的退休教师担任，负责对教学质量进行督导和监控，不定期随堂听课指导，并及时反馈教学过程中存在的问题。专业负责人（系主任）负责教学过程的具体组织和实施，包括组织本专业的规划、课程设置、教学大纲制定、课程建设及教学改革。教师负责的是制定教学计划、授课、组织课程考核及相关教学材料填写与上报。课程组负责相应课程群的教学研讨和实施。学院教学秘书协助教学院长完成日常教学管理工作，对各类教学文件、资料（如培养方案、教学执行计划、教学大纲、教学日历、课程表、实践环节指导书、学期教学总结等）及时分类归档和妥善保管，对培养方案和教学计划执行过程中的变动、教师教学调课等情况均记录在册。

园林学院严格执行北京农学院制定的各项教学管理制度，制定、修订的专门管理文

件，让教学做到教学质量管理有章可循、有法可依。通过各项规章制度明确各教学管理岗位职责，规范了教学运行、考试管理、学籍管理、实践教学管理、课堂管理等各项教学管理工作，保证了教学管理的科学化、规范化、制度化。

三、园林学院教学质量监控措施

1. 常规教学检查制度

建立了期初、期中和期末教学工作常规检查制度。学期初主要检查教学秩序和教学准备，检查教学的运行情况，检查教师及学生是否按时上课；期中教学检查主要以教学质量为重点，检查教师的课堂讲授情况，实践教学的进展情况，学生的学习情况等，并通过和学生座谈交流，对教师教学方式及内容进行反馈和评价，为持续改进教学质量提供了有效支持；期末教学检查以考纪考风为重点，学院成立考试巡视组，检查期末考试组织工作，检查教师的监考情况和学生考试情况。

2. 教学质量激励办法

根据学校和学院的相关文件规定，对教学工作突出、教学效果良好的教师进行表彰和奖励，对违反教学管理规定的行为进行惩戒。在学校业绩评定和职称评定中，各级教学成果将作为重要的条件。在各种评优评奖中以教学质量也作为重要参考依据，并适当向辛勤耕耘、默默奉献、教学质量优秀的教师倾斜。对于违反教学管理规定，发生教学事故的教师，进行相应的处罚。

3.“3＋1”质量监控措施

为保障“3＋1”培养模式中“1”的实施质量，学院建立了相应的质量监控措施：①由学院书记和院长牵头，学院副院长和副书记组成领导小组，全面负责和指导“1”的实施，系主任负责具体实施；②辅导员和班主任做好实习的动员和组织工作，建立学生实习档案，明确每位学生的联系方式和实习单位，与实习单位建立长效沟通机制，随时了解学生实习情况，与实习单位进行协调，加强对实习学生的管理；③对于进入校外实习模式的学生，由校内导师和实习基地导师共同指导完成实习。两位导师共同商讨制定学生的实习内容，基地导师具体负责学生实习安排，为实习学生提供相应保障，校内导师对学生实习进行专业指导，两位导师共同监督学生实习过程，对实习成绩进行评定；④充分发挥学院督导组和教学指导委员会的作用，对实习过程和效果进行监控，与基地建立长效沟通机制，随时了解学生实习情况，定期到各实习基地走访调研，对学生的实习过程进行监督，保证实习效果，实习结束后参加对学生的实习进行答辩考评。

4. 质量监控效果

通过常规检查和各种专项教学检查进一步规范了各学院的教学管理；通过课堂教学质量评价，引导教师和各学院重视教学效果和人才培养效果，不断提高教学质量；通过实施教师教学工作要求，有效地监控了全学程教学环节，规范了广大教师在课堂教学、实践教学、考试考核等各教学环节的工作细则。另一方面，由于学生是质量监控体系的重要一环，学生通过教师教学质量评价，参与到了教学质量监控中，学生评教成绩作为教师教学业绩评定的重要参考，体现了学生在教学评价过程中的作用。同时，通过评教、监测教学信息的形式也促使学生更加主动地参与到教学过程中，学习的积极性得到提升，进而促进了优良学风的形成。

四、教学质量保障体系改进思路

基于OBE理念，园林学院继续围绕人才培养目标，完善教学质量保障体系的各个环节，加强规章制度建设和对实践教学的监控，规范同行评教，强化对反馈问题后续改进的跟踪检查，建立毕业生满意度、用人单位反馈跟踪等外部质量监控机制，逐步推进专业认证，使教学质量保障体系有效运行，保证人才培养质量。

工程教育认证背景下食品科学与工程学院教学质量监控体系构建研究与思考*

丁　轲[①]

摘要：本文从食品科学与工程学院教学质量监控体系构建的原则、教学质量监控体系的设计和教学质量监控体系的实施三个方面，详细阐述了以工程教育认证为目标，作为北京农学院唯一的工科学院将外部监控和内部监控整合为一个有机的整体，构建出一个科学、完善、有效的教学质量监控体系并按照监控、评估、反馈、改进的闭环运行，通过制度设计把重点放在日常性监控，以期达到良好的效果，为学院未来开展工程教育认证奠定坚实的基础。

关键词：教学质量监控体系构建；教学质量监控体系设计；教学质量监控体系实施

北京农学院食品科学与工程学院始建于1985年，2010年3月更名为食品科学与工程学院，现有食品科学与工程、食品质量与安全、酿酒工程3个专业，其中食品科学与工程和食品质量与安全专业分别于2019年、2021年申报并获批北京市一流专业建设点，酿酒工程专业是2018年获批并于同年开始招生的新办专业。由于学院3个专业均为工科专业，因此，食品科学与工程学院作为北京农学院唯一以工科为特色的学院，如何实施一流专业建设，同时带动新办专业的建设水平，是亟待解决且非常具有现实需求的问题。以专业认证引领一流专业建设，进一步推动学院教学改革工作，提升学院专业建设水平和人才培养质量是推动问题解决的有效路径。工程教育专业认证是实现工程教育国际互认和工程师资格国际互认的重要基础，也是国际通行并获得广泛认可的工程教育质量保障制度。质量保证且持续改进是工程教育专业认证的核心指导思想，在实施工程教育专业认证的背景下，如何构建一个科学、发展的教学质量监控体系是教学质量保障体系顺利实施的基础，既对通过工程教育认证具有重要意义，也对通过认证后工程教育质量的保证和提升至关重要。

一、学院教学质量监控体系构建的原则

在学院层面建立的教学质量监控体系，作为学校整体教学质量监控体系的一环，既有所在学院专业特色的独特性，在操作层面形成闭环运行，又要作为学校整体教学质量监控

*　项目支持：①2020年北京市教学改革项目（食品科学与工程类专业学生实践创新培养体系的构建与实践）；②2021年北京农学院校级教改重点项目（以一流专业建设为目标的食品科学与工程专业工程认证实施方案与策略研究）。

①　作者简介：丁轲，男，博士研究生，教授，食品科学与工程学院副院长，主要研究方向为食品安全检测技术开发、天然产物开发与应用。

体系必要的补充，服从学校关于教学质量监控工作的整体安排，保持步调的一致性。为了在学院建立一个科学、完善、有效的教学质量监控体系，应当遵循以下原则。

1. 全员性原则

教师、学生、学院管理者以及教辅人员构成了学院教学相关的主体，教学质量监控的对象包括教师的教学过程、学生的学习情况、管理者的管理方法等，因此教学质量监控体系需遵循全员性原则。

2. 全过程原则

教学质量监控还需做到全过程监控，包括事前准备、事中实施、事后整改等的监控。教学过程除课堂教学外，还包括如人才培养目标、培养方案、教学大纲等的制定与实施，也包括如实践教学、课程考核等环节，在所有的教学活动中都要有对应的质量要求，也要有配套的质量监控制度。

3. 全方位原则

教学质量监控是一项系统工程，需要多方面的协调配合，共同完成。作为教学过程中被监控的对象，不应局限在校内的教师、学生、管理者、教学服务者，而是应当将范围扩大，如涵盖毕业生；作为教学过程中监控者，也不应局限在校内的督导，而是应当将范围扩大到用人单位、相关院校和相关单位等多个方面。

4. 持续性原则

从一个较长的时间段来看，质量监控体系要能做到不断地长期持续运行，不应该是短期运行达到短期目标后就停止运行。教学质量监控应当是一个持续改进的闭环，在进行过程监控的同时，更应重视监控的反馈信息并应时提出持续改进措施。总之，教学质量监控体系是否能真正提高教学质量，遵循持续性原则是其得以实现的重要前提。

二、学院教学质量监控体系的设计

1. 组织架构

校院两级教学质量监控是现阶段国内高校常见的组织架构，在这种管理体系下，二级学院在学校整体教学过程中起着基础性作用，在教学质量监控体系中处于不可替代的地位，在设计学院层面教学质量监控体系的时候一定要充分考虑如何充分发挥教师、学生和基层教学组织的积极性和主动性，让学院的教学质量监控体系在学院各专业人才培养的过程中发挥好质量监控的作用，否则质量监控就会浮于表面。

2. 设计思路

“人才培养是高等学校的中心工作，质量是高等学校的生命线”，衡量人才培养质量的好坏主要体现在两个方面：①人才培养定位与目标是否符合国家与社会发展的需求；②人才培养效果是否达到人才培养的目标与定位。要做好这项工作，在实施层面要做好条件保障与质量保障两个方面的工作，条件保障主要包括师资队伍建设、教学经费投入、校内设施建设和校外基地建设等，质量保障主要包括质量标准的建设和质量监控体系的建设。通过梳理这些环节可以发现，整个人才培养过程就像一台精密仪器，这些环节环环相扣，相互作用，任何一个环节都需要在人才培养的实践过程中不断改进，才能使人才培养质量不断获得提升。同时，也可以看到整个体系的良好运行离不开学校、学院和专业三个层级的良好配合。作为学院教学质量监控体系的设计，就要从学院和专业层面，把涉及人才培养过程的所有环节都能建立质量标准和与之对应的监控机制，并使之良好地运行起来，并发挥持续改进的效果，以上设计思路如图1所示。

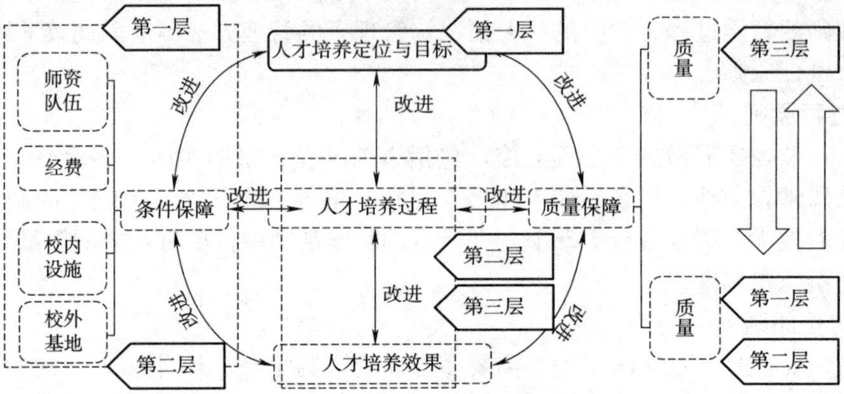

图1　食品科学与工程学院教学质量监控体系设计思路

3. 设计内容

通过对人才培养过程各个环节的梳理，主要包括专业人才培养方案、课程、实验实习、毕业论文、教师教学等核心环节，要抓好培养过程的质量监控，就要针对这些核心环节建立符合教育教学发展趋势和人才培养目标的质量标准，所有的环节严格按照标准的要求实施质量监控。质量监控按照实施的主体，可以分成内部监控和外部监控两个体系，内部监控体系主要包括日常性监控和阶段性监控，日常性监控包括学期三检查（期初、期中、期末）、同行听课、督导或学生评教、教师评学、教学质量年报以及就业质量年报，阶段性监控包括专业自评估、课程或教师教学质量评估以及在校生成长调查。外部监控体系包括专业评估或专业认证、审核评估、毕业生满意度、用人单位满意度第三方调查以及其他类型的评估。这样的设计统筹考虑了来自上级部门以及学校的教学质量监控内容，如教学质量年报、专业评估、审核评估等来自教育部和北京市教委的周期性教学质量评价工作，同时还为学院建设具有自身特色的监控体系留下了充分发挥的空间，如专业自评估、课程或教师教学质量评估、同行评估等，以上教学质量监控体系设计内容总结如图2所示。

三、学院教学质量监控体系的实施

1. 教学质量标准体系的建立

教学质量标准体系是教学质量监控体系实施的基础，建立标准既为教师提出了每一个教学环节至少要达到的下限，也为教学质量监控结果的量化以及客观公正性提供了依据和保障。对于外部监控体系，由于实施的主体已经建立完善的标准体系，在学院层面主要做好组织实施工作即可，对于内部监控，主要是日常性监控，需要关注到教学实施过程的各个环节，关注点更加聚焦于具体的教学实施环节，也更加体现学院层面教学质量监控体系对教学环节关注的全面性和细微性。如表1所示，学院以课程、实验、实习和毕业论文作

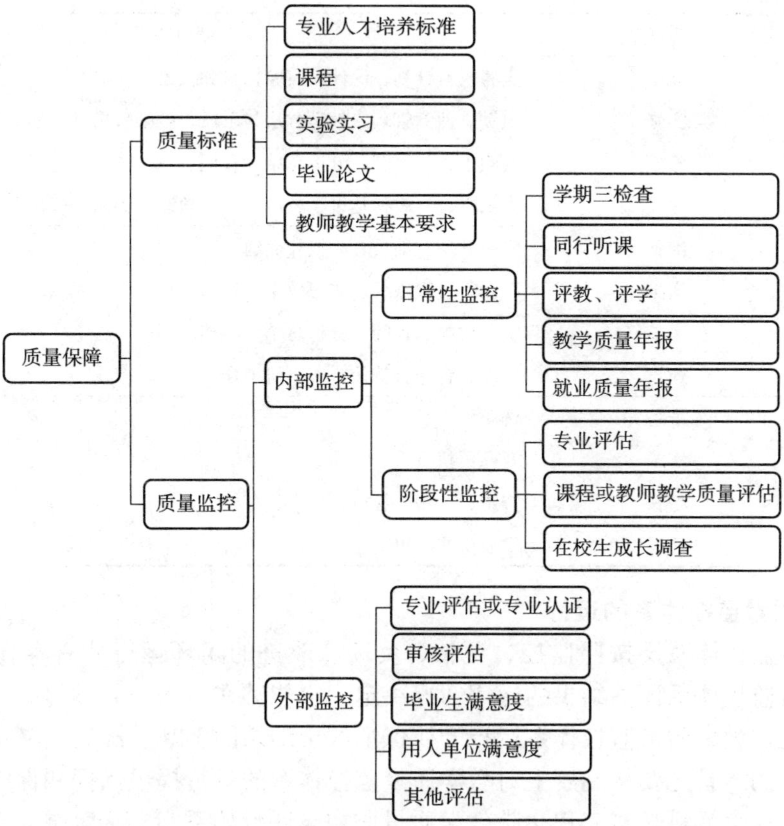

图 2　食品科学与工程学院教学质量监控体系设计内容

为一级环节，又将每一个一级环节分成（课程）准备、（课程）实施、（课程）考核和（课程）建设等 4 个二级环节，并在此基础上把每一个二级环节细分成若干三级环节，以“课程”的二级环节“实施”为例，又细分为出勤、课堂管理、教学方法与手段、教学效果、计划执行 5 个三级环节，学院在学校现有质量标准《北京农学院课程评估实施办法（试行）》（北农校发〔2018〕106 号）、《北京农学院本科生毕业论文（设计）管理办法》（北农校发〔2019〕34 号）、《北京农学院试卷管理规定》的基础上，分别针对一级环节逐项制定所有二级环节以及三级环节细化的质量标准，为学院教学质量监控体系开展好日常性监控打好基础。

表 1　教学环节分解表

一级环节	二级环节	三级环节
课程	准备	授课计划、教案和课件
	实施	出勤、课堂管理、教学方法与手段、教学效果、计划执行
	考核	出题、监考、阅卷、分析总结、存档
	建设	大纲修订、教材建设、教研活动、教改、团队

（续）

一级环节	二级环节	三级环节
实验	准备	实验执行计划、课件、实验耗材和仪器
	实施	出勤、课堂管理、教学方法与手段、教学效果、计划执行
	考核	实验报告、评阅、分析总结、存档
	建设	大纲修订、教材建设、教研活动、教改、团队、仪器平台
实习	准备	实习计划、动员、路线和交通
	实施	出勤、过程跟踪、实习效果、计划执行
	考核	实习材料、评阅、分析总结、存档
	建设	协议、合作、就业、产学研结合
毕业论文	准备	选题
	实施	开题、执行
	考核	查重、评阅、答辩、提交、存档、评优
	建设	发表论文、申请专利、申请项目

2. 教学质量监控体系的运行

教学质量监控体系要按照监控、评估、反馈和改进的闭环运行才有存在的意义和价值，教学质量监控体系评估结果的运用情况决定了它能够在人才培养过程中发挥作用的程度。由此可见，教学质量监控体系运行既要保证评价结果的客观、准确，又不能简单地以得到结果为目的。首先要从制度上对教学质量监控体系的运行提供依据和保障，为此，学院专门制定了《食品科学与工程学院教学质量监控与评价体系运行及实施方案》（以下简称“方案”），方案首先规定了学院的教学质量监控体系的组织机构，即“食品科学与工程学院教学质量监控与评价工作委员会”，由院长担任主任委员，教学副院长和学生副院长担任副主任委员，委员包括各系正副系主任（主任助理）、实验教学示范中心副主任、学院教学督导、教学秘书、办公室主任、团总支书记。方案规定教学质量监控体系运行包括监控、评估、反馈和改进四个环节，其中监控的主体包括学院领导、学院教学督导、同行和学生，评估的内容包括课程、实验、实习和毕业论文，方案规定了学院向专业、专业向教师逐级反馈监控评估结果的机制，每学年末形成每位教师的“学年度教学质量监控与评价报告”，并由学院教学质量监控与评价工作委员会在报告中针对老师在这一年教学工作中存在的主要问题进行点评，提出整改建议后向教师反馈。任课教师在收到自己的“学年度教学质量监控与评价报告”后的一周内向教学指导委员会提交整改措施，在下一年度的教学工作中落实这些整改措施并提交整改报告，对改进情况进行总结。为了更好地区分和保证不同的监控主体对课程、实验、实习和毕业论文评估结果的精准性，方案中还对不同主体评价的侧重点和打分项进行了规定，其中学院领导评教以“教师对教学的投入和绩效的整体评价”为主要侧重点，按照教学工作量（10%）、教学改革投入（10%）、教材建设（10%）、课程成绩（10%）、优质课程申报（10%）、教学比赛（10%）、科研成果反哺教学（10%）、培训进修（10%）、与课程相关的学科竞赛（10%）、上一学年整改措施落实情况（10%）10个方面对教师的教学状态按照百分制进行评估；教学督导以“教师对教学过程的投入和实施效果评价”为主要侧重点，按照教学内容（15%）、教学组织（20%）、教学方法（20%）、教学态度（15%）、教学效果（30%）5个方面对教师的教学表现按照百分制进行评估；同行以“教师对教学内容的掌握程度和教学设计的合理性评价”为主要侧重点，按照教学内容（20%）、教学设计（20%）、教学方法（20%）、教学态度（20%）、教学效果（20%）5个方面对教师的教学水平按照百分制进行评估；学生以“教师对教学对象（学生）的教学态度和教学效果评价”为主要侧重点，按照教学态度（20%）、课堂管理（15%）、教学互动（15%）、作业批改（15%）、教学答疑（15%）、教学效果（20%）6个方面对教师的教学水平按照百分制进行评估。

任课教师作为教学质量监控体系的监控和评价对象总是担心评价结果对其个人职业发展的影响，在一定程度上存在抵触情绪，作为教学管理者首先要充分评估评价结果的客观性，更重要的是要让教师理解评价的目的是要通过评价结果为老师们找到教学过程存在的不足和教学水平提升的方向，让老师的教学也像学生的学习一样要不断地取得进步，不能满足现状。最理想的效果是通过评价结果的反馈和持续改进，逐步引导教师把精力的重心和专注点放到教学上来，形成一种钻研教学，重视质量的教学风气，这才是人才培养质量提升和建设一流专业的根本保障。

一流专业的建设是一项任务艰巨的系统工程，以教学质量监控体系的建设和实施为切入点可以达到纲举目张的效果，特别是工科专业，无论是国家级一流专业还是地方的一流专业，建设的最高目标都是通过工程教育专业认证。因此，以工程教育专业认证标准进行一流专业建设，在此基础之上形成专业优势和特色，对普通本科高校的工科专业来说这是建设真正意义上一流专业的最佳路径。

参 考 文 献

陈久玲，魏连锁，李丽丽，等，2019. 二级学院教学质量评价体系的研究与探索 [J]．教育现代化（61）：98-100.

牛金星，魏巍，张涛，2018. 专业认证对教学质量监控的要求与实施效果 [J]．河南教育（10）：40-42.

韦璐，吴德义，陶明霞，等，2020. 工程教育认证背景下教学质量监控体系构建研究——以安徽建筑大学交通工程专业为例 [J]．合肥学院学报（6）：57-61.

计算机与信息工程学院本科教学督导工作总结

陈静怡①

摘要：本科教学督导工作，是加强教学质量管理、建立完善的教学质量监控体系的必要措施。教学督导的工作能够切实有效地提高计算机与信息工程学院本科教学质量和教师教学水平，使教学质量监控工作经常化、制度化和科学化。

关键词：本科教学；督导；工作总结

本科教学督导工作，是加强教学质量管理、建立完善的教学质量监控体系的必要措施。教学督导的工作能够切实有效地提高计算机与信息工程学院本科教学质量和教师教学水平，是教学质量监控工作经常化、制度化和科学化不可缺少的存在之一。

一、计信学院督导工作回顾

计信学院聘请学校教学督导组开展督导工作，通过听课、召开座谈会、检查实习、检查试卷及论文等形式对学院教学管理进行全面督导、检查，对教学工作提出意见和建议，为学院提高教学质量提供保障。督导能激发人的动机，使人具有内在驱动力，向期望的目标前进。促进师生教学活动中的主动性与热情，调动师生的积极性，激励师生全身心地投入教学活动中去。督导在适时客观地对教师教学进行评价，帮助教师明确自己在教学工作中需要努力的方向，不断扬长避短、积极进取。恰当、合理地提高了学生的学习积极性和学习效果。自学院成立以来，先后聘请了王玉洁、张一、李小苓、柴丽娜等多位督导老师，每位督导老师在职时，都兢兢业业，为学院的教学质量提高做出了重大贡献。督导老师们对他们所获得的信息进行分析研究后，提出改进工作的意见和建议，学院通过定时公布的一段时间以来督导工作通报，不断改进，不断学习，工作通报里的建议对于提高教学质量是十分重要的。因为督导教师听课、检查实践教学环节都是随机的，但是覆盖面是很广的，任课教师备课是否充分，学生课堂纪律等，都是督导教师眼中最值得记录的事情。但凡有督导教师在的课堂，总会比平常的课堂更为严肃，压力也更大，因为督导教师的存在对于任课教师和学生都起到了一定督促作用。

每位督导教师的教育思想观念都很先进，同时具有坚持原则、责任心强等优秀品质。他们拥有较高的政策和教学理论水平，多年从事教学或教学管理工作，具有较丰富的教学实践和管理经验，具有较强的组织能力和教学研究、教学指导能力。这使得他们在听不同

---

① 作者简介：陈静怡，1994年4月出生，女，主要研究方向为教育教学管理。

的课程时，都能很好地找到任课教师目前存在的不足，以及需要改进的地方。督导教师大多不超过70周岁，同时具有副高（含）以上技术职称，这样能坚持正常教学督导工作。在线下授课时，督导教师风雨无阻，不间断地把每一次、每一门课都认真听，并且认真记录，这让从督导教师那里得到的教学信息更为及时、可信。

督导教师非常注重培养教师自身能力，始终把教师主体意识和创新精神放在首位，尊重教师、关心教师的成长，充分调动教师的积极性，提高教师的参与意识，使教师的成长与学校的教学改革发展紧密相连。同时，他们以发展的眼光看待目前年轻教师的成长，以服务意识帮助他们的教学工作；以发现、帮助与提高为目的；以激励、促进与鼓舞为手段，不断地为学院教学质量及质量保障做着贡献。

二、督导工作的成效

每学期开始两周内，督导教师都会根据学校相关规定对照各系上报执行的教学计划、开设课程教学大纲和教师教学必备教材、教学进度表、授课计划、教案等进行检查。毕业论文与实习作为学生大学四年来最后也是最重要的部分，督导教师投入了十足的精力在其中，每学年对专业实习、毕业设计和毕业实习等体现学院办学特色的教学开展重点检查，严把“3＋1”的最后一年实践教学质量。学院对每一届学生都制订经过教学指导委员会讨论通过的专业实习实施细则、毕业设计实施细则和毕业实习实施细则，定期检查各导师是否按照细则中的计划开展实践教学工作，定期检查实习进度和实习效果是否符合预期，毕业设计细则制定了选题、开题、中期检查、查重和答辩各个环节的规范并严格执行。

在督导和任课教师共同的努力下，近两年，学生的到课率逐渐提高，听课的多了，记笔记的多了，睡觉的少了，玩手机的少了，学生的学习态度明显好转。教师授课中，精心准备认真讲课的多了，照本宣科的少了，教学中师生互动多了，“一言堂”少了，老师讲课的质量正在稳步提高。近年，学院姚山、李晓华、张园园、王怀威等老师登上了督导简报优秀教师推荐的名单，这与督导组的监督和努力是分不开的。

为了更好地做好督导工作，督导教师不断加强学习和自身修养，熟悉教学管理的各项规章制度和质量标准，严格按照教学管理规章制度、教学计划、教学大纲、教学日历等开展督导工作，并及时填写相关记录。定时参与学院的教学质量评价活动：根据工作需要，在不同范围内召开教师、师生或学生等各种层次、各种形式的教学座谈会，并将座谈会会议纪要提交教学指导委员会。在每学期开学后第二周，督导教师会定时召开教学督导组会议，根据学院教学工作安排和学院教学工作实际情况，制定学年度教学督导工作计划，该计划经教学指导委员会讨论同意后实施并备案。

督导教师一直是教学提升最坚实的后盾，无论是之前线下授课时风雨无阻的认真听课，反馈指导意见，还是近几年的线上的教学方式指导，无论是教师，还是学生，都收获了最宝贵的财富。

三、督导工作展望

教学督导不仅具有巡视、检查、监督的职能，而且具有反馈、指导、咨询、服务的职能。它不只在于监督、检查，了解教学现状，更要着眼于通过对教学的切磋、指导、服务的改进，调动教师教学的能动性和自觉性，发挥教师的潜能，激励和引导教师自我成长。督导的作用是通过履行督导的职能来实现的。教学督导是对教学工作实施监督与指导的一项制度，是学校教学质量监控体系中的重要组成部分，教学督导的出发点和落脚点是提高教学质量，督导的重点是导，以督促导、以导为主，着眼于激励和调动教学积极性，促进教学质量不断提高。

教学质量管理水平直接影响了学校培养人才、教学科研以及服务社会等职能的充分发挥。建立健全的教学质量保障体系是为了体现学院的办学思想，实现学院的发展目标定位，在教学的整个过程中加强自我管理、自我监控、自我调节的能力，而督导的作用完善了教学质量保障体系建设，由原先的学生单一评价老师，到现如今的督导作为第三方监督教师上课情况，以及学生课堂表现。同时，在每学期开展的师生座谈会上，督导的建议也大大提高了教师、学生和学院之间的凝聚力，大大提高了师资队伍的整体水平。

在未来的日子里，学院的督导教师应顺应时代的变化，科技的发展，开展更多的教师座谈会，以教师团队建设促进教师专业水平的提高，形成全面提高教师能力的良性机制。同时，不光在教学水平上，在师德方面也要重视，抓思想作风建设，回归本分，树立最基本的师德意识。通过多种形式和途径提高教师的思想素质和敬业精神，不断增强教师教学质量荣辱感和培养人才责任感、使命感。强化教师课堂教学主体责任，严格规范教师请假、调课制度。督导老师不仅要对教师上课时的教学水平进行监督，还要对教师进行全面的、思想上的监督。

尤其因为新冠肺炎疫情原因，目前学生大部分都采用线上教学，此时更需要督导教师的严格监督，不仅是防止教师懈怠，同时也是为了保持学生的课堂质量与线下相比没有太多出入。学生是否按时上课，是否认真听课，是否只是单纯地挂机而去做其他事情，都是影响学生线上学习效果的因素。

随着督导工作的进一步深入，今后的教学督导工作将由监督、检查向更多的指导、服务转变。这就对督导教师提出了新的更高的要求，即督导教师不仅应该成为督导行家，而且应该成为教育教学领域的专家，要深入课堂、实验室和实习基地，检查教学管理和教学工作，要督在前，指导在先，提出具体意见，成为师生的良师益友。

文法与城乡发展学院构建“三重四环”教学质量保障体系的探索与实践

龚刚强①

摘要：针对教师人数多、学生数量大的情况，北京农学院构建了由院级管理组织、系级管理组织、专门督导组成的“三重”教学质量保障组织，构建了由“质量标准—监控机制—反馈纠正—总结提高”四个环节构成的闭环式教学质量保障机制，形成“三重四环”教学质量保障体系。

关键词：质量保障体系；质量保障组织；质量保障机制

一、“三重”教学质量保障组织

文法与城乡发展学院拥有五个本科专业，分别为法学、社会工作、农村区域发展、会展经济与管理、旅游管理。专任教师人数多，学生数量大，实施好教学质量保障具有一定难度。针对这一情况，学院构建了由院级管理组织、系级管理组织、专门督导组成的“三重”教学质量保障组织。

（一）院级管理组织

1. 党政联席会

学院领导班子定期召开党政联席会议，研究本科教学工作，查找教学中存在的问题，总结凝练本科教学的经验和成果，推动教师认真履行教学职责，积极进行教学研究和改革。

2. 教学指导委员会

学院设立教学指导委员会，学院领导班子成员和系主任为教学指导委员会的成员。教学指导委员会定期召开会议，必要时召开由教师党支部书记、系副主任、教授、教学督导参加的教学指导委员会扩大会议。学院通过教学指导委员会，对教学工作进行统一决策、部署和监督，对教师进行评价。

教学指导委员会同时是教材工作委员会，作为学院教材建设与管理工作的责任主体，对教材编写和选用进行审核。

3. 课程思政工作领导小组

课程思政在培养社会主义建设者和接班人，落实立德树人根本任务方面至关重要。学

---

① 作者简介：龚刚强，1975 年 10 月出生，男，教授，北京农学院文法与城乡发展学院副院长，主要研究方向为法理学、农业农村法治、教育教学改革等。

院成立专门的课程思政工作领导小组，组长由党总支书记和院长担任，副组长由教学副院长、科研副院长、学生工作副书记担任，组员由各系教师党支部书记担任。形成党总支统一领导、党政齐抓共管、教学管理部门牵头抓总、教师党支部落实推进的课程思政建设工作格局。以课程思政建设推动教师党支部建设，推动师德师风建设，提高教师的教学能力和教学效果，保障教学质量。

（二）系级管理组织

1. 系和教研室

系和教研室在专业建设、课程建设、教学组织、教学研究与改革等方面发挥着主体作用。系和教研室定期组织教师开展教学研讨，对学生特点进行分析，改革和完善教学方式；研究国家和北京市发展规划和相关文件，分析行业未来发展和人才需求趋势，依据本专业《普通高等学校本科专业类教学质量国家标准》，立足学校办学定位，完善人才培养方案；组织教师形成教学团队，发挥团队在提高教学质量、开展教育教学改革、进行课程建设和教材建设等方面的作用。

2. 教师党支部

教师党支部领导和支持系和教研室开展教学工作，同时负责本专业的课程思政建设，定期组织教师进行政治学习，召开课程思政建设研讨会，进行课程思政总结。

（三）专门督导

教学督导承担着专门进行教学质量保障监督和指导的职责。学院聘请了 2 名负责本学院的学校督导作为学院督导，同时另外聘请 2 名学院督导。学院组织每个系推举 1 名教师担任系督导。由此，形成校、院、系三级教学督导体系。

三级督导的分工大致如下：校督导对学院全体教师随机进行听课督导，对学院提出的特定教师进行定向听课督导；学院督导主要对青年教师进行听课、指导、帮扶，对学院的课程思政情况进行督导；系督导主要对存在问题的个别教师进行“一对一”的听课、指导、帮扶。

二、“四环”教学质量保障机制

依据 OBE 理念，学院构建了由“质量标准—监控机制—反馈纠正—总结提高”四个环节构成的闭环式教学质量保障机制（图 1）。

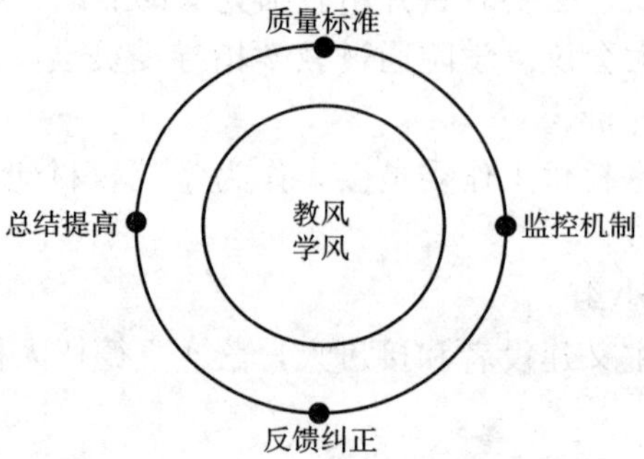

图 1　闭环式教学质量保障机制

（一）教学质量标准

在课堂教学、考核、实验实习、毕业论文等教学环节，严格遵循学校教务处制定的标准，同时根据学院和专业的特点制定院系实施细则。针对课程思政建设，学院还制定了专门的《课程思政评价标准》作为课程思政建设和督导的评价依据。

（二）教学质量监控

学院注重教学过程的严格管理和监控，采取多种方式监控教学过程，以保证教育教学质量，达到人才培养目标，同时使教师和学生成为自我监控的主体，自觉规范自己的教学和学习行为。

1. 对教师教学的监控

第一，强化教师的课堂第一责任人意识，通过听课、看课和教学观摩，开展督促、指导和示范。严格执行学校关于教师课堂教学和师德师风的规定，在年度考核、职务评定、职务晋升、评奖评优等方面，对教学事故和师德师风问题实行一票否决制。

第二，发挥三级教学督导的作用，对教师教学质量进行直接监控，既“督”又“导”。

第三，成立由学院教学指导委员会成员、党支部书记、系督导组成的看课小组，每天分三个时段进行看课检查，了解学生的出勤状况和课堂秩序情况。

第四，学院强调同行听课和集体学习研讨制度。每学期教师之间要互相听课不少于 2 次。在期中教学检查期间，组织全体教师到优秀教师的课堂进行观摩和研讨。以系为单位开展教学质量研讨，注重发挥每一个教师的特色，形成“百花齐放”的局面。

2. 对学生学习的监控

学院加强学生考勤工作，严格执行学生考勤和请假制度，使用学院自制的考勤系统加强管理，以考勤为依据，严格执行课程考试资格审查。

学院加强学生学业过程管理，严肃考风考纪、留级制度、退学制度，加强学生毕业论文写作和答辩的过程管理。

对于学业存在问题的学生，建立三级预警机制，分别由班主任、系主任、学院领导对学生及家长进行谈话沟通和帮助指导。

（三）教学质量反馈与纠正

1. 督导信息反馈

督导听课后一般会直接将意见反馈给被听课教师，对于不便直接反馈的意见，由学院教学副院长和系主任及时传递至相关教师。

院系定期邀请校、院两级督导参加院系的教学研讨会，指导教学工作，与教师进行交流研讨。

2. 学生评价、座谈会和问卷调查

学院在学期初向学生发布问卷调查，了解学生对教学质量的满意度和意见，并将信息反馈至系主任和相关教师。在期中教学检查周，学院和各系组织召开学生座谈会，了解学生的学习状况、培养目标的达成度、学生对授课教师的满意度和意见等。每学期结束后，学生通过教务系统对教师进行评价和评分，学分评分作为教师申报优质课程的重要参考指标。

3. 教师约谈和帮扶指导

对于督导和学生反映问题较多的教师，学院院长、教学副院长和系主任、系党支部书记对该教师进行约谈、沟通、指导，把学生和督导的意见、评价、建议等反馈给相关教师，帮助该教师改进教学质量。对于问题较大的教师，学院组织教学督导、教学指导委员会成员、系督导、党支部书记、优秀教师等一起进行会诊和指导帮扶。

（四）教学质量总结

学院强调课程档案建设，每门课程结束后，教师撰写总结报告，总结本学期教学中存在的问题，提出改进对策。

学院每学期末召开全体教师的教学工作会，总结一学期的教学工作，对优秀经验进行推广，对存在的问题进行反思。

学院每年撰写教学质量年报，总结一年的教学运行状况和经验，分析存在的问题，提出改进措施，并在下一年度中予以落实。

三、教学质量保障体系的完善

通过构建“三重四环”教学质量保障体系，学院的本科教学质量稳步提升，教学秩序规范、绝大部分教师每年的学生评教分数均在 90 分以上。特别是法学专业和社会工作专业的整体教学质量得到学校督导组的高度评价，被认为教风严谨，学风优良，课堂纪律严明，师生互动积极，课堂气氛活跃，教学效果好。但是，学院教学质量保障体系仍然存在一些问题，需要不断改进。

（一）完善教学质量标准

对于学校教务处已经制定的教学质量标准，院系两级组织是否还需要逐一制定实施细则，目前在认识上还不够统一。需要根据情况确定，既不能进行意义不大的简单重复，也不可形成惰性思维。

（二）提升教学质量监控效果

基于教师职业的特殊性，教师的课堂第一责任人意识主要依靠师德自律。院系的教学质量监控难以具有硬性的奖惩措施，未来需要不断探索行之有效的柔性约束手段。

在教务处开发的课程教学质量系统运行之后，可以利用该系统加强教学质量信息的收集、跟踪、反馈、评价、分析，形成完整的全链条式质量监控机制。

（三）加强教学质量信息分析

将看课和听课等监控机制获得的信息直接反馈给相关教师，只是初级的信息反馈，未来需要不断加强对教学质量信息的加工、整理、分析、研究，强化对教师全部教学投入的信息分析评价，以此形成科学完备的教学质量评价指标体系。

（四）提高教学质量总结的针对性

一些教师的课程总结存在各学期雷同现象，各系的实习总结、毕业论文总结质量也参差不齐。未来需要不断提高教学总结的质量，督促教师、课程组、系加强总结研讨，开好学院的教学总结会，提高教学质量总结的针对性。

中外合作办学教学督导探索与实践

姜　楠[①]　张志勇

摘要： 中外合作办学教学督导工作是我国高等教育质量保障体系中需要加强的一环。根据中外合作办学过程中教育教学督导工作及作用，本文从中外合作办学教学督导定位、工作特点、工作要点等方面进行了讨论，以期为今后中外合作办学项目的教学督导工作提供借鉴。

关键词： 中外合作办学；教学督导；督导定位；教育实践

高等学校的基本职能是人才培养、科学研究、服务社会及文化传承，其中最根本的任务是人才培养。人才培养质量是学校的生命线，教学过程中质量监督指导是保障人才培养质量的重要工作，教学督导正是落实人才培养质量保障的工作机制，是学校教学质量保障体系重要的组成部分，对完善教学质量管理的运行机制、促进教育教学质量的不断提高具有非常重要的意义。作为我国高等教育的重要组成部分，中外合作办学是我国继公有资源办学、社会力量办学之后的一种新的教育形式，这种办学在依据中外合作双方的法律法规的基础上，通过教学活动落实双方互认的人才培养目标，贯彻双方互认的教育教学质量标准，还要兼顾双方的办学目的追求合作共赢的办学效果，在可持续发展中教学督导的作用就显得尤为重要。探索中外合作办学的教学督导工作机制不仅对于合作办学项目本身具有重要的意义，而且可为中方其他专业教学工作的质量监控创造借鉴价值。

一、中外合作办学教学督导的定位

教育教学督导制度最早起源于17世纪美国马萨诸塞州的教师聘任和检查制度。最初职能主要是监督对教育政策法规执行程度和辅导学校设计培养方案，引导教师改进教学方式，激发学生学习情感、学习兴趣、学习动机等。之后，法国、英国等国家政府相继出台有关法律法规，设立政府教育督导机构、岗位等，明确教育教学督导职能，并且不断完善改进，形成了相对完善的教育教学督导制度。新中国成立后，政府高度重视教育教学督导工作，1949年中央人民政府教育部发布的《中央人民政府教育部试行组织条例》第十条规定“视导司的第一项职责就是掌管教育之视察、考核和督导事项”。之后，1986年由全国人民代表大会制定的《中华人民共和国义务教育法》、1991年由国家教育委员会发布的《教育督导暂行规定》、1995年第八届全国人民代表大会第三次会议通过的《中华人民共

① 作者简介：姜楠，1980年4月出生，女，副教授，主要研究方向为高等教育国际化。

和国教育法》、2012 年国务院通过的《教育督导条例》等法律法规在不同阶段明确规定“国家实行教育督导制度和学校及其他教育机构教育评估制度”，推进教育教学督导工作。2014 年教育部颁布《深化教育督导改革转变教育管理方式的意见》，开始正式着手构建督政、督学、评估监测三位一体的现代化教育督导体系，并在《国家中长期教育改革和发展规划纲要（2010—2020 年）》中再次明确提出，进一步健全教育督导制度，要建立相对独立的教育督导机构，独立行使督导职能，健全国家督学制度，建设专职督导队伍。为了加强学校内容质量保障体系建设，2007 年教育部《关于进一步深化本科教学改革全面提高教学质量的若干意见》专门指出，把教学督导制度作为大学进一步加强教学质量监控、提高教学质量的重要举措之一。随即，大学教学督导工作体系迅速建立。世界各国的教育教学督导制度基本相同，教育教学督导组织体系基本上由政府、社会机构、学校三方面构成，均为公共政策体系的一个重要组成部分。其中“教育督导”作为政府的一项专门工作，行使政府教育监管督导职能；“教学督导”逐渐特指学校内部的督导。从工作性质上，大学教学督导包含三部分，即督教、督学、督管三方面内容。督教是指对教师教学全过程的各个主要教学环节进行检查、咨询、指导、评价，督学是指对学生的学习活动过程进行多方位的督导，督管是指对育人环境的管理进行督导。由于校内主导分工及教学督导工作承担者业务限制等原因，目前大学的“教学督导”主要定位在“督教”，即主要是教学质量监控、咨询和帮助青年教师提高教学水平，同时也了解学生对学习的态度、对教学的意见及建议等方面，供学校领导、教务部门制定政策和工作计划时参考，而“督学”“督管”则由其他部门行使职能。

中外合作办学是集合中外双方教育资源、质量保障体系运行的办学形式，办学项目在国内、校内的主管单位和学校的主体教育管理不属于同一个部门，与学校主体教育教学机构相比，存在着组织管理体系、师资来源、培养方案、质量评估标准等多方面的差异。由于具体事务管理需要遵循国家外事政策和教育政策，中外合作办学需要由学校统一顶层设计，校内跨部门多方位支持方可运行。因此，中外合作办学的教学督导工作依据中外双方的法律法规及合作协议，不仅担负着督教、督学的职能，更重要的是还担负着其对项目设计、运行、质量评估等的指导、监督，还要及时向中外教学双方及受教育者三方反馈信息，行使其“督管”职能。

二、中外合作办学教学督导工作的特点

1. 督导工作原则

（1）坚持依法督导，保障项目高质量运行。依托有关法律法规，充分发挥中方办学自主权，督促校内外事、人事、财务、教务等方面研究国际教育事务规律，落实相关政策，落实具体措施，保障国际合作办学在复杂的环境中健康发展。

（2）求同存异，互惠互利。中外合作办学中我方强调其社会功能和社会效益，并且必须保证教育服务于国家和社会，而境外教育机构视教育为一种产业，合作办学主要目的就是为了经济获利。督导工作需要对项目运行中涉及的中、外教育方和受教方的利益诉求、冲突矛盾有充分研究，及时支持项目管理者予以解释疏导。

（3）取长补短，高标准落实学术标准内涵。中外合作办学项目学术标准互认是合作办

学的根本。中外办学双方拥有特色项目的学术标准，但因文化背景差异，其内涵掌握不尽一致。督导工作需要引导项目建立双方互认的管理机制，并积极促进双方执行者对接、共同解读合作协议和培养方案，完成跨文化背景下的教育教学工作。

（4）兼容并蓄，实行跨文化的人才培养及考核体系。根据学生特点，促进建立兼容并蓄的学生培养及考核体系，适合学生发展的升留级制度，促进完善项目内外学分互认的质量标准。

2. 督导工作方法

中外合作办学教学督导的工作方法，应中外结合。对于中方主导的课程教学等工作，受中方管理部门的委托，采取听（听课、召开座谈会听取师生的反映）、看（查看教学运行和教学管理情况）、查（查教学大纲、授课计划、试卷、作业、实验实习报告、课程设计、毕业论文等）、评（对教学状态、效果进行评价）等方法，客观评价教学内容、教学方法、教学效果；对于外方主导的课程等教学工作，需按照合同约定，采取合适的方法进行督查，对于外教在中方的课程教学，还要事先征得教师同意再开展有关教学检查工作。对于督查结果及时总结，上报项目负责人，进而通过约定途径反馈给外方。还要重视项目运行接续情况，督促及时改进。

三、中外合作办学教学督导的工作要点

经济全球化促进了国与国间知识、技术、人力的相互流动，教育国际化是经济全球化的必然结果之一。中外合作办学是通过对国外优质教育资源进行吸收和创新，提升我国人才培养质量，进而服务社会各行各业、最终提高我国国际竞争力。在教学督导中，应重点关注以下几方面。

1. 审查合作办学的基本定位

凝练办学定位是我国高等教育发展的任务，中外合作办学项目的立项，必须依托中方现有的专业进行，其项目设计必须符合中方办学定位要求。以北京农学院为例，其办学定位为“以都市型现代农林高等教育为特色，建设高水平应用型大学”，在项目人才培养目标、教学体系构建等教育基础设计中应充分体现支持、支撑这一办学定位。学校教学督导的工作在中外合作办学项目启动之初就应该发挥作用，研究项目合作外方的基本情况，配合学校外事、教务等职能部门，就合作项目的专业方向、教育教学形式、办学模式等进行审核，起到初步审查和具体指导的作用，保证合作办学项目上报国家批准的文件符合学校的办学定位。

2. 监督人才培养目标落实

中外合作办学项目教育质量要符合所授予的学位标准，人才培养目标还必须被合作双方所认可。由于人才培养目标随着社会经济发展有不同阶段的内涵和侧重要求，合作办学项目的人才培养目标的设立、教育教学工作是否能够及时跟进，需要教学督导的实时监督和指导。

3. 审定督查教学计划落实

由于中外双方在专业设置的权限和管理存在较大差异，中外合作办学的项目运行中教学计划的落实常常会受到影响。尽管合作双方以合同形式固定了基本专业培养方案，但在

实际执行教学计划时教学内容及学时比例等可能发生微调。这种微调必须满足双方原本对专业教育的基本要求，还要满足中方教育部对中外合作办学的刚性规定，即引进外方课程比例、外方专业核心课占全部专业核心课比例、外方教师所授专业核心课门数占全部课程门数比例、外方教师所授专业核心课学时数等达到 4 个 1/3 以上。这种形式要求教学督导要随时掌握项目运行情况，跟进检查教学计划的实施，对照教学大纲和教学计划，就课堂教学、实验实习教学、考试考核、毕业设计（论文）与答辩等教学环节开展督查和督导工作，代表中方检查各项指标是否符合双方协议及中国政府批准的培养方案要求，保证教学任务的落实。

4. 依法开展教学督查督导工作

中外合作办学项目接受中外双方教育教学质量监督部门的管理。依据有关法律法规，接受外事、教务等主管部门委托，采取多种方式开展合作办学教学督导工作，完成对学校、学院教学制度的制定与执行情况的督查；结合合作办学项目人才培养目标和学位学术要求，对照项目教学大纲和教学计划，就课堂教学、实验实习教学、试卷、毕业论文与答辩等教学环节开展日常督查和督导；依据中外双方协议，协助完成教学事故等特殊质量保障业务的调查、核实等。

5. 及时总结工作，反馈督导信息

中外合作办学督导应纳入项目运行管理。根据项目工作实际，适时开展督导报告，分析研究项目教学、运行中存在的问题，提出解决问题的建议，必要时以书面形式完成专题报告。

四、实践效果

北京农学院自 2003 年开展中外合作办学以来，即开展了教育教学督导工作。一方面，将中外合作办学项目纳入学校本科专业督导工作范畴，接受学校统一安排的教学督导工作；另一方面项目内设置督导工作岗位，不断探索中外合作办学教育教学督导工作内涵，建立中外结合的教学督导工作机制，加强涉外教学督导事务管理，指导项目协议起草、续签；督导项目在中外双方落地运行，督查项目教学计划及教务管理情况，确保中外合作办学项目高质量达标运行，收到了较好效果。在这种督导机制保障下，北京农学院与英国哈珀亚当斯大学合作的“国际经济与贸易”“食品质量与零售管理”两个本科项目曾被英国 QAA 评为优质国际合作教育项目，与澳大利亚伊迪斯科文大学合作的“环境科学与管理”本科项目，被对方评为优秀国际教育合作项目。三个中外合作项目均创造了立项以来无条件通过国家评估的好成绩，受到了业界充分肯定。项目每年出国留学 100 余人，毕业生考研率均达 75%以上，社会用人单位反映良好，为提升学校本科教育国际交流工作做出了重要贡献。

参 考 文 献

姜楠，霍春艳，夏孟婧，等，2021. 中外合作办学教育资源优势互补的实践 [J]. 科教导刊（电子版）(9)：15-17.

李平，2017. 国外教学督导评价制度的比较及启示［J］. 时代教育（15）：38-39，47.
林金辉，2017. 新时代中外合作办学的新特点、新问题、新趋势［J］. 中国高教研究（12）：35-38，55.
丘华昌，2009. 大学教学督导之管见［J］. 华中农业大学学报（社会科学版）（2）：104-105.
张志勇，2021. 地方公办高校中外合作办学可持续发展的思考［J］. 科教导刊，2021，（4）：3-6.
周海涛，朱玉成，2018. 教育督导的国际共性特征和我国变革动向［J］. 教育改革研究（6）：227-236.
周玲凌，吴李慧，2020. 督导制度的渊源及本科教学督导的实践与探索——以华东理工大学为例［J］. 北京教育（高教）（7）：45-47.

基础教学部本科教学质量保障体系建设

颜亭玉[①] 王玉辞

摘要： 本文介绍了北京农学院基础教学部本科教学质量保障体系建设的经验、成效和展望。重点阐述了基础课程教学质量保障体系的主要内涵、运行机制，基于教研室功能的教学团队建设。该教学质量保障体系的建设，提高了基础教学部教学质量，对地方农林高校基础课程教学质量保障工作具有一定借鉴意义。

关键词： 基础课程；教学质量；人才培养；保障体系

《国家中长期教育改革和发展规划纲要》工作小组把促进人的全面发展、适应社会需要作为衡量教育质量的根本标准。基础教学部是学校公共课和基础课的重要教学基地，拥有数学、物理、外语、体育、艺术五大学科，承担着全校各专业50多门公共课和基础课教学任务。为了提高本科教育教学水平和人才培养质量，需要探索在地方农林高校培养复合应用型人才背景下，构建具有学科特点的基础课程本科教学质量保障体系。

基础教学部在学校党委的正确领导下，坚持立德树人，以服务学校各专业发展，培养德智体美劳全面发展的复合应用型人才为目标，结合加强过程管理、提高基础课教学质量、深化各科教学改革、规范学科竞赛管理、提高竞赛成绩、加强师资队伍建设等方面构建了基础教学部本科教学质量保障体系，取得了诸多成绩，明确了后续本科教学质量保障体系建设方向。

一、构建基础教学部本科教学质量保障体系

1. 制定基础教学部教学管理规范

为更好地贯彻落实学校人才培养中心工作，基础教学部制定了教学副主任教学管理工作责任制、教研室主任教学管理工作责任制、教学秘书教学管理工作责任制、教辅人员（含实验室管理员）教学管理工作责任制等。为保证教学质量稳步提高，制定了外聘教师管理办法、大学英语四级通过率及指标算法、教学工作定期检查制度、集中备课制度等。

2. 教学督导指导，提高人才培养质量

教学督导是教学运行和质量监控的骨干，担负着对教学质量、教学运行管理、教风与学风等状况的检查、督导和评价的重任。一方面，基础教学部借助院、部两级督导力量，

---

① 作者简介：颜亭玉，1980年5月出生，女，副教授，主要研究方向为应用数学。

组织基础教学监控管理，按照检查、分析、反馈、改进的机制，对教学过程实行有效控制。另一方面，在基础教学部青年教师基本功大赛、北京农学院教师教学创新大赛、北京农学院优质课程等竞赛评选和项目申报工作中，邀请学校督导担任评委，为基础教学和课程改革保驾护航。

3. 发挥教研室和基础课程组作用

作为唯一保留教研室设置的二级教学单位，基础教学部充分发挥教研室功能。进行集中备课、教学研讨、公开课观摩、交流现代教育技术等教学活动，邀请教学督导参加并指导工作。教研室组建了主要基础课程的课程组，选定丰富教学经验的课程组组长，以教学团队的形式，研究教学内容、授课计划、教学设计、教学重点、教学进度、考核方式等，教师之间互相沟通、取长补短，以发挥集体智慧和团队的优势。一方面，相互学习教学方法、教学设计、教学经验，开展教学研究和教学改革，不仅实现教师之间的优势互补，发挥教师的集体智慧，也有助于学生对不同课程、不同知识的融会贯通。另一方面，基于课程组的基础课教学团队，通过分工合作，发挥骨干教师的引领作用，对年轻教师起到传帮带的作用，有助于提高教师的教学水平。

4. 结合学科特点，抓好特色教学工作

（1）创新学科竞赛组织形式。总结北京市大学生数学建模竞赛、物理实验技能竞赛和全国大学生英语竞赛等学科竞赛的经验，关注“第二课堂”的过程管理。融入农林高校的学科特点、专业特色，改革学科竞赛形式。例如，与植物科学技术学院教师合作，将专业研究课题简化为数学建模竞赛题目，培养学生实践应用能力；通过与天津农学院和河北农业大学合办“农林杯”数学建模竞赛，扩大校际合作。根据教学环境的变化，将竞赛培训从线下转为线上进行，通过教学实践，已形成可持续发展的线上竞赛组织形式。

（2）重视学生体质测试工作。重视学生体质测试工作，增加人力和物力的投入，制定管理和激励机制。全面开展群众性体育运动，切实提高本校学生的身体素质。在历年的体能测试中，个别学生的体能甚至差到无法完成正常体育课所要求完成的科目。为了扭转这种不利的局面，基础教学部在主管校领导的统一协调下，委托后勤集团增建一些体育设施，以方便学生随时锻炼；并同教务处、学生处、校团委和各学院，出台一些奖励、监督和处罚措施，督促学生积极参加体育锻炼，增强身体素质。

（3）特色体育运动队建设。基础教学部在做好日常体育教学和大众体育运动的同时，重点开展了能够展现学校都市型农业院校特色的高水平体育运动队建设。对优势项目队伍加大投入，支持它们提档次、上水平。同时，充分利用现有资源，组建同样具有都市型高校特色的运动队（如网球队和游泳队等），提供正常训练所必需的经费和器材。对于影响面大、大众参与程度非常广、竞赛成绩较好但并不突出的代表队（如篮球和田径项目），提供一定保障，支持其长期存在下去，以带动群众性体育活动的开展。

（4）深化艺术类教学改革。艺术类课程，贯彻落实教育部《关于切实加强新时代高等学校美育工作的意见》。协同教务处，改革艺术类公共选修课选课要求，深化美育工作。结合语文类课程，探索构建以审美和人文素养培养为核心、以中华优秀传统文化传承发展和艺术经典教育为主要内容的公共艺术课程体系。同时，发扬艺术社团的优良传统，带动校园文化活动开展，培根铸魂，提高学生的审美和人文素养。

二、基础教学部本科教学质量保障体系成效

1. 教学团队建设

基于课程组的基础课教学团队建设，积极开展教学活动和课程建设，全方位提高教学质量，学校荣获2015—2017年度首都高等学校贯彻实施《普通高等学校体育工作基本标准》优秀学校，2016、2017年首都高等学校阳光体育联赛阳光杯优胜校，2016年首都高等学校阳光体育联赛朝阳杯优胜校，北京高校“优质本科课程”1项、“优质本科教材课件”3项，北京农学院高等教育教学成果一等奖1项、二等奖3项，北京农学院“优质本科课程”3项、“课程思政示范课程”称号2项。

2. 提升教学能力

本科教学质量保障体系的构建过程，也是鼓励教师进行教学研究和科学研究的过程。基础教学部教师积极学习现代教育方法，提升教学水平，近五年获得省部级以上教学竞赛类奖项10余项。包括中国外语微课大赛、外教社杯全国高校外语教学大赛、北京高校第十二届青年教师教学基本功比赛、首都高校首届体育教师教学基本功大赛、全国高校数学微课程教学设计竞赛、北京高校数学微课程教学设计竞赛、北京大学生音乐节、第十七届北京舞蹈大赛、第二届北京高校教师教学创新大赛教学创新大赛等。同时，积极参与教学改革研究，主持省部级科研及教改项目10余项，科学研究、教学研究论文近百篇，获得发明专利10余项。

3. 学生收获显著

学生创新能力、综合素质显著提高。在大学生数学建模竞赛、物理实验技能竞赛和全国大学生英语竞赛等学科竞赛中，校级竞赛规模逐年扩大，保证市级奖项的基础上，获得了国家级奖项的突破。体育运动队在各项体育竞赛取得优异成绩，年均获得省部级奖项100余项，特别是刘军占老师指导的滑雪队队员赵梦瑶同学获得第七届全国大学生滑雪挑战赛（总决赛）女子单板大回转冠军。艺术社团在北京大学生音乐节和北京舞蹈大赛中获奖10余项。切实提高学生的综合素质，助力全面协调发展。

三、基础教学部本科教学质量保障体系展望

1. 合理对接顶层设计

保障基础教学部本科教学质量，需要在吃透国家、学校文件精神的基础上，从各学科、各课程对后续课程的支撑实际出发，进行富有特色和活力的基层设计，努力实现学校顶层设计。作为应用型高校中的基础课教学，如何在制度制定以及执行过程中，站在人才培养质量这个大视角，放眼学校办学定位与培养目标，深化对应用型高校办学内涵和实现路径的认识，在制定课程培养目标、考核标准时与学校的定位和目标有所回应，需要全部门范围大讨论、大研究、大宣传，将服务学校的定位与目标作为基础教学部教学质量保障体系建设的逻辑起点，落实在各门课程大纲、课堂、实验、考试等各个环节，为应用型人才培养目标的达成提供有力支撑。

2. 可持续改进的循环系统

根据各门基础课程特点，在教学过程中贯彻领导听课制度、同行听课制度的同时，建立多种形式与主题的教学检查，以促进教学的规范化。整个教学过程管理体系应涵盖各学科教学活动的各个阶段，每个阶段包含该学科特定的重要质量要素，并前后衔接，形成一个有目标、有反馈的循环系统。充分发挥质量保障管理团队的作用，听取退休教师、一线教师、专家的意见，找出问题症结，不回避、不退缩，提出治标、治本的解决方案并整改。同时，加强对整改结果的跟踪检查，督促各方直面问题，重视整改过程，关注整改结果，最终形成闭环，实现可持续改进的质量保障体系。

3. 课程思政教学体系建设

加强课程思政建设，把思政教育融入基础课课堂教学中。加强师德师风建设，进行师德师风培训，强化师德教育，树牢"爱国守法、厚德敬业、崇教爱生、为人师表、严谨治学、服务社会"使命。根据数学、物理、外语、体育、艺术等各门学科的特点，由教研室主任和支部书记牵头，开展课程思政建设，在基础课各门课程中融入"思政元素"，与思政课形成协同效应，实现全员育人、全程育人、全方位育人。

建设并完善高校内部质量保障体系既是高校教学管理突破发展瓶颈的必经之路，也是高校人才培养质量稳步向上发展的坚强后盾。基础课程教学质量状况，作用于学生后续的专业学习，影响着学生的终身发展，关系到学校人才培养质量的高低。牢固树立"厚基础"的培养理念，通过更新教育观念、明确课程定位、加强队伍建设、提升教学能力、引入竞争机制、改进教学方法、严格教学环节、明确质量标准、科学评价业绩等方法，齐抓共管，多措并举，借助督导工作，强化监控，及时解决发现的问题，建设系统有效的基础教学部教学质量保障体系，为学生的成长成才，终身发展提供持久的动力。

参 考 文 献

范菁，2019. 高校内部教学质量保障体系建设的现状与展望［J］. 中国大学教学（3）：48-53.

冯春贵，唐明伟，杨峥，2018. 高校二级学院教学质量保障体系的构建［J］. 江苏科技信息（10）：52-55.

高迪，印桂生，孙建国，2018. 新工科视域下的高等教育课程教学质量提升研究［J］. 黑龙江高教研究（12）：144-147.

李明，2013. 基于多理论视角的院校内部教学质量保障体系建构［J］. 中国高等院校评估（2）：11-19.

刘振天，2018. 从水平评估到审核评估：我国高校教学评估理论认知及实践探索［J］. 中国大学教学（8）：11.

新华社，2010. 国家中长期教育改革和发展规划纲要（2010—2020 年）［EB/OL］. http://www.gov.cn/jrzg/2010-07/29/content_1667143.htm.

余文森，宋原，丁革民，2019. "课堂革命"与"金课"建设［J］. 中国大学教学（9）：22-28.

张强，2020. 基于教学全过程的课程评价在高校中的实践与思考［J］. 高教学刊（1）：71-73.

关于加强和改进思政课教学督导工作的若干思考*

马　宁[①]

摘要：近年，北京农学院思政课教学督导工作成效显著，但也面临督导队伍后继无人，督导评教缺乏统一的客观标准，评教未能做到全员覆盖导致结果应用困难等一系列问题。改进思政课教学督导工作，可以拓宽督导队伍来源，探索聘请校外专家担任马院思政课教学督导；根据“内容为王”的原则，重新建构思政课教学评价体系；继续强化评教结果应用，进一步加大督导评教在教师职称评定、评奖评优中的权重，最终达到以督促改，以导促教的目的。

关键词：思政课；教学；督导

思政课是立德树人的关键课程，加强和改进思政课教学督导工作，通过以督促改、以导促教，对于提升思政课教学质量、实现立德树人的根本任务具有重要的现实意义。北京农学院历来重视思政课教学督导工作，经过多年的实践探索，初步建立了具有北农特色的思政课教学督导体系，积累了丰富的思政课督导工作经验，思政课教学质量稳步提升。

一、北京农学院思政课教学督导工作的主要经验及其成效

1. 强化顶层设计，构建市—校—院三级督导工作体系

由于思政课的重要性和特殊性，北京市教育系统关工委从 2008 年开始，聘请退休老教师组建高校思政课教学督导员队伍，北京农学院退休教师李晓玲、罗维忠、朱生利等先后受聘为北京市思政课教学督导员，他们通过深入课堂听课，了解和掌握教学情况，为加强和改进北京农学院思政课教学提供第一手资料，提出了许多有价值的建设性建议。学校督导组通过内部分工，指定两位教师专门负责思政课教学督导工作。马克思主义学院也聘请专门的教学督导。这样便初步建立起了市—校—院三级督导工作体系，有力地保障了思政课教学督导工作的顺利开展。

2. 畅通交流渠道，及时向教师反馈督导听课意见和建议

学院要求思政课教师被督导听课后第一时间主动与督导联系，虚心听取督导意见和建议。对于督导在听课中发现的不便与被听课教师当面沟通的问题，则由学院班子成

* 本文系 2021 年北京市教委“四新”重点项目、北京农学院教改重点项目的阶段性成果。

① 作者简介：马宁，1980 年 4 月出生，男，副教授，马克思主义学院副院长，主要研究方向为中国共产党党史党建、马克思主义中国化。

员调查了解后以恰当方式向被听课教师转述，以帮助被听课教师改进教学效果。学院定期邀请督导参加学院内部的教学改革研讨会，听取督导反馈意见，鼓励思政课教师就如何改进思政课教学效果与督导进行面对面的沟通交流，切实发挥思政课各级督导的监督和引导作用。

3. 重视结果应用，将督导评教作为思政课教师评奖评优的参照依据

根据《北京农学院一线专职思想政治理论课教师教学岗位补贴发放管理实施办法（试行）》（北农党发〔2020〕40号），在思政课教师教学岗位补贴等级评定中，包括督导、领导和学生在内的教学评价占比为40%，权重最高；教学工作量、教研成果各占比为20%，教学能力提升占比为15%，理论宣讲占比为5%。津贴级差也在原有基础上拉大，以此激励思政课教师重视思政课教学。此外，学院在“三育人”“三八红旗手”“优秀共产党员”评选和年度考核中，都将督导评教结果作为重要参考依据。

正是在思政课教学督导的帮助下和广大思政课教师的共同努力下，学校思政课教学质量才得以稳步提升。2021年，学院随机抽取了1 442名在校生就思政课教学质量展开问卷调查。调查结果显示，96.7%的学生对思政课教学效果表示满意，这一数据不仅较往年有了明显的提升，而且也超过了当年教育部发布的《全国普通高校本科教育教学质量报告（2020年度）》中披露的全国高校大学生对思政课的90%平均满意度。

二、北京农学院思政课教学督导工作中存在的主要问题及其原因

1. 思政课督导后继乏人，队伍建设面临重大挑战

过去由于思政课没有师生比1∶350的要求，加之学校规模本身不大，思政课又实行大班授课，思政课教师队伍规模一直比较小，退休教师很少，退休后有意愿从事督导工作的教师更是少之又少。2011年。思政部单设前的退休教师已经全部超过70岁，十多年来马克思主义学院仅有两位退休教师，即使这两位教师都愿意出任教学督导，也难以满足市、校、院三级督导队伍建设需求。当前，学校督导组已经超期服役，正面临换届问题，急需补充具有思政背景的退休教师充实督导队伍，这对马院来说是一个重大挑战。

2. 思政课督导评教缺乏统一的客观标准，评价形式大于内容

从近年思政课督导评教结果看，有三个现象值得关注：一是对同一教师的课堂教学，不同督导可能会给出截然不同的评价结果，这主要是因为思政课缺乏统一的评价标准所致。二是督导评分没有拉开差距，一般在85～95分，绝大多数都在90分以上，这主要是因为督导大多来源于本单位退休教师，打分时碍于情面给的分数普遍较高，没有达到表彰先进、鞭策后进的效果。三是督导评教侧重于学生出勤率、抬头率、互动率等表面现象，对教学内容本身关注不够，这主要是因为部分督导受限于自身非思政专业背景，无法对课程内容质量做出专业评判。

3. 思政课督导评教未能做到全员覆盖，结果难以应用

近年，根据上级文件要求，学校严格按照1∶350的师生比配齐思政课教师，通过外引内转，目前学校思政课专任教师总量已达到24人。同时根据上级文件要求，学校严格控制思政课课堂规模在百人以内，实行中班教学、小班研讨，再加上新开设了“习近平新

时代中国特色社会主义思想概论”课和“四史”选择性必修课，思政课督导听课任务量陡然增加。因为年龄和精力所限，督导听课范围难以做到学年全员覆盖，督导组在评定思政津贴等级时，只能采用已评教教师平均得分为未评教教师赋分，如此一来，津贴评定的科学性和公平性都打了折扣。加之评分结果差距不大，也间接削弱了督导评教在津贴评定中的重要性和权威性。

三、加强和改进思政课教学督导工作的对策与建议

1. 拓宽督导队伍来源，探索聘请校外专家担任马院思政课教学督导

针对学院思政课督导储备资源不足的问题，可以探索聘请校外专家担任思政课督导，其利有三：一是可以充实补充学院督导队伍，弥补因退休教师少导致的督导遴选困难的问题。二是受聘人均为外校教师，与本院教师无直接利益关联，能够相对客观公正地开展督导工作。三是受聘人均为重点马院具有高级职称的在岗思政课名师，可以给本校思政课教师更专业的指导，同时也有利于深化学院与重点马院的合作交流。聘请校外同行担任思政课教学督导，不仅必要而且可行。学院可以利用思政专项经费支付校外专家劳务，要求专家听课做到年度全员覆盖。为尽量减少单个督导评教的主观性因素影响，学院可以同时聘请三位专家担任思政课教学督导，督导应来自不同院校的重点马院，专业背景应覆盖马克思主义理论一级学科下三个不同的二级学科，且每年轮换一批，以便最大限度地体现评教的科学性和公正性。

2. 根据“内容为王”的原则，重新建构思政课教学评价体系

思政课以其鲜明的意识形态属性而显著区别于其他课程，思政课的教学评价理应有其自身的标准，不宜完全参照其他课程执行一样的标准。思政课教学评价应首先聚焦教学内容本身，重点考察思政课教师课堂教学是否体现思想性、政治性、理论性，其次才是课程本身的亲和力。如果片面强调教学形式和手段，单看学生课堂表现，忽视教学内容本身，很容易舍本逐末，其结果必然南辕北辙。近年，部分高校思政课堂娱乐化倾向已经日益引起教育界的广泛关注：有的教师在观点上标新立异，公然挑战主流价值观，以博学生眼球；有的在课堂上插科打诨、吹拉弹唱，通过庸俗化的表演以博学生一笑……这些思政课堂看起来很热闹，学生出勤率、抬头率、互动率都很高，但却与思政课教学追求的目标背道而驰。当然，强调思政课“内容为王”，并不是排斥教学形式、手段和方法的创新。在思政课堂教学思想性、政治性和理论性保证的前提下，创新教学理念，改进教学方法，丰富教学形式，使相对抽象枯燥的理论以学生喜闻乐见的形式呈现，为学生所接受，恰是思政课亲和力和生命力的体现。为此，建议教务处授权马院根据思政课教学实际设计单独的思政课教学评价表，并据此开展督导工作，引导思政课教师不断深化思政课教学改革，大力提升思政课教学质量。

3. 继续强化评教结果应用，进一步加大督导评教在教师职称评定、评奖评优中的权重

思政课督导评教结果的合理利用，取决于三个前提：一是评价标准是否统一，二是评教范围是否做到了年度全员覆盖，三是评教成绩是否具有明显的区分度。在满足这三个前提的条件下，应进一步强化督导评教的结果应用。目前在思政课教师岗位津贴等级评定中，督导评教和领导评教放在一块共占20％的权重，和学生评教所占权重一样，教学工

作量、教研成果各占 20%，教学能力提升占 15%，理论宣讲占 5%。督导评教所占分值显然偏低。理论宣讲与思政课教学没有直接关联，教学能力提升主要统计思政课教师参与各类培训、研修的数量，却无法反映思政课教师经过培训研修教学能力提升的质量，思政课教师只要达到数量要求，无论效果如何都是满分。教学工作量的高低本身无法体现教学质量的好坏，且课酬分配中已有体现。能够直接反映思政课教学质量，且结果易于应用的只有督导评教、学生评教和教研成果。因此，建议思政津贴等级评定中只保留督导评教、学生评教和教研成果三项，权重分配可以按 5∶3∶2 执行。当前学校正在酝酿制定思政课教师职称单列条件和思政课教师退出机制，也应将督导评教的结果纳入其中作为重要参照。只有充分利用督导评教的结果，做到奖惩结合，才能真正达到以督促改，以导促教的效果。

以上思考和建议纯属个人陋见，并不代表学校和学院意志，本文撰写的目的只是为了抛砖引玉，供学界同仁参考讨论，最终目的是改进思政课教学督导工作，提升思政课育人实效，不足之处敬请业界同人批评斧正。

追忆廿载峥嵘岁月　传承教学督导精神

刘京国[①]　吴卫元[②]　宋迎迎[③]

摘要：本文回顾了北京农学院本科教学督导组的由来和 20 年发展历程，阐述了 2014 年以来 3 届本科教学督导组在教学理念转变、教学评价创新、教师教学能力提升、学生综合素质提升等方面所取得的工作成效，并对未来本科教学督导工作的机制建设、队伍建设、工作方式、信息反馈和结果运用进行了展望和思考。

关键词：本科教学督导；发展历程；贡献；督导队伍

一、督导的由来

教育督导制度起源于西方国家，研究国内外督导的由来可以为深化我国新时代督导体制机制改革提供借鉴与参考。从国外督导的发展情况来看，赖水随（2017）认为，英国是世界上建立教育督导制度最早的国家之一。早在 1839 年，英国政府就根据当时的教育法规设立了皇家督学团，开始了对学校的督导。孙梅（2019）认为，法国教育督导法规体系具有三个特点：一是层级高，以法令形式颁布实施；二是体系性强，《国民教育总法》做出总体规定，各级督导有章可循；三是专业性和可操作性强，规定教育督导的职责、开展工作的依据以及督导的内容和程序。田瑾和侯浩翔（2020）认为，美国教育督导制度已从重“督”轻“导”向重“导”轻“督”转变，并具备四个特点：一是广泛建立督学资格认证制度和培训制度，二是要求督学掌握最新的领导理论、课程理论和技术，三是临床督导和同伴督导成为督学职责重心下移的表征，四是从“终结性评价”“评估教学”向“过程性评价”“辅导教学”转变。

从近年我国的督导制度发展进程来看，胡仁东（2019）将我国改革开放以来的教育督导制度分为四个阶段：在 1978—1990 年的恢复阶段确立了督导基本框架，在 1991—1995 年的规范阶段认可督导法律地位，在 1996—2009 年的深化阶段推进督导建设纵横维度发展，在 2010 年至今的创新阶段建立督导精准体系。刘小鹏（2021）对我国的教育督导制度演进逻辑进行了深入研究，提出我国教育督导机构从“依附”走向“相对独立”，教育督导内容从“督政为主”走向督政、督学、评估监测的“三轨并行”，教育督导范围从

---

① 作者简介：刘京国，男，博士研究生，副教授，北京农学院教务处副处长。主要研究方向为高等教育研究与管理、生物工程。

② 作者简介：吴卫元，女，硕士研究生，助理研究员。主要研究方向为高等教育研究与管理。

③ 作者简介：宋迎迎，女，硕士研究生，助理研究员。主要研究方向为高等教育研究与管理。

“基础”走向“全局”，教育督导人员从“经验型”走向“专业型”。从我国督导制度建设上来看，1991年，国家教委发布我国第一部关于督导的规章性文件《教育督导暂行规定》。虽然该文件仅针对中等及以下教育，但其蕴含的教育督导理念和模式为高校教学督导制度建设提供了可靠借鉴。2012年，国务院颁布《教育督导条例》，对高等教育督导的内容、原则、实施等做了详细规定，为高校教学督导制度建设指明发展方向，是我国高校督导制度建设中至关重要的指导性文件。2014年，国务院教育督导委员会办公室印发《深化教育督导改革转变教育管理方式意见》，要求加快建设督政、督学、监测的“三位一体”教育督导体系，为深化教育督导改革、转变教育管理方式提供总体思路和工作目标。2016年，教育部制定《督学管理暂行办法》，在督导专业知识和技术等方面对督学提出了更高要求，督学的专业化水平进一步提高。

二、北京农学院本科教学督导的发展历程

北京农学院校级本科教学督导组成立于2002年，至今已有20年历史。其成立缘由可追溯到1998年教育部对北京农学院进行合格评估。校级本科教学督导组挂靠在教务处质量科，其成员是由具有副高以上技术职称、教学实践或管理经验丰富、有较强的组织能力和教学研究与指导能力、能主动学习和重视传播先进的教育理念和教学方法、责任心强、作风正派、实事求是、敢说真话的教师组成。督导组每2—3年进行换届，目前已历经九届，共计36人84人次（表1）。

表1　北京农学院本科教学督导组历届聘任名单

届次	年份	组长	成员
第一届	2002年	夏宗健	何启谦、刁福山、商庆丰、史习加、江占民（秘书吴晓玲）
第二届	2003—2005年	江占民	刁福山、商庆丰、王瑜、史习加（秘书吴晓玲）
第三届	2006—2007年	江占民	贾稀（副组长）、商庆丰、史习加、王瑜、孙晓洁（秘书吴晓玲）
第四届	2008—2009年	江占民	贾稀（副组长）、高润清（副组长）、商庆丰、史习加、王瑜、赵广生、孙晓洁、胡义和、李晓玲（秘书吴晓玲）
第五届	2010—2011年	江占民	贾稀（副组长）、高润清（副组长）、史习加、王瑜、孙晓洁、李晓玲、高遐虹、王平（秘书吴晓玲、郑冬梅）
第六届	2012—2013年	江占民	贾稀（副组长）、高润清（副组长）、史习加、王瑜、高遐虹、孙晓洁、李晓玲、吴晓玲、李江、刘云海（秘书郑冬梅）
第七届	2014—2016年	沈文华	艾启俊（副组长）、陈青君（副组长）、厉秀茹、何欣、陈之欢、张一、李晓玲、李江、吴晓玲、孙晓洁（秘书郑冬梅）
第八届	2016—2019年	沈文华	艾启俊（副组长）、陈青君（副组长）、厉秀茹、何欣、陈之欢、李晓玲、李江、吴晓玲、张子安、白荣凤、于同泉、孙晓洁（秘书郑冬梅）
第九届	2020年至今	沈文华	艾启俊（副组长）、于同泉、白荣凤、孙祎振、何欣、李晓玲、李江、张子安、孙晓洁、金瑞锋、柴丽娜、柳振亮（秘书王冠恩、吴卫元）

校级本科督导组的发展历程可大致划分为初始阶段（2002年）、发展阶段（2003—2013年）和成熟阶段（2014年至今）。在校级督导初始建设的2002年，督导组运行机制及学校教学质量保证体系都有待健全，此时督导组主要是在对课堂及授课教师的监督和检

查方面进行摸索。自 2003 年起，督导组进入了快速发展期。在人员结构调整上，注重吸收校外专家、部分在职教授及具备相当科研能力的退休教授扩充督导队伍，调整学校“农、工、管”三大学科群的督导比例，优化了校级督导的组织结构、学历结构以及年龄结构；在督导功能上，协助教务处对学校教学运行进行督导管理，包括听课、教学检查、教学评估、考试督查、教学比赛评比、教学成果论证等。

自 2014 年开始，校级本科教学督导组进入了重点建设时期。在这个阶段，校级督导呈现出以下几个特点：一是督导的评价对象从原来的评价教师向评教评学相结合的共评转变，并最终关注学生学习的收获与成长。二是督导检查的内容除了每人每学期 25 学时的工作量外，还对学期初、期中、期末、专业实习、毕业论文（设计）答辩等教学节点进行检查；以及对本科人才培养方案的设计、审核评估等重大教学活动进行督查。三是督导在开展各项检查工作后，通过当面反馈、《督导工作简报》、专项报告、会议反馈等方式，对学校教学过程中存在的问题提出建议和整改措施，并追踪检查问题整改情况，在学校教学质量监控过程中发挥了重要作用。

三、近三届本科教学督导组工作成效

以沈文华老师为组长的近三届学校本科教学督导组在落实教学质量监控“决策—执行—检查—反馈—改进”的闭环运行、在青年教师的教学成长、良好教学氛围的营造、学生的成人成才、教学管理工作改进等方面，发挥着重大的推动作用，做出了许多卓有成效的工作，促进了学校教学改革与人才培养质量提升。

（一）助力教师教学理念转变

随着经济社会的发展，大众化、普及化的高等教育倒逼高校提升育人质量。面对自我意识强、学习动力弱的新一代大学生，学校于 2014 年开始了“以学生收获为目标”的教学改革，并全面践行 OBE 理念（学生中心、产出导向、持续改进），强化人才培养目标与培养效果的达成度。在这个过程中，校督导组在广泛听课的基础上，不断总结经验，挖掘典型，并在学校举办的“以学生收获为目标”的教学改革经验交流会上进行宣传推广。校督导组通过各类名师、优质课程、教学竞赛的评选和培训，推行 OBE 理念，引导教师教育教学理念的转变，助力教师教学能力的提升。

（二）创新教学评价方法

督导评价是学校领导、督导、学生、同行“四位一体”评价机制的重要环节。为了提升评价结果的客观性和有效性，学校本科教学督导组积极参加由全国高等教育教学督导协作组组织的教学督导、质量评价与质量保障体系建设等会议，与兄弟院校交流学习，专门开展了课堂教学评价体系的研究，在评价方法上创新，不仅关注教师们教什么、怎么教、教得如何，更注重学生在课堂上、实验实践过程中学什么、怎么学、学得如何；不仅关注教师们如何进行知识传授，更注重教师在教的过程中，如何体现对成果（产出）为导向培养理念的理解和实践，引导教师们在课程设计中如何领会和如何进行反向设计。形成了《北京农学院课堂听课记录表》等一系列评价体系成果。本科教学督导组定期对所有督导听课记录表进行数据量化分析，并形成质化结论，以督导工作简报的形式反馈到各学院（部）。

（三）提升教师教学能力

为解决新教师教学能力和教学经验不足的问题，促进新老教师传帮带、取长补短、相互学习，教学督导组深入教学第一线，从教学内容、教学方法帮助教师提升，通过专业化、常态化的教学督导助力学校本科课堂教学质量的提升。除此之外，教学督导每年担任学校教学基本功比赛、教师教学创新大赛等教学比赛的评委，赛前指导、赛中点评，帮助教师成长，不断调动教师的教学投入积极性，学校教师的教育教学水平显著提升。2014年以来，学校荣获北京市教学名师6人，北京市优秀本科育人团队2个。近三年，有3位教师在2019年和2021年连续2届北京市青年教师教学基本功比赛中获得一等奖，有4位教师在教师创新大赛中获得北京市二等奖和三等奖；12门课程获得北京市优质本科课程，4门课程获得北京市课程思政示范课。

（四）提高学校人才培养质量

学校本科教学督导组在学校人才培养过程中发挥了重要作用。据麦可思2017年和2020年调查报告显示，学校毕业生整体就业质量较高，就业特色与学校办学特色相吻合。毕业生对母校教学的满意度达91%，用人单位对毕业生总体满意度达93%，高于全国非“双一流”本科高校。武书连中国大学本科毕业生质量排行榜显示，从2019年至2021年连续三年学校将C级生源的学生培养成为B+级质量的毕业生。学校毕业生被《人民日报》《光明日报》等多家媒体累计报道100余次，产生了良好的社会效果。

（五）延续退休教师的育人情怀

学校本科教学督导组成员主要是以经验丰富、勇于担当的退休教师组成。他们秉承育人情怀继续为学校的人才培养发挥余热。他们的工作成绩获得学校和北京市认可。2019年，学校本科教学督导组被北京市教育系统关心下一代工作委员会授予“北京教育系统关心下一代工作先进集体”称号。督导组组长沈文华老师早在2010年开始，便参与清华大学牵头的“中国大学生学习与发展追踪调查”项目，撰写了大量研究报告，更好地帮助学校多层次、多角度地了解学生、分析学情，为学校开展教育教学改革、凝练办学特色、总结办学经验提供有力支撑。在担任督导组组长期间，沈老师先后荣获“北京高校第十一届青年教师基本功比赛优秀指导教师”“北京农学院‘老有所为’优秀个人”“北京高校优秀共产党员”等荣誉称号。因工作突出，沈老师于2020年4月24日接受了中央人民广播电台“老年之声”栏目主持人的采访，采访内容在中央人民广播电台、学习强国等栏目中播放。

四、关于督导未来的思考

近二十年，本科教学督导工作推动学校规范、有序、和谐、均衡发展。如何在今后的工作中传承、发扬本科教学督导精神，健全学校教学质量监控体系，进一步提升人才培养质量值得我们深入思考。

（一）进一步加强学校内部督导机制建设，探索分层分类督导

加强学校督导内部机制建设，建立健全校、院、系三级本科教学督导机制，对校、院、系三级本科教学督导及教务处、人事处、教师工作部、学生处等职能部门的教学质量管理人员开展常规培训。探索分层分类督导工作实践。学校各学院、各专业发展水平参差

不齐，教学质量保障体系层次也有差距，督导专家也来自不同的学术背景，因此，学校在开展教学督导工作中可以探索分层分类实践的策略。校级督导主要从整体上把握学校的学风、教风、师德等方面的建设、便于为学校办学实力提升提供重要的第一手材料。院、系级教学督导需要深入了解每位教师，有针对性地指导教师尤其是年轻教师在师德风范、教学水平、业务能力的提升。另外，不同的学科门类在督导内容侧重点上形成差异。

（二）进一步加强督导队伍建设，提升督导业务水平

进一步加强院系级教学督导力量，从以校级督导为主体的督导队伍建设向校、院、系三级督导队伍建设互相协调、加强指导、共同提高的方向发展，三级督导人员在结构和数量上形成合理分布的态势。积极聘请行业、企业专家加入学校本科教学督导组，扩充校级层面本科教学督导组队伍。另外，要健全院、系级本科教学督导组织，院、系督导要覆盖每一个学科、每一个专业，对每一位教师加以指导和培养，帮助教师改进教学方法，提升教学能力。加强对各级督导组成员的业务培训，各级教学督导要深刻领会高等教育的新思想、新理念、新技术和新做法，切实落实“新农科、新工科”建设的教学理念，要认真学习教育部及北京市提高普通高校本科教学质量的相关文件精神，与时俱进。

（三）进一步改进督导工作方式，加强“导”的力量

改进督导工作方式，形成“以督促导、以导为主”工作理念，督导过程中坚持以人为本、与人为善的督导理念，发挥督导人员“导”的作用，切实增强教学督导的责任感和使命感。督导专家在对“督”的过程中发现问题并进行分析研究，诚恳地提出切实的整改措施和方案。更重要的是，督导过程中要有意识地引导。依据学校的办学定位、专业人才培养目标、课程体系，引导教师们正确理解并把 OBE 理念落实到教学过程和人才培养过程中去。在督导过程中聚焦发展，重点加强课程思政的督导、课堂意识形态、教学规范和质量短板的督导，保证人才培养中知识传授、能力提升和价值引领同步实现。

（四）进一步健全督导信息反馈机制，注重督导结果运用

建立以学生培养目标为导向的全程监测点和督导点，进一步优化考核评价指标。健全督导信息反馈机制，建立现代数据采集和分析系统，使督导信息能快速、准确、高效、及时反馈，反映的问题要及时整改，形成闭环管理。强化督导结果使用，将督导结果使用与教育教学管理、教育教学激励、教师奖惩机制紧密结合，探索督导结果用于教师年度考核、职称晋升、评奖评优、教学成果论证、进人和上岗认定等方面，督导评价结果拥有一票否决权，对教学成绩特别突出的优秀教师给予优先评定。

五、结语

学校本科教学督导组自成立以来，经历了水平评估、审核评估和专业评估，北京农学院的九届本科教学督导组成员对学校教学质量提升做出了巨大的贡献。近二十年，学校的教学质量监控体系日趋完善、青年教师教学能力逐步提升，整体学风、毕业生质量稳步提高。今后，学校职能部门会进一步完善保障措施，为教学督导工作提供全方位服务，用心、用情、用力保障督导工作的顺利开展，同时加强业务指导，在发展中创新，不断开创教学督导工作的新局面，为打造都市农林特色的高水平应用型大学做出更大贡献。

参　考　文　献

甘罗嘉，2017. 高校教学督导工作的三个实践层次与五点思考［J］. 北京教育（高教）（7）：115-117.

胡仁东，2019. 改革开放 40 年来我国教育督导：制度、经验与走向［J］. 中国人民大学教育学刊（3）：20-44.

赖水随，2017. 国外教育督导系列之二　英国的教育督导制度［J］. 教育（5）：80.

刘小鹏，2021. 我国教育督导制度的演进逻辑与改革路径［J］. 教学与管理（9）：33-36.

沈文华，郑冬梅，2018. 新常态下本科教学督导工作的思考［J］. 北京教育（5）：66-68.

孙梅，2019. 法国教育督导之鉴［J］. 内蒙古教育（14）：21-24.

田瑾，侯浩翔，2020. 美国教育督导制度发展的历史、特征与启示［J］. 现代教育科学（6）：136-142.

郑冬梅，沈文华，2017. 高等教育形势下本科教学督导的工作创新［J］. 教育现代化（33）：35-38.